MATTHIAS KRÖNER
STEPHAN CZAJKOWSKI
& COMMUNITY

KÜMMER DICH UM DEIN GELD, SONST TUN ES ANDERE

FBV

MATTHIAS KRÖNER
STEPHAN CZAJKOWSKI
& COMMUNITY

KÜMMER DICH UM
dein Geld
SONST TUN ES
ANDERE

FBV

Bibliografische Information der Deutschen Nationalbibliothek
Die Deutsche Nationalbibliothek verzeichnet diese Publikation in der Deutschen Nationalbibliografie;
detaillierte bibliografische Daten sind im Internet über **http://d-nb.de** abrufbar.

Für Fragen und Anregungen:
kroener@finanzbuchverlag.de
czajkowski@finanzbuchverlag.de

1. Auflage 2013

© 2013 by FinanzBuch Verlag, ein Imprint der Münchner Verlagsgruppe GmbH,
Nymphenburger Straße 86
D-80636 München
Tel.: 089 651285-0
Fax: 089 652096

Redaktion: Jordan Wegberg
Korrektorat: Leonie Zimmermann
Umschlaggestaltung: Marco Slowik, Maria Witteck, München
Satz: Georg Stadler, München
Druck: Konrad Triltsch GmbH, Ochsenfurt
Printed in Germany

ISBN Print 978-3-89879-795-5
ISBN Ebook (PDF) 978-3-86248-428-7
ISBN Ebook (EPUB, Mobi) 978-3-86248-429-4

Weitere Informationen zum Verlag finden Sie unter

www.finanzbuchverlag.de

Beachten Sie auch unsere weiteren Verlage unter
www.muenchner-verlagsgruppe.de

Inhalt

Für wen haben wir dieses Buch geschrieben?

Für Sie, wenn einer der hier geschilderten Sachverhalte auf Sie zutrifft:

 Sie halten sich als Konsument für aufgeklärt. Sie vergleichen Preise und es kommt vor, dass Sie beim Einkauf Vorteile erzielen, die aus Ihrer Sicht sehr gut sind. Bei Geldfragen sind Sie Anfänger und verlassen sich auf einen Bankmitarbeiter.

 Sie würden sich vielleicht schon gerne um Ihr Geld kümmern. Sie wissen aber nicht, wo und wie Sie anfangen sollten.

 Geld ist für Sie eine Sache, die in die Hände von Spezialisten gehört. Da Sie sich nicht für diesen Spezialist halten, überlassen Sie Ihre Geldthemen anderen.

 Wenn überhaupt, dann holen Sie sich Informationen zu Ihren Finanzen ausschließlich bei einem Bankberater. Sie tätigen alle Geschäfte über Ihre Hausbank und nehmen mangels Zeit und auch aufgrund einer gewissen Bequemlichkeit in Kauf, dass Sie bei manchen Geschäften nicht die besten Konditionen haben.

 Sie glauben, dass Sie selbst zu wenig Geld haben, um sich mit dem Thema beschäftigen zu können.

Sie sind frustriert, weil Ihre Bank Sie enttäuscht hat, bleiben aber bei der Bank, weil Sie keine Alternative sehen.

 Ihnen sind die Features Ihres neuesten Smartphones wichtiger als Ihre Altersvorsorge. Sie wissen mehr über iPhone und Co. als über Sinn, Zweck und Höhe der Abgaben, die den Unterschied zwischen Ihrem Netto- und Bruttogehalt ausmachen.

 Sie glauben, dass Sie nicht genug Zeit haben, um sich mit den eigenen Finanzen zu beschäftigen.

 Sie geben dem Finanzsystem, den Banken oder anderen abstrakten Konstruktionen und Zusammenhängen die Schuld an Ihrer Situation und schätzen Ihr eigenes Potenzial, daran etwas zu verändern, als gering bis null ein.

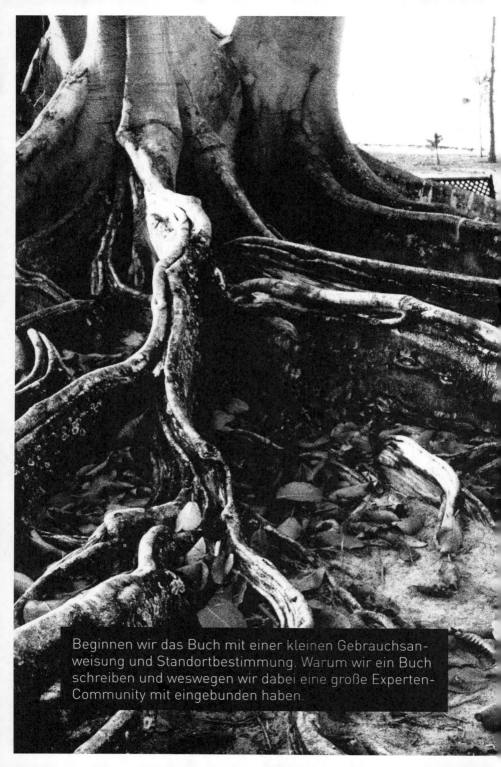

Beginnen wir das Buch mit einer kleinen Gebrauchsanweisung und Standortbestimmung. Warum wir ein Buch schreiben und weswegen wir dabei eine große Experten-Community mit eingebunden haben.

KAPITEL 1

WAS SIE ERWARTEN KÖNNEN – UND WAS NICHT

»Nicht nur die Banken müssen sich ändern, sondern auch die Kunden. Wer sich nicht mit der Materie beschäftigt, muss sich nicht wundern, wenn er über den Tisch gezogen wird.«

Stefanie Burgmaier, Ex-Chefredakteurin Börse Online, auf die abschließende Frage: »Und was Sie sonst noch loswerden wollten ...«

Vielleicht beschleicht Sie zunehmend das Gefühl, es wäre womöglich besser, sich selbst um das eigene Geld zu kümmern – ohne dieses Gefühl wirklich begründen zu können. Vielleicht ist es auch nur die Nachrichtenlage rund um den Euro, die Sie unruhig werden lässt.

Vielleicht sind Sie durch die anhaltende Berichterstattung in Sachen Banken- und Eurokrise verunsichert, wissen aber nicht, was zu tun ist.

Vielleicht wollen Sie Ihren Weg mit Ihrem Geld in Zukunft selbstbestimmt gehen und suchen für diesen Weg nach einer ersten Standortbestimmung, nach Orientierung. Vielleicht suchen Sie unanhängigen Rat und Hilfestellung um die nächsten Schritte dieser Geldreise dann alleine zu machen. Aber sind Sie auch bereit, Ihre überlieferten Grundsätze in Sachen Geld infrage zu stellen, und ebenso bereit, etwas zu ändern?

Wir werden Sie durch die Lektüre nicht zum ultimativen Finanzexperten machen können. Aber Sie werden am Ende dieses Buches wissen, wie Sie es werden können und was Sie dazu unternehmen sollten. Wir wollen Sie nicht von Banken und anderen Finanzdienstleistern entfremden – auch wenn wir hier und da zu deren Verhalten kritisch Stellung nehmen. Banken und Finanzdienstleister werden auch in Zukunft gebraucht. Aber wir wollen Sie auf Augenhöhe mit diesen Experten bringen, damit Sie kritisch und unbequem fragen und vor allem erkennen können, ob man Sie richtig berät. Und nur kaufen, was Sie auch verstehen.

Das mag unbequem sein. **In erster Linie für Sie selbst**, da Sie ab diesem Moment sehr viel mehr Verantwortung für Ihr Handeln übernehmen müssen. In zweiter Linie für die Finanzwirtschaft, denn die Unternehmen dieser Branche werden sich einer zunehmend kritischen Kundschaft gegenübersehen. Einer Kundschaft, die unbequeme Fragen stellt, die verhandelt und die sich möglicherweise aus dem Stuhl am Beratertisch wieder erhebt, ohne eine Unterschrift geleistet zu haben.

Als Autoren haben wir unser Ziel erreicht, wenn Sie nach Lektüre dieses Buches erstmals spüren, dass Sie Ihre Geldthemen in den Griff bekommen und steuern können.

Wir haben unser Ziel erreicht, wenn Sie jetzt Ihre Finanzen ordnen wollen und wissen, wo Sie sich dazu welche Informationen und Hinweise holen können. Sie werden sofort das Gefühl bekommen, in Ihren Geldentscheidungen autonomer als bisher denken und handeln zu können, und das wirkt sich früher oder später auch ganz sicher auf Ihr Konto aus: Eines Tages werden Sie mehr Geld auf der hohen Kante haben, als Sie es vorher für möglich gehalten haben.

Zunächst wird sich das in einer verbesserten Autonomie manifestieren und später – sehr sicher – in mehr Geld auf der hohen Kante.

Besonders wichtig ist es, dass Sie sich mit Ihrem Geld aktiv beschäftigen. Fangen Sie mit 15 Minuten pro Woche an. Wie Sie in dieser Viertelstunde Ihre Finanzen auf Vordermann bringen und noch Spaß dabei haben, auch das ist unser Thema.

Um dieses Buch zu einem Gewinn für Sie zu machen, haben wir eine Reihe von Interviews mit den unterschiedlichsten Experten geführt. Alle haben natürlich mit dem Thema Geld zu tun. Es sind Menschen, die uns teilweise schon über viele Jahre begleitet haben und die für dieses Buch Stellung aus beruflicher, aber auch aus privater Sicht beziehen: Bankvorstände, Anlageberater, Journalisten, Universitätsprofessoren, Unternehmensberater, Unternehmer, Investoren, aber auch Blogger und Coachs, die Menschen bei ihrer persönlichen Entwicklung begleiten. Es sind Menschen, die nicht jeder von uns einfach so treffen und etwas fragen kann. Wir betrachten diese Fachleute als eine einmalige Experten-Community, die wir zu einer virtuellen Diskussionsrunde für dieses Buch und damit für Sie zusammengebracht haben.

Wir wollten ein Geldbuch schreiben, dessen Lektüre keine Mühe, sondern Spaß macht. Wir halten es für essenziell, dass die Beschäftigung mit Finanzen unkompliziert erklärt wird und sogar unterhaltsam sein kann. Wenn Sie dieses Buch gelesen haben, dann sollten Sie Lust auf mehr verspüren. Sie haben dann erste Ideen, wo und wie Sie Ihre Geldreise beginnen können, und besitzen die Ausrüstung für einen langen und hoffentlich erfolgreichen Weg in Sachen Geld.

Viel Spaß und viel Erfolg!

Matthias Kröner, Stephan Czajkowski & Community

MEDIENUNTERNEHMER DR. FRANK B. WERNER

Wenn Sie sich bitte vorstellen ...
Frank B. Werner, Jahrgang 1961, drei studierende Söhne, gelernter Volkswirt, seit 1987 Journalist und Verlagskaufmann.

Für wen schreiben Sie? Und warum?
Für *Artinvestor, Börse Online, Euro* und *Euro am Sonntag* – alles Publikationen meines Brötchengebers, des Finanzen Verlages, München.

Welche Schlagzeile würden Sie gerne mal in Bezug auf Banken und/oder Versicherungen lesen wollen?
»Kunden von Jahr zu Jahr zufriedener«.

Auf welche Stärken sollten sich Banken Ihrer Meinung nach konzentrieren?
Transformation von Risiko, Losgrößen und Fristen.

Welche Unarten sollten Banken abstellen?

Prozyklizität.

[Anm. der Autoren: Als Prozyklizität bezeichnet man im Rahmen der Wirtschaftspolitik der Zentralbanken die Verstärkung des Konjunkturzyklus. Die Europäische Zentralbank (EZB) spricht im Speziellen von Prozyklizität, wenn das Kreditgeschäft von Banken tendenziell das gleiche Verhaltensmuster aufweist wie die Realwirtschaft.

Das bedeutet, dass bei einem konjunkturellen Aufschwung ein starkes Wachstum und bei einem Abschwung ein geringes oder rückläufiges Wachstum vorzufinden ist. Generell führen also eine prozyklische Politik und prozyklische Elemente zu einer Verstärkung des natürlichen Auf- und Abschwungs des Finanzsystems.

Die Prozyklizität bei Banken beispielsweise entsteht unter anderem durch asymmetrische Informationen oder auch Marktunvollkommenheit.[1]]

---

1   Quelle: http://www.finanz-lexikon.de/prozyklizitaet_4512.html

Was sind die größten Fehler der Bankkunden im Umgang mit ihrer Bank?
Vertrauen

Was war Ihr größter Fehler im Umgang mit Geld?
Erst Vertrauen, dann keine gute Aktienlage.

Und was war Ihr größter Erfolg im Umgang mit Geld?
Dass meine Kinder gelernt haben, mit ihrem Taschengeld auszukommen.

Wenn Sie nur 15 Minuten pro Woche Zeit für Ihre Geldthemen hätten, was würden Sie tun?
Zehn Minuten eine gute Wirtschafts- und Finanzpublikation lesen und anschließend fünf Minuten nachdenken.

Die gegenwärtig interessanteste Finanz-App?
Finanzen.net

Das interessanteste Finanzangebot im Netz?
deritrade.de

Und was Sie ansonsten noch loswerden wollen ...
Money never sleeps!

Warum wir uns nicht alleine auf unsere Bank verlassen können

In unserem Kulturkreis wechselt man immer noch öfter den Lebenspartner als die Bank.

Übel: Kaum jemand, der nicht über Banker schimpft, ihnen im nächsten Moment aber doch wieder sein Geld anvertraut. Noch übler: Kaum jemand, der nicht über Banker schimpft und sich gleichzeitig um das eigene Geld überhaupt nicht kümmert. Superübel: nicht auf Banker schimpfen und sich nicht kümmern – Fatalismus pur.

Warum ist das so? Warum diese Inkonsequenz? Herrscht etwa schiere Ignoranz?

Womöglich liegt die notorische Nichtbeschäftigung mit dem Thema Geld daran, dass man finanzielle Misserfolge und Fehlentscheidungen nicht unmittelbar spürt oder nicht spüren möchte. Dazu wird einem noch ordentlich Sand in die Augen gestreut. »Über Geld spricht man nicht«, heißt es im Volksmund. Ein großer Fehler!

Im echten Leben ist es so: Wer beruflich einen Bock schießt, beim Autofahren einmal zu oft aufs Display des Radios guckt oder als Hobbykoch Zucker und Salz verwechselt, dem offenbaren sich die Auswirkungen seiner Fehlleistung in der Regel postwendend. Wer – aus welchem Grund auch immer – eine gewisse Distanz zu seinem Lebenspartner entwickelt hat, wird täglich daran erinnert, dass eine Entscheidung ansteht.

Bei Geld ist das anders. Geld auf dem Konto ist ein virtuelles Gut. Es kennt nur wenige Zustände: Es ist zu wenig vorhanden, es reicht gerade eben aus, man hat genug oder man hat mehr, als man zum Leben braucht. Das ist es dann schon auch.

Dabei lohnt es buchstäblich, Geld differenzierter zu betrachten. Geld kann durchaus arbeiten – fragt sich nur, für wen. Es kann sinnvoll eingesetzt werden – oder verplempert. Es kann Bestandteil unserer Wahrnehmung sein – oder eben auch nicht.

Wenn Geld Bestandteil unserer Wahrnehmung ist, wenn es sinnvoll eingesetzt wird, dann kann es uns helfen. Wenn nicht, dann verzichten wir auf diese Unterstützung. Das bedeutet dann aber nicht, dass das Geld nicht dennoch arbeiten würde. Das tut es – nur nicht für uns. Sondern für die Bank.

Und was tun wir? Wir nehmen das hin. Weil das eben so ist. Weil die Weltlage gerade kritisch ist oder das Wetter zu schön, um sich mit trockenem Finanzkram zu beschäftigen. Weil wir glauben, es eh nicht zu verstehen, weil der Lebenspartner oder die Eltern entscheiden, weil wir ansonsten noch hundert weitere Ausreden haben, uns ums Geld nicht kümmern zu können oder zu müssen.

Wir nehmen es aber auch hin, weil wir es in den meisten Fällen nicht einmal merken. Weil wir auch nicht wissen, was wir stattdessen in der gleichen Zeit mit dem gleichen Geld hätten anfangen können. Woher auch? Wir kümmern uns ja nicht. Wir fragen ja nicht einmal. Schon allein deshalb, weil uns die richtigen Fragen fehlen. Und weil wir die Zusammenhänge gar nicht erkennen und nicht realisieren, dass es auch eine Reihe von strukturellen Themen gibt, die nicht sofort etwas mit Geld zu tun haben, die sich aber für die eigene finanzielle Zukunft sehr positiv oder auch sehr negativ auswirken können.

In anderen Lebensbereichen ist das einfacher. Da gibt uns das Gut, mit dem wir es zu tun haben, ganz klare Signale, ob wir wollen oder nicht. Wenn beispielsweise ein Lebensmittel verdirbt, bekommt man ein klares Signal: Es stinkt. Geld tut das bekanntlich nicht. Täte es das aber und verhielte sich wie Lebensmittel, dann lägen vor lauter schlechtem Geld unerträgliche Geruchsschwaden über diesem Land.

Wo sind die hilfreichen Finanzdienstleister in dieser kritischen Zeit?

Die vielen Schlagzeilen, die es dieser Tage zum Thema Banken, Geld und Finanzdienstleister zu lesen gibt, sind nichts anderes als die Aufzeichnungen von Vor- und Nachbeben diverser Bankenkrisen. Die Bewältigung der aktuellen Krise wird mit hundertprozentiger Sicherheit eine neue erzeugen. Das bedeutet: Es wird sich im Bankenwesen auf lange Sicht nichts ändern. Deswegen sollten Sie sich ändern und nicht auf die Bank warten.

Kein einziger (!) der von uns hinzugezogenen Experten glaubt in Sachen Euro an eine rundweg sorgenfreie Zukunft. Sicher, dies ist zuallererst einmal ein Thema der Politik. Es wird sich aber immer direkt und indirekt auf Banken und Versicherungen und somit auf jeden Einzelnen auswirken.

Und Sie? Sie sind womöglich gerade irgendwie unzufrieden mit Ihrer Bank. Sie fühlen sich nicht so richtig im Fokus, nicht so toll verstanden und beraten. Schade, aber Ihre Bank hat gerade Besseres zu tun, als sich mit Ihnen zu befassen. Sie ist schwer damit beschäftigt, die Trümmer der aktuellen Krise und der Krisen zuvor aufzuräumen. Um kleine Fische kann man sich da nicht kümmern.

Fatal ist, dass die Banken beim Aufräumen die alte Ordnung wiederherstellen oder gar zementieren. In aller Regel verpassen sie dabei die Chance, überkommene Traditionen und Geschäftsmodelle auf den Prüfstand zu stellen und konsequent über Bord zu werfen.

Die Banken-Bios der Autoren

Die Geschäftsführung wagte damals eine Kulturrevolution. Sie entschied, für eine neue Bank junge Leute aus Dienstleistungsberufen anzuheuern – nach der Devise »Einstellung zur Dienstleistung zuerst, Bankkenntnisse trainieren wir«. So waren Matthias Kröner und Stephan Czajkowski ab 1993 Mitglieder des Gründungsteams der Direkt Anlage Bank GmbH, des ersten Discount-Brokers Deutschlands.

Das Konzept wurde in der Presse als lang fällige Innovation gefeiert. Denn bis dato war der Wertpapierhandel für den Kunden eine sehr intransparente und teure Angelegenheit. Banken verdienten nicht nur an der Provision, damals rund 1 Prozent, sondern auch an der Kursstellung – dem Kunden war dies schlicht nicht bekannt. (Das war die Zeit vor dem Internet!)

Die Branche reagierte dementsprechend mit Unverständnis auf diese Bank: Eine informierte Kundschaft, die ihre Entscheidungen zu Wertpapiergeschäften selbst traf, trat dank neuer Alternative gegenüber ihren Beratern in ungewohnt selbstbewusster Haltung auf. Nach nur fünf Monaten war das eigentlich für zwölf Monate geplante Ziel von 10 000 Kunden erreicht.

Matthias Kröner wurde 1997 mit Gründung der AG zum Vorstand bestellt. Stephan Czajkowski wurde im Jahr 2000 Managing Director für das Privatkundengeschäft.

In der Hochphase im Jahr 2000 zählte die Bank rund 750 000 Kunden und hatte 1200 Mitarbeiter in ganz Europa. Alleine in Deutschland wickelte die DAB 10 Millionen Xetra-Transaktionen ab und erwirtschaftete ein Provisions- und Zinsergebnis von über 220 Millionen Euro.

Matthias ist heute Sprecher des Vorstands seiner zweiten Bankengründung, der Fidor-Bank AG, einer Online-Retail-Bank (Bank für Privatkunden), die in ihrem Auftritt, ihren Prozessen und im Kundenverständnis wesentlich durch das Web 2.0 geprägt wird.

Stephan hat seinen Werdegang als Coach und Berater für Führungskräfte fortgesetzt.

Wir müssen reden!

Finanzdienstleister und Kunden passen in der heutigen Konstellation nicht wirklich zusammen. Wir haben uns alle ein wenig auseinandergelebt. Und darüber müssen wir sprechen.

Wir sollten über die Stärken und Schwächen der Finanzdienstleister reden, über Chancen und Risiken. Wir brauchen zumindest rudimentär eine Auseinandersetzung mit den Defiziten der Finanzdienstleistungsindustrie.

Denn ohne ein neues und modifiziertes Selbstverständnis aufseiten der Kunden wird es auch keine neuen Banken geben.

Solange Sie sich alles gefallen lassen, werden sich Banken schwertun, sich zu ändern. Wozu auch? Wenn die Kunden es nicht anders wollen und das akzeptieren, was man ihnen vorsetzt, warum sollte sich die Bank dann anstrengen? Warum sollte sie mehr als 0,2 Prozent aufs Sparbuch zahlen, wenn die Kundschaft selbst bei diesen Minizins all ihr Geld brav auf die Bank trägt?

Wir müssen über Geld reden!

Zugegeben, die Beschäftigung mit Defiziten hat immer einen negativen Beigeschmack. Schnell wird vermutet, dass man nur mit dem Finger auf andere zeigen, also Neudeutsch »Bashing« betreiben möchte. Es geht hier aber nicht um das neuerdings so beliebte »Banker-Bashing«.

Die Beschäftigung mit den Defiziten der Finanzindustrie ist eine notwendige Beschreibung des Status quo. Wer auf die passgenaue Hilfe und Unterstützung einer Bank wartet, wird sehr wahrscheinlich enttäuscht werden. Das ist womöglich nicht mal böse Absicht des jeweiligen Geldhauses.

Die vielfältigen Defizite der Finanzindustrie

Wo liegt der Hund begraben im Bank-Business? Die generelle Servicequalität und die kundenrelevanten Prozesse sind ein Thema. Der Mangel an grundsätzlich kundenzentriertem Denken und damit fehlendes Verständnis für die Lebensumstände des Kunden sowie das eigene Profitstreben sind ein weiteres, ebenso wie die jeweilige Unternehmenskultur des einen oder anderen Finanzdienstleisters. Und vieles mehr.

Ein Defizit möchten wir den anderen, leider fast gängigen Mängeln jedoch voranstellen: Wir sehen in der weiten Finanzwelt, außer in einer heute noch sehr überschaubaren, kleinen, aber hoffentlich aufstrebenden Nische, nahezu nichts an sinnvoller Innovation. Es gibt keinerlei wirkliche Verbesserung, jedenfalls nicht aus Sicht des Kunden. Und es wird, glauben Sie uns, in absehbarer Zeit auch keine geben.

Woher also soll das rettende Ufer kommen, wenn auf der einen Seite die bestehenden Anbieter im Rahmen der Krise ihre Strukturen zementieren und auf der anderen Seite gleichzeitig keine neuen relevanten Alternativen am Markt sichtbar sind? Wer soll es richten?

Die großen Häuser haben ein teilweise massives Ergebnis- und Glaubwürdigkeitsproblem. Es ist eine generelle Vertrauenskrise entstanden. Die Großbanken müssten sich mit neuen Prozessen und Strukturen auf der Kostenseite und neuen Angeboten sowie Geschäftsmodellen für eine verbesserte Ertragsseite präsentieren. Um das Problem der mangelnden Kundenfokussierung und des schlechten Ergebnisses im Retail-Banking, also im Geschäft mit dem Privatkunden, zu lösen, müsste sich in erster Linie kulturell etwas tun.

Die Kultur einer Bank erscheint Ihnen womöglich nicht wirklich relevant. Wenn Sie jedoch einem Mitarbeiter gegenüberstehen, der keine Lust hat, Sie zu bedienen, dann erleben und erleiden Sie gerade diese Kultur. Denn offensichtlich darf dieser Mitarbeiter das. Insofern sollte Sie das sehr wohl interessieren.

Wie auch immer diese Entwicklungen ausgehen werden, eines ist klar: Die Finanzindustrie ist derzeit hochgradig mit sich selbst beschäftigt. Und das wird auch noch einige Zeit so bleiben.

Sie als Kunde werden in der Regel immer dann entdeckt und in den Mittelpunkt gerückt, wenn der Zeitpunkt für die Bank, nicht aber für Sie günstig erscheint – aber das merkt der Kunde ja sowieso nicht. Auch für die Finanzbranche gilt der alte Witz unter Unternehmensberatern: »Bei uns steht der Kunde im Mittelpunkt – und damit im Weg!« Der Spruch kommt nicht von ungefähr.

Sie sind dann Mittelpunkt des Bankgeschäfts, wenn Ihr Geld als günstige Refinanzierungsquelle gesehen wird. Sie sind dann Mittelpunkt der Diskussion, wenn es um die Kosten und die Effizienz der Bank geht und man sich überlegt, wie man an Ihrem Service sparen kann. Sie sind dann Mittelpunkt, wenn es um den Kunden als Problemlösung der Bank geht. Probleme, die Sie in aller Regel eigentlich nicht verursacht haben dürften. Jedes Mal, wenn man Sie als möglichen Problemlöser entdeckt hat, gibt es ein »passendes« Angebot für Sie. Diese »Entdeckung« wird dann gerne als »bedürfnisgerecht« verkauft. Das ist sogar durchaus ehrlich gemeint, auch wenn nicht gesagt wird, dass es sich dabei in erster Linie um die Bedürfnisse der Bank handelt. Da Sie diese Entdeckung teuer bezahlen dürften, sollten Sie also lieber in Deckung bleiben.

Als Kunde sind Sie ebenfalls Mittelpunkt, wenn man Sie als Risiko entdeckt. Ein Risiko sind Sie beispielsweise dann, wenn Sie Geld brauchen. Hierzu gibt es eine alte Weisheit: »Eine Bank leiht dir einen Schirm, wenn die Sonne scheint.« Auch das kommt nicht von ungefähr.

Wie kundenorientierte Dienstleistung aussehen könnte

Sie als Kunde würden besser bedient, wenn man sich als Bank ernsthaft um Ihr Vertrauen bemühte, um dann eine Beziehung zu etablieren, deren Folge natürlich das eine oder andere Geschäft ist. Das ist vollkommen legitim. An Geschäften ist schließlich nichts Schlechtes. Nur: wenn schon bedürfnisgerecht, dann bitte an den Bedürfnissen der Kunden orientiert.

Leider herrscht jedoch nur bei sehr wenigen Finanzdienstleistern das Denken vor, dass das nachhaltige Lösen von Kundenproblemen langfristig auch dem eigenen Haus zugute kommt, indem es so nämlich zu einem erfolgreichen, da nachhaltigen Dienstleistungsunternehmen wird.

Banken und Versicherer gehören zu einem Wirtschaftszweig, der sich Finanzdienstleistungsindustrie nennt. Aber was bedeutet eigentlich Dienstleistung?

Unter einem Dienstleister versteht man landläufig einen Anbieter, der davon abhängig ist, in enger Zusammenarbeit mit dem eigenen Kunden etwas zu erstellen, das den beteiligten Parteien ein möglichst positives Ergebnis bringt. Beispielsweise Restaurants. Gibt es Essen, das nur dem Koch und sonst niemandem schmeckt, hat das zur Folge, dass die Gäste ausbleiben.

Bei Banken ist das anders. Scheinbar.

Die Geldhäuser haben sich aus unterschiedlichen Gründen und wegen diverser aufeinanderfolgender Krisen in den letzten Jahrzehnten auf die eigene Nabelschau fokussiert. Wer aber ständig nur auf den eigenen Bauch blickt, der kann kaum nach vorne sehen. Und wer nicht nach vorne sieht, kann sein Gegenüber, den Kunden, nicht im Fokus haben. Das ist das eine. Das andere: Schon früh wurde mit dem Argument der Kostenreduktion die Technisierung vorangetrieben. Ein Ergebnis davon sind die Automatenparks im Foyer der Filialen. Ein weiteres sind Telefon- und Internetbanking.

Nicht alles ist schlecht an dieser Entwicklung. Aber: Nachdem die Banken ihre Kunden nun immer weiter von sich weggeschoben haben, merken sie, dass sich die Klientel an diesen Zustand gewöhnt hat. Wer mag heute schon noch in eine Filiale gehen und sich am Schalter beraten lassen? Wer geht überhaupt noch in eine Filiale?

Während also die einen mit sich selbst beschäftigt sind, distanziert sich der Kunde aus eigener Kraft. Die Konsequenz dieser Entwicklung ist, dass die Distanz zwischen Bank und Kunde vergrößert wurde. In der Folge verringerte sich das Verständnis für den Kunden und dessen Bedürfnisse. Viele Geldhäuser und vor allen Dingen deren Entscheider wissen schlichtweg nicht mehr, welches Leben ihre Kunden eigentlich leben. Und das wird sich auf lange Sicht nicht ändern.

Warum? Es fehlt an Geld – die Krisen kosten zu viel. Es fehlt die notwendige Servicekultur. Und es stellt sich die Frage: Wer soll es richten und wie? Denn was ist schlimmer – dass man die eigentlichen Bedürfnisse der Kunden nicht kennt? Oder dass man diese Bedürfnisse mit den bestehenden Produkten, Prozessen und Service- sowie Vertriebsansätzen nicht nachhaltig bedienen kann? Ein Beispiel: Das Internet und die daraus resultierenden Entwicklungen haben die hierzulande ansässigen Banken ziemlich verschlafen. Insofern überrascht es nicht, dass ein US-amerikanischer Anbieter den globalen Markt für Internet-Payment beherrscht.

> Im Rahmen einer Präsentation vor den Marketingentscheidern einer Finanzgruppe hatte ich die Chance, den Anwesenden eine Frage zu stellen: Wie viele Nutzer, glauben Sie, hat Paypal weltweit? Antwort aus dem Auditorium: 7 Millionen. Die wahre Zahl lag aber damals schon bei mehr als 200 Millionen.

Wer so weit von der Realität entfernt lebt, der kann auch mit der digitalen Realität der eigenen Kunden wenig anfangen.

Banken haben in den goldenen Zeiten ihre Paläste gepflegt, hohe Tantiemen (und die nicht nur in den goldenen Zeiten) und in aller Regel wenig Dividende bezahlt. In das Thema Zukunft wurde wenig bis nichts investiert. Weder technisch noch kulturell.

Zwischen den Krisen rollte der Rubel – wie zur Bestätigung, dass man doch alles richtig machte. Dabei hat man den Einsatz im globalen Kapital-Casino über das eigene Investmentbanking laufend erhöht – und damit auch die Abhängigkeit von den Ergebnissen dieser sehr speziellen Bankensparte.

Der normale, kleine Kunde war dabei im besten aller Fälle nur nettes Beiwerk.

Um die Jahrtausendwende hatte ich eine Unterhaltung mit einem Kollegen in der Zentrale der HVB im Münchner Tucherpark. Als Vorstand der DAB musste ich dort regelmäßig zur Berichterstattung, da die HVB auch der Großaktionär der DAB war und noch ist. Vor einem dieser Treffen traf ich im Fahrstuhl auf einen alten Schulfreund. Er war damals im Investmentbanking tätig. Nach einer kurzen und herzlichen Begrüßung fragte er nach den Kerngeschäftszahlen der DAB sowie nach der Mitarbeiterzahl. Es seien 500, sagte ich ihm. Seine Reaktion: »Das machen wir mit fünf Leuten.« Was wollte der wirklich gut befreundete Investmentbanker damit sagen? Dein Geschäft ist totaler Käse? Die Beschäftigung mit Kleinstkunden ist unrentabel und komplett uninteressant? Wie anstrengend? Wie kann man nur so dämlich sein, sich mit derartigem Kleinvieh abzugeben? Aus seiner Sicht durchaus legitim, für den Kunden da draußen aber keine frohe Botschaft.

In und nach jeder Krise ändert sich diese Einstellung freilich. Auch diese Großbank entdeckte irgendwann die »Vorzüge« des Kleinstkunden, wobei diese in erster Linie in einer günstigen und unabhängigen Refinanzierung liegen. Dann ist man wieder froh, ihn zu haben. Dies erkennen Sie als Kunde in aller Regel an der dann zunehmenden Werbung für Tagesgeldangebote.

Banken haben aber noch ganz andere Themen: Sie verfügen – wie andere Großunternehmen mit konsequenter Aufgabenteilung auch – über Organisationsstrukturen, in denen sich viele kleine Systeme gegeneinander abgrenzen. Deren oberstes Ziel ist es, jeweils sich selbst zu erhalten. Viele davon haben überhaupt keinen Kundenkontakt. Interessiert sie auch nicht. Die Auseinandersetzung mit dem Kunden, die Ableitung allen Handelns aus dessen Ansprüchen ist ihnen komplett fremd. Der Kunde als Sinngebung ihrer Arbeit ist nicht akzeptabel.

No, we can't – die heutige Banken-Devise

An Kenntnis der Situation mangelt es nicht. Es mangelt in den Chefetagen vieler Banken vielmehr an der letzten Überzeugung, dass es dringend notwendig wäre, sich nachhaltig zu verändern.

Denn dies würde die Organisationen viel stärker durchrütteln als alle da gewesenen Krisen. Viele der gegenwärtig bekundeten Reformansätze sind ausschließlich Lippenbekenntnisse und Sonntagsreden. Auf den zahlreichen Konferenzen, die ich als Vertreter der Fidor-Bank besuche, um dort unseren Ansatz zu kommunizieren, bekomme ich immer wieder das gleiche Feedback: »Wir würden ja gerne, aber wir dürfen nicht.« Beziehungsweise: »Toll, was Sie machen, das müssten Sie mal meinen Vorständen erzählen.« Oder aber: »Ich habe nur noch zwei Jahre, da tue ich mir das nicht mehr an!«

Nur wenige Banken gehen wirklich einen Veränderungsprozess an. Bei anderen bleibt alles beim Alten. Das Alte, das waren und sind beispielsweise Vertriebstruppen, die auf die Kunden losgelassen werden. Diese Vertriebstruppen verkaufen nach wie vor Lebensversicherungen und Bausparverträge an 70-Jährige. Nach wie vor geht es um systematische Abzocke zur Gewinnoptimierung. »Bei uns musste alles verkloppt werden, was möglichst viel Provision bringt«, wird ein Ex-Berater einer großen Retail-Bank von der *Stiftung Warentest* zitiert. »In meinem Vertriebsgebiet wurde vor allem Jagd auf ›Leos‹ gemacht.« Leos sind »leicht erreichbare Opfer« wie Alleinstehende oder alte Menschen. Denen könne man beim Kaffeeklatsch besonders gut Verträge aufschwatzen.

Unsere IT-Landschaft zu Hause ändert sich laufend. Wir haben nicht mehr das gleiche Handy wie vor zehn Jahren und wahrscheinlich auch einen aktuellen Flachbildfernseher. Wären wir jedoch wie manche Bank, dann hätten wir heute noch ein Röhren-TV und einen ollen Nokia-Knochen – samt dem damaligen Vertrag über 1,76 DM pro Gesprächsminute. Die baldige Einführung des Bildschirmtextes würden wir als großartige Innovation feiern.

Jeder Veränderungsprozess beeinträchtigt vorübergehend die Leistungsfähigkeit eines Systems. Wer sich das klargemacht hat, kann die Zurückhaltung der Banken, Grundsätzliches zu ändern, sogar nachvollziehen. Ihre Baustellen liegen derzeit ganz woanders: Keine andere Branche muss sich derart mit wachsender Regulierung aufgrund der anhaltenden Finanzkrise auseinandersetzen wie die Finanzindustrie. Das frisst die letzten Ressourcen, technisch wie finanziell.

Dieser zusätzliche Aufwand würde die Finanzen jeder Bank natürlich negativ beeinflussen, und das in Zeiten, in denen der Profit aus verschiedensten Gründen tendenziell ohnehin schon sinkt. Gleichzeitig schreibt der Gesetzgeber vor, das Eigenkapital zunehmend zu stärken.

Was tun? Wo kann noch mehr rausgeholt werden? Die Geldhäuser bewegen sich in einem durchaus ernsten Dilemma – allein, uns fehlt das Mitleid.

Denn ist es nur das Geld, das Reformen verhindert? Nein. Keiner will der sein, der den ersten Schritt tut. Keiner will so mutig sein und Vorreiter einer Wesensveränderung werden. Aber gerade die ist nötig. Mutige Entscheider und mutige Mitarbeiter wären gefragt und damit einhergehend emotionales Know-how, das in den Banken heute kaum vorhanden ist. Es wäre nicht allein eine technische Revolution notwendig. Vielmehr brauchen wir eine kulturelle (R)Evolution. Hin zu mehr Kundenzentrierung und damit auch – dies geht Hand in Hand – zu einer moderneren technischen Ausgestaltung.

Als wir 1994 mit der DAB an den Markt gingen, bekam Martin Kölsch als Vorstandsmitglied der damaligen Bayerischen Hypotheken- und Wechsel-Bank AG und Chef des Aufsichtsrats der DAB (damals Direkt Anlage Bank) einen Anruf von einem Frankfurter Vorstandskollegen. Inhalt des Gesprächs: Warum die Hypo-Bank denn so dumm sei und allen das gute Provisionsgeschäft kaputt machen wolle. Darüber hinaus äußerte dieser Kollege auch die Meinung, dass der deutsche Kunde noch nicht reif für die Entwicklung, sprich: die eigenständige Entscheidung, sei.

Dieser Kollege ist heute nicht mehr im aktiven Dienst. Auch seine Bank gibt es nicht mehr.

Alles Quatsch, die technische Revolution hat doch mit dem Internet schon stattgefunden – das mag der eine oder andere an dieser Stelle einwerfen. Natürlich hat das World Wide Web auch das Bankgeschäft in Teilen positiv verändert. Aber eben nur in Teilen. Die Musikindustrie etwa wurde durch das Web komplett umgekrempelt. Es ist ein Geschäft geworden, bei dem Güter bei Nachfrage sofort über das Web geliefert werden. Das muss auch mit Geld funktionieren.

Die Filialen werden sich verändern müssen und mit ihnen das Banking an sich. Das Thema Technik ist untrennbar mit dieser Entwicklung verbunden. Mit der Verbreitung des Internets, der Smartphones und Tablet-Computer hat sich der sogenannte digitale Lebensstil durchgesetzt. Das Web selbst ist eine technische Entwicklung, die daraus resultierende Lebensart ist eine kulturelle Fragestellung. Beides gibt es aber nur gemeinsam – Technik und Kultur. Wer diese Komponenten trennt, versteht die Entwicklung nicht.

In einer zunehmend technisierten Welt betreten wir nun eine Bankfiliale. Idealerweise kennt man dort den Kunden und seine Bedürfnisse. Die könnten auch gleich bedient werden. Doch wie sieht die Realität aus? Wir bekommen tagtäglich von verschiedenen Banken Kreditangebote, obwohl wir keinen Kredit benötigen.

Das Kuriose dabei ist, dass die uns betreuende Bank ebenfalls unter den Versendern dieser Angebote ist. Wenigstens sie sollte unsnere finanzielle Situation kennen. Unseren Betreuer haben wir seit Jahren nicht gesehen. Lediglich alle zwei Jahre kommt ein Schreiben, dass der uns unbekannte Betreuer gewechselt habe.

Geht man in die Filiale, dann werden Produkt- und Kreditentscheidungen mittels zentralisierter IT gesteuert, fernab vom Kunden. Niemand ist dadurch mehr Rechenschaft schuldig, der eine (Filiale) kann es auf den anderen (Zentrale) schieben. Ist der Kunde sauer, dass er einen Kredit nicht bekommt, ist es die Schuld des Computers. Wie oft fallen Sätze wie: »Der Computer will das noch wissen ...« Oder: »Der Computer sagt mir, dass das leider nicht geht.«

Sind die Vertriebserfolge zu gering, dann gibt die Zentrale die Schuld den Mitarbeitern vor Ort – die aber wiederum nicht selbst entscheiden dürfen oder können. Kein Wunder, dass Mitarbeiter in einem solchen Umfeld Frust schieben, dass das Thema »Burnout« die Personalabteilungen beschäftigt und eine deutsche Großbank sogar ein Seminar mit dem Titel »Die Depression als Lebenschance erkennen« anbot. Kein Scherz.

Genug damit: Es geht um Sie!

Wachen Sie endlich auf! Wenn Sie bis hierhin gelesen haben, sollten Sie als Bankkunde doch ein wenig skeptisch geworden sein.

Nur Sie sollten im Fokus der Bank stehen – nur Sie, Ihr Geld und Ihre Bedürfnisse.

Ihr Geld ist es schließlich, das die Banken benötigen, um arbeiten zu können. Sie brauchen es sogar dringender denn je. Denn früher konnten sie sich Geld von anderen Banken leihen, seit Beginn der Krise ist der Markt jedoch eingebrochen. Oder warum, glauben Sie, betreiben manche Banken einen geradezu unglaublichen Wettbewerb um Tagesgeldeinlagen? Sicher nicht, weil ihnen die Kunden so sympathisch sind, sondern weil der für die Bilanz verantwortliche Vorstand sagt, dass man schlicht und einfach mehr Einlagen braucht.

Daneben braucht die Bank ein gutes Ergebnis aus den Geschäften mit Ihnen in Form von Zinsen und Provisionen. Diese Provisionen – beispielsweise aus dem Wertpapiergeschäft – kann heute speziell manche Schweizer Bank in früher undenkbare Höhen schrauben. Anfang der Neunzigerjahre lag die Obergrenze der Provisionserlöse aus einem Depot noch bei 1 Prozent jährlich. Heute sind es 3,5 Prozent und mehr. Wie sollen Sie da als Kunde überhaupt noch Geld verdienen können, ohne übermäßige Risiken in Kauf zu nehmen?

Als Gast einer erlauchten Runde von britischen Bank- und Versicherungsmanagern durfte ich miterleben, wie die dort anwesenden Entscheidungsträger sehr offen und kritisch zueinander waren – und aus dem Nähkästchen plauderten. Man streute reichlich Asche aufs eigene Haupt und bekundete den Willen, künftig alles besser zu machen.

Auch die englische Bankenaufsicht FSA war bei diesem Treffen vertreten. Die referierende Dame hatte einen Mitschnitt dabei, auf dem man den Vertriebsmitarbeiter einer Bank hören konnte, wie dieser einen Kunden in der Manier eines Strukturvertriebs regelrecht in eine Aktienposition »hineinquatschte«. Das war das gelebte Gegenteil der erzählten Sonntagsrede.

Der CEO einer großen Versicherung berichtete am nächsten Tag nahezu mit Tränen in den Augen über sein Problem, für seine Kunden ein einfaches langfristiges Anlageprodukt als Rentenvorsorge zu schaffen. Denn, so seine Erkenntnis, das Beste wäre, man würde das Geld einfach auf ein Tagesgeldkonto legen. Damit aber verdient die Versicherung kein Geld.

Dann erklärte er, wie die Versicherung mittels einer derivativen Struktur für sich 2 Prozent Ergebnis erwirtschaften kann und für den Kunden einen Anlagezins, der unter dem Tagesgeldsatz liegt. Das Ganze natürlich auch mit einer leicht modifizierten, weil schwierigeren Risikostruktur im Vergleich zu einem einfachen Tagesgeldkonto.

Für diesen Vortrag gab es brav Applaus, anschließend reichte man Tee und Fingerfood. Die Gestaltung des sich nähernden Wochenendes war das Hauptthema der folgenden Unterhaltung.

Das ist die Realität. Wollen Sie wirklich Teil von ihr sein? Oder wollen Sie etwas verändern?

Warum nur Sie etwas ändern können

Endlich. Endlich stehen Sie in Sachen Geld im Mittelpunkt. Sie können wir erreichen. Und es hat aus unserer Sicht auch mehr Sinn, sich mit Ihnen zu beschäftigen als mit Banken – außer man gründet selbst eine. Wären wir anderer Meinung, dann wäre dies ein Fachbuch für Banker geworden.

Sie können sich verändern, Sie als Kunde von Finanzdienstleistern. Sie wollen sich womöglich sogar verändern. Und Sie werden dabei allemal schneller sein als die Banken, mit denen Sie (noch) zu tun haben.

Um es noch klarer zu sagen: Sie müssen sich verändern, wenn die Banken es sollen. Die Banken hatten in der Vergangenheit leichtes Spiel mit Ihnen. Denn viele Kunden hatten keine Lust, sich mit dem Thema Geld auseinanderzusetzen, und haben es vermieden, die eigene Geldkompetenz zu schärfen und dann als kritischer Kunde klar zu signalisieren, dass man mit ihnen nicht alles machen kann.

Sie haben sich irgendwann für Ihre Bank entschieden und es dabei unterlassen, Ansprüche zu formulieren. Die Banken glaubt deswegen, alles sei in Butter. Denn zu wenige Kunden sagen tatsächlich Adieu.

Stattdessen sieht es so aus:

 Sie lassen sich noch heute Öffnungszeiten gefallen, die sogar in Behörden schon flexibler sind.

 Sie lassen sich zum Gespräch mit Ihrem Berater einbestellen.

Sie zahlen hohe Dispozinsen mit riesigen Gewinnspannen für die Bank

 Der Berater hat – wenn es ganz blöd läuft – keine Informationen zu Ihnen und Ihren sonstigen Transaktionen, weil er und das EDV-System, das er bedient, abgenabelt sind von den Transaktionen, die Sie online tätigen. Er kennt Sie nicht.

 Sie kennen Ihren Berater nicht, weil sich alle zwei Jahre Ihr Ansprechpartner ändert.

 Sie kaufen Produkte, von denen Sie keine Ahnung haben. Trösten Sie sich, Ihr Berater weiß garantiert nur wenig mehr. Muss er auch nicht, denn er trifft selten auf ein wissendes und kritisches Wesen. Und wenn, dann greift er in die Toolbox aus seinem Seminar »Umgang mit schwierigen Zeitgenossen«. Kritische Kunden sind gewöhnlich schon längst zu freien, unabhängigen Beratern abgewandert, weil sie es nicht aushalten, für komplexe Bedürfnisse zwei komplett durchstandardisierte Produkte angeboten zu bekommen – alles natürlich echte »Renner«, versteht sich.

 Sie kaufen das Produkt, ohne Chance und Risiko wirklich zu kennen.

 Sie kaufen das Produkt, ohne dass Ihnen klar ist, was es wirklich kostet – insbesondere dann, wenn Sie an Ihr Geld müssen.

 Sie kaufen, ohne Alternativen zu kennen.

All das sind IHRE Fehler. Es sind nicht die Fehler der Bank. In keinem anderen Lebensbereich würden Sie sich ähnlich verhalten! Nur bei Geld.

Um es hart zu formulieren: Sie verhalten sich wie Schlachtvieh, das am Tor des Schlachthofes nach Eigenanreise fragt, wo es denn nun zur Schlachtung geht. Mit einem freundlichen Dankeschön an den Pförtner laufen Sie den blinkenden Messern freudig entgegen. Kurz überlegen Sie vielleicht noch, wo das ganze Blut herkommt, bevor Sie sich selbst sagen, dass man nicht so kritisch sein soll und schon gar nicht Sachen hinterfragt, die man nicht versteht.

Woran liegt es, dass ein Großteil der mündigen Bürger, für die eine kritische Auseinandersetzung mit den Dingen des Lebens alltäglich ist, ausgerechnet beim Thema Geld versagt?

Für den Anfang genügen ein bisschen klarer Verstand und etwas Zeit

Die Notwendigkeit, Eigeninitiative in Sachen Geld zu entwickeln, ist größer denn je. Und für einen Neuanfang ist es nie zu spät.

Alle sind sich doch einig: Die Leistungen der Solidargemeinschaft – Rente, Krankenkasse, Arbeitslosenversicherung – werden trotz höherer Abgaben geringer und das Leben an sich wird teurer. Wir stehen in Zukunft einem Plus an Kosten und einem Minus an verfügbarem Einkommen gegenüber, werden zudem im Schnitt auch noch immer älter. Prost Mahlzeit.

Es bedarf nur ein bisschen gesunden Menschverstands, um die Zeichen der Zeit zu deuten. Denken wir nur an die Immobilienkrise. Schon früh war bekannt, dass die in den USA geübte Praxis, Menschen den Besitz von Immobilien zu ermöglichen, die sich dies nie und nimmer leisten konnten, zu einem Kollaps führen musste. Dennoch haben alle mitgemacht. Banken weltweit haben das Ganze mitfinanziert. Jahre später brannte es lichterloh.

Wer bekam die Rechnung? Sie! Als Steuerzahler haben Sie das alles bezahlt und werden noch länger daran knabbern. Erinnern Sie sich? Banken sind »systemrelevant« und dürfen nicht untergehen. Es war Ihre Kohle, die diese Banken gerettet hat. In Zypern nimmt man es nun ohne Umwege von den Konten der Kunden, das ist einfacher und letztlich auch gerechter.

So vorhersehbar, wie diese Entwicklung war, sind auch andere. Manche Katastrophe ist klar prognostizierbar. Zum Beispiel die schleichende Entwicklung der persönlichen Verarmung. Wer heute zwischen 40 und 50 Jahre alt ist, wird Altersarmut in bisher nicht gekanntem Ausmaß erleben, wenn er nicht handelt.

Wenn Sie sich heute nicht um Ihr Geld kümmern, das Sie im Alter zwischen 70 und 80 benötigen, um auf dem gewohnten Niveau zu leben, dann werden Sie bitter enttäuscht werden. Die Politiker, die Ihnen das Gegenteil weismachen wollen, damit sie die nächste Wahl gewinnen, werden dann längst nicht mehr im Amt sein.

Und das ist nur ein Beispiel. Die heute 20- bis 30-Jährigen stehen noch vor ganz anderen Herausforderungen. Diese Generation darf ihre älter werdenden Eltern pflegen in einem Land, das dann keine Pflege mehr anbieten kann.

Die Botschaft ist klar: Beginne heute, dich um dein Geld zu kümmern – die anderen tun es schon längst!

Aufhören, die falschen Dinge zu tun

Natürlich, wir können heute leben und später bezahlen. Wir identifizieren uns heutzutage gern durch Besitz und gehören so dazu – zu was auch immer. Eine Vielzahl von Menschen bringt dieses Lebensgefühl jedoch über kurz oder lang in ernsthafte Schwierigkeiten. Für manchen bedeutet dies, dass das Leben später ein wesentlich bescheideneres sein wird, weil er noch für Dinge bezahlt, die er längst verbraucht hat.

Aber ist das auch der richtige Weg? Damit wir uns richtig verstehen: Wir wollen hier keineswegs gegen die Erfüllung eines Konsumziels oder eines wie auch immer gearteten Traums argumentieren. Es geht vielmehr darum, auf welchem Weg man dieses Ziel erreichen kann, ohne die finanzielle Grundversorgung zu irgendeinem Zeitpunkt zu gefährden.

Wer nur damit beschäftigt ist, seinen Schuldendienst gegenüber der Bank zu erbringen, der kann es sich zum Beispiel nicht leisten, seinen potenziell bedrohten Job zu wechseln oder in Veränderung zu investieren. Auch dann nicht, wenn nur Veränderung Schutz vor der sicheren Arbeitslosigkeit bedeuten würde. Die Geschwindigkeit, mit der sich das Umfeld verändert, in dem wir unser Geld verdienen, und das Maß an Flexibilität, das wir dafür aufbringen müssen, sind beängstigend. Menschen im Schuldenkorsett tun sich schwer mit Veränderungen.

Die Situation bei den Banken haben wir hinreichend beschrieben. Sofern Sie unzufrieden sind mit deren Leistung, ist es müßig, darüber zu diskutieren, ob die Banken schuld sind an Ihrer persönlichen Situation oder ob Sie willentlich durch offene Türen gegangen sind. Schon die Diskussion darüber ist eine Verliererstrategie, weil sie Sie im Problem verharren lässt. Nicht umsonst antworteten bei einer Online-Umfrage auf die Frage: »Was war Ihre wichtigste finanzielle Entscheidung?« ganze 4 Prozent mit: »Meine Bank!« Nur 4 Prozent der Befragten halten ihre Bank für eine wichtige finanzielle Entscheidung! 16 Prozent sagen, dass ihr Lebenspartner eine wesentlich wichtigere finanzielle Entscheidung darstellt. Ebenfalls 16 Prozent gehen davon aus, dass es der eigene Beruf ist.

Sie sehen, wer sich mit Geld beschäftigt, macht auf einmal ein ganz großes Fass auf. Es ist bei Weitem mehr als nur die Beschäftigung mit der eigenen Bank und ihren Unzulänglichkeiten. Natürlich ist es wichtig, zu wissen, was eine gute Bank oder ein guter Finanzdienstleister bietet, woran man diese erkennt oder auch, wie man ein Depot mit ETFs anlegt. Auch dies werden wir behandeln. Und doch: Ist es mit einer besseren Kenntnis von einzelnen Anlageprodukten wirklich getan?

Nein. Der Umgang mit Geld ist ein Prozess, der unsere Kompetenzen des Führens fordert. Wir sind alle Bankkunden, weil wir eine Bank brauchen. Aber treten wir auch selbstbestimmt genug dort auf? Das bedeutet, sich nicht (unkritisch) führen zu lassen und nicht einfach blind zu vertrauen, dass sich da einer auskennen würde.

Schon eine kritische Frage oder ein Hinterfragen reicht, um einem Führungsanspruch in einer mündigen Beziehung zwischen Kunde und Dienstleister gerecht zu werden. Wie gesagt: In anderen Lebensbereichen können Sie das doch auch.

Fehlertyp 1: Der Coole

Er ist der Typ, an dem sich viele orientieren. Zumindest ist das sein Anspruch an sich selbst. In Wahrheit fällt er in der Masse nicht auf, denn er tut, was alle tun – er konsumiert, und zwar möglichst immer das Neueste. Er hat früh gelernt, welche Klamotten er tragen muss, um dazuzugehören, und welche elektronischen Gadgets sein ansonsten recht langweiliges Leben pimpen.

Er ist – auch deswegen – ständig knapp bei Kasse und sucht, sofern dem Elternhaus entwachsen, sein Heil in allen Formen des Kredits. Er versteht es virtuos, seine Schulden zu managen, und macht nach außen einen durchaus erfolgreichen und zufriedenen Eindruck. Er kann aber keine Risiken eingehen. Er hat das gelernt, was er musste, um das zu erreichen, was er wollte – dazuzugehören.

Verliert er seinen Job, kann er ein paar Monate überleben, bevor die Bank den Hahn zudreht. Er ist dann arm, weil er für Dinge bezahlen muss, die er längst nicht mehr besitzt. Rücklagen hat er keine. Berufliche Neuorientierung wird schwer.

Muster heute: Das Wirklichkeitserleben ist eher von der Umwelt geprägt als von eigener Kompetenz. Die Motivation, etwas zu tun, um sich Wettbewerbsvorteile in der Masse zu schaffen, ist gering ausgeprägt. Im betrieblichen Umfeld fällt der Coole durch Aversionen gegen Veränderungen auf. Denn jede Änderung im beruflichen Kontext ist gefährlich für sein wirtschaftliches Überleben.

Finanzen heute: In jungen Jahren: das Beste am Leib, nichts in der Tasche. Mama, Papa, Oma und Opa, alle müssen ran. Manchmal nervt es ihn selbst.

Finanzen später: Leasingfahrzeug, Baufinanzierung (Eigenheim), Dispokredit und diverse Ratenkredite, Geld aus Erbschaft versickert, dünne Liquiditätsdecke wird durch Urlaube etc. getilgt. Keine Rücklagen. Wenn er sich tatsächlich dem Aktienmarkt nähert, verzockt er das Geld.

Auswirkungen später: Geht Partnerschaften ein, in denen er/sie finanziell abhängig ist. Stark beruflich fremdgesteuert. Neigt dazu, den Befreiungsschlag mit riskanten Geldanlagen zu versuchen. Manches bleibt auf der Strecke: zuzahlungspflichtige Behandlungen von Krankheiten werden geschoben, Ausbildung der Kinder ist nicht finanzierbar etc. Konsequenz: Altersarmut, schlechter Gesundheitszustand im Alter.

Gegenmaßnahmen heute: In jungen Jahren: Have fun – as much as you can! Lass es krachen! Aber: Entwickle ein Bewusstsein für die Kosten deines Konsums. Überlege dir, wie du es schaffen kannst, Spaß zu haben und gleichzeitig etwas beiseite zu legen. Mit diesem Bewusstsein und entsprechendem Handeln bleibst du cool, wirst zwar sicher nicht reich, aber bist für Krisen besser gewappnet.

Gegenmaßnahmen später: Sofern die Kacke noch nicht dampft, überlegen Sie, woraus Sie verzichten können, und fangen Sie langsam an, Ihre Verschuldung abzubauen. Beginnen Sie mit dem Verkauf von Dingen, die werthaltig sind und die Sie nicht mehr brauchen.

www.kuemmerdichumdeingeld.de/clip1

Kümmern Sie sich um Ihr Geld, denn die anderen tun es schon! Wieso Sie sich also auf Staat und die Banken nicht verlassen sollten und warum Sie ständig drei Hände in Ihren Taschen spüren ...

KAPITEL 2

WARUM DAS NACH-DENKEN ÜBER GELD NOTWENDIG IST

»Kaum eine Branche wird von der Digitalisierung so stark verändert wie das Retail Banking.«

Martin Krebs, Vorstandsmitglied der ING DIBa, auf die abschließende Frage: »Und was Sie sonst noch loswer-den wollten ...«

Kümmer dich um dein Geld – sonst tun es andere! Das ist nicht nur der Titel dieses Buches, sondern auch die Quintessenz aus vielen Jahren Erfahrung im Umgang mit unseren Kunden und denen anderer Finanzdienstleister.

Warum es notwendig ist, sich selbst um sein Geld zu kümmern? Weil sich andere schon sehr aktiv um Ihr Geld bemühen und dieses in aller Regel dann weniger wird. Auch wenn man uns immer wieder glauben lassen möchte, dass alles in Butter sei oder wir uns nicht kümmern müssten – es gibt eindeutige Anzeichen dafür, dass dem nicht so ist.

Doch warum ist vielen das Thema der eigenen Finanzen dennoch so egal? Haben wir uns einlullen lassen? Warum empfinden manche Langeweile oder Abscheu in der Auseinandersetzung mit dem Thema Geld? Warum begehren nicht mehr Menschen gegen die Geldindustrie und gegen diejenigen auf, die uns laufend die Mäuse aus der Tasche ziehen?

Manche denken nicht nach. Manche lassen sich von Werbeversprechen oder Trends leiten. Viele geben Geld für Dinge aus, die man nicht wirklich braucht und mit denen man sich auch nicht belohnen muss. Die meisten legen zu wenig auf die Seite oder haben schlicht nichts, um etwas auf die Seite zu legen. Manche sind, absichtlich oder nicht, in die Schuldenfalle getappt. Manche sind zu früh und zu schnell mit dem zufrieden, was sie haben. Manche geben sich geschlagen und trauen sich eine Verbesserung der eigenen finanziellen Situation nicht zu. Zunehmend mehr Menschen müssen arbeiten und können trotzdem nicht leben. Manche finanzieren ihre Ausbildung per Kredit, sehen sich dann einem unglaublichen Schuldenberg gegenüber und schlittern in die persönliche Insolvenz. Und manche haben Geld, legen es an und wissen gar nicht, welchem Risiko sie sich aussetzen.

Viele der Gründe – die genannten sind beileibe nicht alle – sind auf Sie selbst zurückzuführen. Doch ein paar, deren Ursache nicht direkt Sie selbst sind, sprechen eine eindeutige Sprache gegen eine bessere Zukunft. Vielmehr steht zu befürchten, dass wir das Beste in vielerlei Hinsicht schon hinter uns haben.

Ein Investmentbanker pariert die Neiddiskussion und schreibt ein recht zorniges Buch. Er will den Menschen die Augen öffnen. Sein Name: Gerhard Hörhan. Seine These: »Die Mittelschicht ist selbst schuld an ihrer finanziellen Lage, sie handelt dumm. Wir sind Konsumidioten und liefern uns so dem Finanzsystem aus. Kleinanleger lassen sich abzocken. Wahrer Leistungswille fehlt. Wir wollen frei sein, sind aber durch Schulden gefesselt.« Das Buch wurde sinnigerweise mit *Investment-Punk* betitelt. Untertitel: *Warum ihr schuftet und wir reich werden.*

Der Mann hat recht. Sie arbeiten mehr und mehr, verdienen aber relativ weniger. Sie können weniger auf die Seite legen, weil Sie mehr an Eigenverantwortung übernehmen müssen, etwa für die Zukunftssicherung. Sie zahlen mehr an Lebenshaltungskosten, weil die Miete steigt, Energie teurer wird und Sie sich womöglich auch noch ordentliche Nahrungsmittel leisten. Das Geld, das Sie dann noch übrig haben, lassen Sie sich für kompletten Blödsinn entlocken, wie die Anschaffung bescheuerter Statussymbole, mit denen Sie Menschen beeindrucken wollen, die Sie nicht mögen.

Sie versichern sich uneffizient und geben zu viel Geld für zu wenig Absicherung aus. Sollten Sie wirklich noch einen Euro mehr auf die Seite legen können, dann machen Sie häufig das Falsche – und verlieren das Geld.

Manche von uns können auf ein Erbe hoffen, viele von uns hoffen auf einen Lottogewinn. So machen sie bei einem der großen legalen Umverteilungsprogramme auch noch freiwillig mit. Anderen bleibt nichts anderes übrig, als zu hoffen. Zu hoffen, dass man weder selbst noch ein Mitglied der Familie krank wird und immense Pflegekosten anfallen. Zu hoffen, dass man den Job, den man hat, nicht verliert, weil man keine Alternative hat und den Arbeitsplatz immer als gegeben angenommen hat. Zu hoffen, dass irgendetwas passiert, damit man im Alter ein sicheres Auskommen hat. Ansonsten haben viele der heute Erwerbstätigen keine Chance, im Alter das Leben zu führen, das sie heute bei ihren Eltern sehen.

Gleichzeitig werden die Reichen immer reicher. Selten gab es Zeiten, in denen es sich derart lohnte, reich zu sein. *New-York-Times*-Autor Ben Stein sprach 2006 mit dem US-amerikanischen Großinvestor und Milliardär Warren Buffett über den Krieg zwischen Arm und Reich. Buffett geht davon aus, dass seine Klasse gewinnen werde. Schlicht, weil sie über die besseren Waffen verfüge. Es zeichnet sich ab, dass er recht behält.

Und was tun wir in dieser Situation? Wir kaufen uns ein Smartphone für mehrere hundert Euro, um dazuzugehören. Wir finanzieren damit nebenbei sklavenartige Arbeitsplätze und echauffieren uns darüber beim nächsten Müttertreff, um gleich darauf die Fotos auf eben diesem Smartphone herumzuzeigen – von einem Urlaub, den wir im schlimmsten Fall auf Pump finanziert haben.

Mit dem wenigen, was wir verdienen, gehen wir also auch noch höchst unkritisch um. Wenn wir Geld haben, überlassen wir es irgendeinem meist unbekannten Dritten. Wenn wir kein Geld haben, leihen wir es uns von ihm und geben uns ansonsten mit all dem zufrieden, was uns so umgibt.

Werden wir damit durchkommen? Auf keinen Fall!

Die eine Hand in unserer Tasche

Hörhans Thesen sind nachvollziehbar. Eigentlich sollte uns ständig ein mulmiges Gefühl begleiten, denn in unserer Tasche befindet sich nicht nur eine Hand. Es ist nicht nur die des Staates, die zwar unerwünscht, aber prinzipiell berechtigt in unsere Geldbörse greift. Der Staat kann seine Aufgaben schließlich nur mit dem Geld der Bürger erbringen. Diskutieren müssen wir aber, ob dieses Geld an Banken gehen muss, die damit nicht nur vor dem Untergang gerettet werden, sondern auch Boni fürs Management zahlen.

Der Staat in seiner Gesamtheit als Bund, Länder und Kommunen nimmt uns immer mehr Geld über direkte und indirekte Steuern ab. Noch nie hatte Deutschland so viele Steuereinnahmen wie 2012. Der Staat braucht das Geld für Transferleistungen vielfältigster Art und Weise. Nur: Aufgrund der enormen Schulden- und Zinslast wird für soziale Themen immer weniger übrig bleiben. Auch wenn es die Politik gerne etwas verblümt kommuniziert, so nähert sich doch die Lebenssituation vieler Menschen in unserem Land einem kritischen Status. Es gibt keinen Grund, anzunehmen, dass sich dies in Zukunft wieder zum Besseren wenden wird. Ansonsten werden wir Bundes-, Länder- und Gemeindehaushalte nie in den Griff bekommen.

Gleichzeitig bedient der Staat vorrangig die Geldgeber im Rahmen anstehender Zinszahlungen für bestehende Schulden sowie dank der stets laufenden Neuverschuldung. Die Aufwendungen der Eurokrise erreichen astronomische Höhen. Empfänger sind angeblich systemrelevante Banken in Ländern wie Zypern und Spanien – und dies auch zum Nutzen bundesdeutscher Banken.

Damit nicht genug: Auf unser Land, auf Europa und die ganze Welt kommen neue Aufgaben zu, die nur mit Geld gelöst werden können. Der Klimawandel ist nur eine davon, die zunehmende Überalterung der Gesellschaft eine weitere. Die damit einhergehenden finanziellen Anforderungen sind weder bekannt noch seriös abzuschätzen. Klar ist nur, dass sie auf jeden Fall immens sein werden. Und das sind nur zwei von vielen ganz großen Themen.

Egal, wie wir es drehen und wenden, letztlich bedeutet das: Um die eigenen Aufgaben zu bewältigen, braucht der Staat in Zukunft noch mehr Geld. Wer die besten Lobbyisten in seinen Reihen hat, wird weniger zahlen und mehr bekommen als jene, die gar keine Lobbyisten haben. Also wir. Fazit: Für die große Masse, konkret für Sie, wird's weniger.

Diese Entwicklung ist übrigens keineswegs von Parteien abhängig. Ist Radikalisierung eine Lösung? Erbarmen! Auf keinen Fall! Lasst uns bitte nicht den Vereinfachern und Rattenfängern Glauben schenken. Die große Mathematik einer Staatsfinanzierung werden auch die nicht aus den Angeln heben können.

Die zweite Hand in unserer Tasche

Ist die Frage aus der Luft gegriffen, wie bewusst wir eigentlich konsumieren?

Wir nutzen unser Geld viel zu selten als Abstimmungspotenzial: Wir gehen unkritisch zum vermeintlich billigsten Anbieter oder dem größten Schreihals auf dem Markt, statt das Ladenlokal um die Ecke zu unterstützen, das dem Internethandel hilflos gegenübersteht. Wir finanzieren Billigstanbieter und ihre unmenschlichen Arbeitsbedingungen in weit entfernten Ländern. Wir akzeptieren Ware, die Tausende von Kilometern hinter sich hat und in einsturzgefährdeten Fabriken hergestellt wird. Wir nehmen einen Lebensmittelskandal nach dem nächsten hin und ändern unser Konsumverhalten nicht. Wir kaufen bei Großkonzernen, die aufgrund ihrer internationalen Organisation irrwitzige Steuervorteile generieren. Wir lassen uns widerspruchslos jede Menge Müll verkaufen. Dabei würden die Lebensumstände heute ein ganz anderes Verhalten von uns fordern.

Das reale Gehalt wird weniger. Hand aufs Herz, Sie merken das doch bereits. Die nicht endenden Hinweise auf den internationalen Wettbewerb haben dazu beigetragen, dass die Gehälter reell gesunken sind. Wer zahlt das? Sie! In Form von weniger Geld und gleichzeitig weniger Arbeitsplatzsicherheit.

Unsere wachstumsgetriebene Wirtschaftsordnung verlangt mehr Konsum. Erinnern Sie sich? »Die Deutschen sparen zu viel«, so beschwerte man sich im europäischen Gleichklang über eine unserer Grundtugenden. Noch trifft das auf die sogenannte Mittelschicht der Deutschen tatsächlich zu. Ein zunehmender Anteil ist von diesem Traumzustand jedoch immer weiter entfernt, weil Punkt 1 gar keinen Spielraum mehr zum Sparen lässt. Wie im Fußball kommt zum Unglück auch noch das Pech hinzu: Wir sparen nicht, sondern konsumieren auch noch sinnlos. Schon buhlen Firmen um ihre Position beim Verkauf über das Smartphone, damit es noch einfacher wird, standortunabhängig noch mehr Geld auszugeben oder sinnlose Apps und Klingeltöne zu kaufen.

Wir lassen uns von immer neuen Themen gefangen nehmen. Wer Menschen sieht, die nachts vor dem Laden einer Computerfirma kampieren, damit sie am nächsten Tag glückselig ein Gerät in der Hand halten, dessen Mehrwert absolut hinterfragt werden kann – von den sozialen Umständen seiner Herstellung einmal ganz abgesehen – und dessen Preis geradezu fantastisch ist, der möchte am liebsten mit dem Kopf gegen die nächste Hauswand schlagen. Diese Wundergeräte schaffen mittels Apps einen Marktplatz, der zunehmend von den Großen da draußen dominiert wird. Dies ist – sehr wahrscheinlich – nicht Ihr Arbeitgeber, sondern es sind weltumspannende Konzerne, vor allem aus den USA (mit Wunsch nach steuerlicher Vergünstigung hierzulande, um in Deutschland zumindest einen Versandhandel aufbauen zu können), oder Firmen, die von findigen Internetkopisten aufgebaut wurden, um dann möglichst schnell und möglichst gewinnbringend an den US-Peer (so nennt man das) oder strategielosen Medienkonzern verkauft zu werden.

Die dritte Hand in unserer Tasche

Was soll das ganze Geunke? Während Europas Staaten tief in den Miesen sind, geht es vielen Bürgern doch gut. Sie verfügen über ein Vermögen, das in der Summe die Staatsschulden weit übertrifft. In Deutschland beträgt das Nettovermögen der privaten Haushalte (Gesamtvermögen abzüglich Verbindlichkeiten) laut aktuellen Schätzungen rund 400 Prozent der nationalen Wirtschaftsleistung. Dabei handelt es sich nicht nur um Geld und Finanzmittel. Den größten Teil machen Sachvermögen wie Immobilien und Grundbesitz aus. Das bedeutet: Die privaten Vermögen nehmen zu. Die Staatsschulden auch. Wem schadet das?

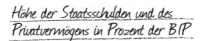

Höhe der Staatsschulden und des
Privatvermögens in Prozent der BIP

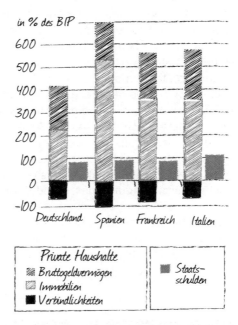

in % des BIP

600
500
400
300
200
100
0
-100

Deutschland   Spanien   Frankreich   Italien

Private Haushalte
- ▨ Bruttogeldvermögen
- ▨ Immobilien
- ■ Verbindlichkeiten

■ Staats-
schulden

Dem, der heute kein privates Vermögen aufbauen kann und der vom Staat abhängig ist oder es irgendwann einmal wird. Man möchte gerne glauben, dass es grundsätzlich gut sei, wenn die privaten Vermögen wachsen. Dazu muss man aber wissen, dass sie das nur höchst ungleich tun. Die Reichen werden reicher, die Armen werden ärmer. Und die Mittelschicht schrumpft tendenziell – immer mehr verlassen sie nach unten. Eine Rolle dabei spielt auch ein Schreckgespenst aus den Zeiten der Weltwirtschaftskrise der Zwanziger- und Dreißigerjahre: die Inflation.

Realistisch gesehen können sich die Staaten über eine gewisse Inflation am einfachsten von den aufgehäuften Schulden befreien. Im Zusammenspiel mit niedrigsten Zinsen ist Inflation fatal, denn während Sie auf der einen Seite nichts ansparen können, wird Ihnen auf der anderen Seite klammheimlich das Geld aus der Tasche gezogen. Besonders fatal ist dies, je langfristiger Sie anlegen, beispielsweise für die Altersvorsorge. Jeder Euro, den Sie so auf die

Seite bringen, wird bis zum Eintritt Ihres Rentenalters nicht mehr, sondern weniger.

Dabei wird uns allen ordentlich Sand in die Augen gestreut, denn durch eine veränderte Berechnungsweise kann die offizielle Inflation schnell gesenkt werden. Sie wird vor allem anhand eines Warenkorbes und der Preise der darin befindlichen Waren berechnet – im Fachjargon nennt man das »hedonische Berechnung«. Alles hängt davon ab, wie dieser Warenkorb aussieht. Auf Wikipedia steht dazu: »In den USA (seit den 1990ern) und in Deutschland (seit der Euro-Einführung im Jahr 2002) werden die Inflation und das Wirtschaftswachstum hedonisch berechnet. Dies führt zu niedrigeren Inflationsraten und (...) zu geschätzt bis zu 30 Prozent höheren Wachstumszahlen.«

Unabhängige Webseiten[2] gehen davon aus, dass die Inflationsrate in den USA bei rund 10 Prozent liege, wenn man die Inflation wie in den Achtzigerjahren berechnete. »In den USA wurde die Einführung der hedonischen Preisberechnung auch vom damaligen Chef der US-Zentralbank Alan Greenspan gefordert. Weil über Leitzinsen und Geldmenge die Inflation beeinflusst wird, können bei niedrigerer Inflation eher die Leitzinsen gesenkt sowie die Geldmenge durch die Zentralbank erhöht werden. (...) Dazu kommt, dass in den USA soziale Leistungen oft mit der Inflationsrate angepasst werden. Auch die Lohnpolitik richtet sich nach der Inflationsrate«.[3]

Wenn man das liest, kann man schon auf die eine oder andere Verschwörungstheorie kommen, vor allen Dingen, wenn man weiß, dass die Politik des billigen Geldes die Finanzkrise mit heraufbeschworen hat.

Stellt sich die Frage, welche Rolle die Banken und Finanzdienstleister in dieser Gemengelage spielen? Die freundlichste Antwort ist: Sie haben diese Entwicklung nicht verhindert.

Als Ausgangsthese kann man dabei getrost nehmen, dass den großen Kunden geholfen wird, während man die Kleinen braucht, um

---

2 http://www.shadowstats.com/alternate_data/inflation-charts
3 http://de.wikipedia.org/wiki/Hedonisch

beispielsweise das Provisions- und Zinsergebnis zu optimieren. Als rettender Anker der Kleinen sind die Banken nicht gerade bekannt. Als Hilfe in der Not auch nicht. Kein Wunder, dass Sie sich mit Ihrer Bank ziemlich allein gelassen fühlen. Kein Wunder auch, dass die Mehrheit Banken als »nicht relevant« ansieht.

Auch auf den Staat sollten Sie sich nicht verlassen. Er wird Sie erst ganz unten auffangen, sollten Sie – warum auch immer – in eine Problemsituation kommen. Zu mehr fehlt ihm das Geld.

Daneben steht zu befürchten, dass Sie für Ihre Arbeit in Zukunft faktisch eher weniger als mehr bekommen. Mag sein, dass Sie vielleicht ein paar Euro mehr im Monat bekommen, sollte der nächste Tarifabschluss besser laufen. Aber können Sie sich damit auch wirklich mehr kaufen?

Konsum ist wichtig, keine Frage. Aber es geht um bewussten Konsum. Wir sollten darauf achten, dass unser Geld dorthin geht, wo es am meisten Sinn ergibt – beispielsweise in die eigene Region und nicht in eine anonyme Konzernzentrale irgendwo in Übersee.

In Bezug auf Banken und Versicherungen sollten Sie darauf achten, dass Sie faire und transparente Preise zahlen und gleichzeitig eine faire und transparente Leistung erhalten. All diese Punkte erfüllen Sie, wenn Sie die Steuerung übernehmen und sich emanzipieren, wenn Sie so mündig werden, wie Sie glauben, bereits zu sein.

Fehlertyp 2: Die sorgende Hausfrau und Mutter

Wenn alles gut geht, führt sie bis an ihr Ende ein Leben in Wohlstand. Sie ist gebildet, hat eine Berufsausbildung oder ein Studium absolviert und weiß, dass das Leben teuer ist. Sie vertraut ganz darauf, über Geld nicht reden zu müssen. Vertrauen ist einer ihrer Grundwerte. Ihr Leben ist Hingabe für die Familie und dann erfüllt, wenn es in den Bahnen verläuft, die sie sich für die Familie wünscht. Sie weiß oder ahnt, dass diese Zeit für die Kinder ein besonderes und gutes Investment ist. Denn Erziehung und Ausbildung verbessern die Chancen der eigenen Kinder.

Aber: Jedes Ausbrechen aus dem Raster löst eine Sinnkrise aus. Eine finanzielle Krise entsteht, wenn die Ehe scheitert oder der Mann wegen Krankheit oder Tod nicht mehr als Ernährer zur Verfügung steht und nicht entsprechend vorgesorgt hat. In ihrem erlernten Beruf kann sie nicht mehr arbeiten, da sie zu lange davon weggeblieben ist. Hat sie nicht steuernd eingegriffen oder selbst Vorsorge getroffen, ist die Eigenversorgung eine Herausforderung.

Sofern sie auch noch Kinder zu versorgen hat, wird ihr Leben zu einem Drahtseilakt.

Muster heute: Volle Konzentration auf die Familie, den Mann, das Muttersein. Leben im Jetzt. Unausgesprochener Deal: Er sorgt vor, sie versorgt. Statusbewusst in Mode, Einrichtung und Lebensweise. Meist bescheiden im Bezug auf eigene Ansprüche. Geld ist selbstverständliches Beiwerk in der Beziehung. Hinterfragen könnte als Misstrauensbeweis ausgelegt werden.

Finanzen heute: Weiß, wo man gebührenfrei Geld abheben kann. Weitestgehende Intransparenz bei den familiären Finanzen. Sie managt die Kosten durch preisbewussten Einkauf. Sofern sie arbeitet, ist sie Geringverdienerin und steuert das Geld dem Haushalt bei oder spart es.

Auswirkungen später: Volle finanzielle Abhängigkeit im Alter von den Einkünften des Ehemanns. Eigene Wünsche und Vorstellungen sind in diesem Abhängigkeitsverhältnis schwer durchsetzbar. Gefahr von Altersarmut, wenn sie ausbrechen will. Oft wird bei Tod oder Trennung vom Partner klar, dass es nicht so rosig aussieht, wie immer geglaubt. Es wurde auch nie darüber gesprochen ...

Gegenmaßnahmen: Mit dem Ehemann wird vereinbart, wie die Versorgung im Todes- oder Trennungsfall geregelt ist. Die Sache mit dem Geld möglichst zu Beginn der Ehe regeln. Welche Transparenz wird gewünscht, was soll bei einer Trennung geschehen, wie wird für das Alter der Ehefrau vorgesorgt? Hier ist von Beginn an Klarheit nötig, womöglich auch die Sicherheit durch einen Vertrag. Auch wenn es natürlich vollkommen unromantisch ist, Vertrauen schriftlich zu untermauern. Dafür ist es vernünftig.

Die schlechte Nachricht: Es liegt an Ihnen! Die gute: Sie haben es jetzt in der Hand!

Wo fange ich denn nun an? Wie soll ich das machen? Und wo will ich eigentlich hin?

Beginne bei dir selbst – und bei deinen Glaubenssätzen.

Die Auseinandersetzung mit dem Thema Geld beginnt mit der Frage, warum Sie Ihre finanziellen Entscheidungen nicht ähnlich kritisch hinterfragen können oder wollen wie beim Autokauf oder bei der Planung Ihres Urlaubs. Oder anders herum: Warum können Sie Urlaube planen und dabei jedes mögliche Detail in zum Teil tagelanger Recherche in die Waagschale werfen, während Sie Ihr Geld einer Organisation anvertrauen, die nach Regeln arbeitet, die Sie nicht kennen und nachvollziehen können?

Interessant ist, welche Glaubenssätze Sie einfach übernommen haben und auf welchen Gebieten es Ihnen erlaubt war, zu lernen. Autohändler und Reisebüroangestellte waren seit jeher auf Augenhöhe, in mancher Leute Weltbild sogar etwas darunter. Hier sind Sie schon lange König Kunde, der die Macht der Nachfrage in der meistens mehrstufigen Kaufzeremonie feiert. Danach werden im Bekanntenkreis Prozess und Ergebnis hinreichend präsentiert und erörtert. Alle lernen etwas. Niemand gibt es offen zu, aber jeder will in dem Spiel der Smarteste sein. Die erste Grundregel dabei ist übrigens Transparenz.

Von Bankern, Ärzten und den anderen

Der Leiter der örtlichen Bankfiliale und der Arzt waren die am meisten geachteten Größen im dörflichen Leben. Der Arzt hatte studiert, viel Verantwortung und aufgrund seiner Schweigepflicht viele Geheimnisse. Der Leiter der Bank hatte jeden von uns, im übertragenen Sinn, auch nackt gesehen. Die Grundregel in diesem Spiel: Über Geld spricht man nicht. Und so suchte jeder sein Heil in einer intimen One-to-one-Beziehung. Um welchen Preis? Der Banker hatte im intransparenten Spiel die Macht auf seiner Seite. Dazu festigte ein gewährter Kredit seine Position bis ins Groteske. Das gilt bis heute!

Ohnmacht macht wütend

Was den Berufsstand so unantastbar macht, ist auch der Hauptgrund, warum sich derzeit so viel Abneigung über Banken entlädt. Denn unmündig lebt es sich schlecht. Insbesondere dann, wenn sich das Individuum missbraucht fühlt. Es ist Wut zu spüren, die beispielsweise in der Occupy-Bewegung ihren undifferenzierten Ausdruck findet. So unterhaltsam das Thema an der Kneipentheke ist, so medienwirksam die Bilder von belagerten Banken und Börsen sind – die Banken werden das alles unbeschadet aussitzen können, und zwar mit Ihrer (unfreiwilligen) Hilfe. Es sei denn, Sie verändern sich und begreifen, dass Sie die Banker sind und die Banken ihren Ansprüchen genügen müssen. Der Autohändler und das Reisebüro haben das gelernt. Einige, die es nicht lernen wollten, gibt es nicht mehr.

Die Bank sind Sie!

Als wir dem Logo der Direkt Anlage Bank (DAB) den Claim »Die Bank sind Sie« beifügten, mischte sich in die bis dahin überwiegend positive Berichterstattung über das in Deutschland immer noch junge Konzept der Online-Bank der eine oder andere kritische Unterton. In Finanzkreisen und auch im Mutterkonzern hielt uns so mancher nun endgültig für gefährliche Brandstifter.

Welche »Verfehlung« hatten wir begangen? Wir hatten nicht nur den Berater aus dem Prozess des Geldanlegens eliminiert, was schlimm genug war, sondern den für die Banken wichtigsten Glaubenssatz »Schuster, bleib bei deinen Leisten« angegriffen. »Die Bank sind Sie« – keine andere werbende Aussage konnte bei Kunden und Interessenten besser den Impuls zur persönlichen Entwicklung anstoßen. Andererseits konnte keine Risikoaufklärung besser vermitteln, welche Verantwortung der Kunde mit in die Beziehung einbringen sollte und für wen unser Bankkonzept damit ganz klar nicht geeignet war.

Die zweite Bankengründung, die Fidor AG, greift einen weiteren Glaubenssatz an: Über Geld spricht man nicht. Die Zeit erscheint reif für diesen Schritt. Die Kommunikation über Geld ist der wichtigste Schritt, um Lernerfolge beim Umgang damit zu erzielen und so die eigene Kompetenz zu erhöhen und die Macht zu erlangen, Marktteilnehmer auf Augenhöhe zu sein. »Geld ist in der Tat immer noch ein eher heikles Gesprächsthema – allein schon aufgrund der zahlreichen negativ-moralistischen Glaubenssätze dazu, die zum Gedankengut unserer Gesellschaft gehören«, urteilt der von uns sehr geschätzte Personal- und Businesscoach Michael Bennhausen als Mitglied unserer Experten-Community und legt nach: »Es fehlen flächendeckende neutrale Schulungen im Umgang mit Geld. Auch in der Ausbildung kommt dies zu kurz, hier fehlt das Unterrichtsfach Vermögensbildung.« Es erscheint in der Tat fragwürdig, warum die Bildungspolitik diesen wichtigen Aspekt des Lebens links liegen lässt, wenn wir doch fürs Leben lernen.

Ohne Ihre Kompetenzen wird das nichts

Wir hatten in der Folge des Claims »Die Bank sind Sie« kurz vor dem Börsengang der DAB AG im Jahr 1999 ein erstes interaktives Internetforum eingerichtet. Kunden sollten ihre Erfahrungen teilen und im Austausch mehr Wertpapierkompetenz erlangen, um so bessere Anlageentscheidungen zu treffen. Darüber hinaus wollten wir als Bank lernen, was wir besser machen konnten. Das war alles andere als einfach.

Wir hatten unterschätzt, dass eine wichtige Voraussetzung für die Kommunikation über diesen Weg eine gewisse Kommunikations-kompetenz ist. Und die war damals kaum verbreitet. Die bis dahin unbekannten Vorteile der Anonymität im Web trieben ihre tollsten Stilblüten. Ungeachtet einiger handwerklicher Fehler, die wir sicherlich gemacht haben, entlud sich über jeden noch so kleinen wahrgenommenen Lapsus im System ein wahrer Shitstorm und Mitarbeiter wurden öffentlich mit recht eindeutigen Titulierungen bedacht.

Der wesentliche Treiber des Fidor-Gedankens ist die heute deutlich stärker verbreitete Fähigkeit, online zu kommunizieren und andere Teilnehmer dabei weitgehend wertschätzend zu behandeln. Wobei man nach wie vor feststellen muss, dass sich in Online-Foren auch heute noch manche verbalen Abgründe auftun.

Fokussieren auf Kompetenzen

Wenn Sie Ihre eigene Bank werden, dann sollen Sie allerdings nicht zu der Art von Banker mutieren, die Sie alle kennen. Und Sie müssen das alles auch nicht Ihren Eltern oder den Freunden erzählen, die mit einem komplett anderen Weltbild ausgestattet sind und Sie möglicherweise für vollkommen übergeschnappt halten werden. Erzählen Sie lieber von der Motivation, die Sie bewegt, in Geldfragen anders zu handeln.

Sobald Sie sich auf die Reise zum mündigen Bankkunden gemacht haben, lassen Sie sich bitte von nichts und niemandem weismachen, dass es Dinge gibt, die Sie vermeintlich nicht können.

»Das Thema Geld wird in Werbung und Medien zu angstbesetzt kommuniziert«, sagt Michael Bennhausen. Dort herrsche das Motto: Sorg vor, sonst verarmst du! »Das fördert nicht gerade die Lust, sich damit zu beschäftigen.« Und es fördert auch nicht die Lust, irgendwelche Risiken einzugehen. In unseren Familien haben wir gelernt, dass Sparen eine wichtige Tugend ist. Das Thema des Investierens kam in der Regel nicht vor und wurde fälschlicherweise immer dann benutzt, wenn es um die Anschaffung eines neuen Autos oder einer Waschmaschine ging, also um Konsum.

Unsere Väter und Großväter sind mit Bausparern und Zinsen groß geworden. Natürlich blieben sie dabei in erster Linie ihrer Hausbank treu, auch deshalb, weil es keine Alternative gab. Jede Generation will Anerkennung für das, was sie geleistet hat und wie. Nichts könnte dafür besser geeignet sein als unsere geflissentliche Nachahmung. Nebenbei bemerkt: Geld auf die Bank zu bringen ist immer noch besser, als stets den neuesten Tablet-PC zu besitzen oder sich neue »Beats«-Kopfhörer zu kaufen, wenn es die Sennheiser vom letzten Weihnachtsfest noch bestens tun. Da haben unsere Väter schon recht.

www.kuemmerdichumdeingeld.de/clip2

BLOGGER BORIS JANEK

Wenn Sie sich bitte vorstellen ...

Mein Name ist Boris Janek. Ich bin verheiratet und seit 2001 in der Finanzbranche, genauer gesagt bei den Volksbanken Raiffeisenbanken tätig. Dort bin ich heute als Manager Digitale Strategie für Innovations- und Weiterentwicklungsprojekte tätig.

Meinen Finance20-Blog betreibe ich seit 2006. Social-Finance-Infos gibt es von mir aber auch über mein Pseudonym @ elecrouncle.

Ihre Webseite?

www.finance20.de

Welchen thematischen Schwerpunkt verfolgt Ihr Blog? Und warum?

Es geht um die Veränderung der Finanzbranche durch Technologie und Kundenverhalten. Es geht darum, wie Banken und insbesondere Volksbanken Raiffeisenbanken darauf reagieren könnten und sollten. Es geht aber auch um die Beschäftigung mit einem besseren und menschlicheren Banking und am Rande um die Veränderung von Wirtschaft und Gesellschaft durch Menschen, die der Meinung sind, dass man Dinge auch anders machen kann, als wir dies bisher getan haben.

Wie ist die Stimmung im Netz gegenüber Banken und Versicherungen?

Ich würde sagen, die Stimmung ist durchwachsen bis negativ. Das hängt natürlich mit der jeweiligen Bank zusammen. Insgesamt suchen Menschen aber offensichtlich nach Alternativen, um entweder die Kontrolle zurückzugewinnen oder sich vom Banking als alltägliche Pflicht zu entlasten. Manche Menschen wünschen einfach, dass es funktioniert, keine Mühe macht und keiner sie über den Tisch zieht.

Wenn ich mir im Internet die Freiheit über meine Finanzen erobern möchte, welche Tipps hätten Sie?
Zunächst einmal bietet einem das Internet ja diese Freiheit. Die war vorher gar nicht da. Also sollte man sich gut vernetzen und mehrere Quellen nutzen, um sich eine Meinung zu bilden. Wer bei Google ein Produkt sucht, könnte seine Social-Media-Kontakte dazu nutzen, sich über das Produkt auszutauschen.

Ich würde nach einem Anbieter suchen, zu dem ich Vertrauen haben kann, der mich und meine Bedürfnisse kennt und ernst nimmt und der mich berät, statt mir etwas zu verkaufen. Wahrscheinlich ist es aber auch sinnvoll, sich nicht nur auf das Internet zu verlassen. Aber für mich ist das Internet mindestens genauso vertrauenswürdig wie der Mitarbeiter in der Filiale. Es gibt keinen Vorsprung mehr für den persönlichen Berater.

Was sind aus Ihrer Sicht die größten Fehler im Umgang mit Geld?
Mal ganz ehrlich: Man kann Geld auch zu wichtig nehmen. Geld ist für mich ein Mittel zum Zweck. Dennoch soll es natürlich vernünftig angelegt sein. Deshalb ist für mich der größte Fehler, wenig flexibel zu sein und sich zu sehr auf eine Quelle zu verlassen. Außerdem hinterfragen Bankkunden die Leistung nicht, weil sie sich selber nicht genügend informieren. Vertrauen ist gut, Kontrolle ist besser.

Was war Ihr größter Fehler im Umgang mit Geld?
Kann ich eigentlich gar nicht so leicht beantworten. Direkt nach meinem Studium, während meines ersten Jobs, habe ich das Geld mit vollen Händen zum Fenster rausgeschmissen und viel zu viel in Kleidung investiert. Da hat das Verhältnis zwischen Konsum und Vorsorge nicht gestimmt. Allerdings, wie gesagt: Man muss tun, was einen glücklich macht, und Geld ist dabei nur ein Mittel zum Zweck.

Was war Ihr größter Erfolg im Umgang mit Geld?
Ich habe in diesem Jahr 1000 Euro an das Hospiz gespendet, in dem meine Mutter verstorben ist. Das Geld ist mit Sicherheit bestens investiert.

Hätten Sie nur 15 Minuten pro Woche Zeit für Ihre Geldthemen, was würden Sie tun?
Ich brauche ein Hilfsmittel, welches mir schnell und einfach eine Übersicht über meine finanzielle Situation liefert.

Welche Finanz-Apps sind gegenwärtig die interessantesten?
Als App gefällt mir Figo sehr gut, weil es einfach und auch ein wenig sexy ist. Finanzblick ist das Tool, welches eine schöne Möglichkeit liefert, um eine Übersicht über die eigenen Finanzen zu bekommen. Keine App, aber vom Ansatz her sehr spannend ist die HTML-5-Seite der Movenbank, die eben PFM um meine Echtzeit-Transaktionen ergänzt und sich damit eigentlich um den wichtigsten und umfangreichsten Teil meiner finanziellen Handlungen kümmert: meine täglichen Ausgaben.

Welches sind die interessantesten Finanzangebote im Netz?
Es gibt vier Unternehmen, welche man als Next Generation Finance bezeichnen könnte:

 Movenbank

 Fidor-Bank

 Simple

 GoBank

Auch Crowdfunding- und Crowdinvesting-Angebote finde ich sehr spannend. Hier vor allem solche, die sich an den Mittelstand richten und realwirtschaftlicher orientiert sind.

Was wollen Sie ansonsten noch loswerden?
Wir dürfen nicht den Fehler machen, uns zu sehr von technologischen Entwicklungen blenden zu lassen. Sie bieten viele Möglichkeiten. Das Banking wird dadurch schon verändert.
Um Banking aber grundsätzlich anders zu betreiben, bedarf es auch einer Auseinandersetzung mit den Selbstverständlichkeiten unseres Handelns. Ansätze von Social Banking, verbunden mit den Möglichkeiten der Technik, weisen uns den Weg in die Zukunft.

Kunden brauchen einfache, verständliche und nachhaltige Lösungen für ihr finanzielles Wohlbefinden und sie brauchen die Kontrolle, was im Zeitalter von »Big Data« umso wichtiger wird. Man muss den Kunden deshalb in die Rolle des Souveräns und Entscheiders bringen.

Machen Sie es sich nicht schwerer, als es wirklich ist.
Sie bewegen sich heute schon in so vielen komplexen
Lebenssituationen, weit komplexer als es Ihre Geldthe-
men sind. Beginnen Sie mit strategischem Denken!

KAPITEL 3

DAS LEBEN IST KOMPLEX – GELD-THEMEN SIND ES NICHT

Frei nach André Kostolany: *»Manchmal ist es besser, eine Stunde über sein Geld nachzudenken, als eine Woche dafür zu arbeiten.«*

Michael Thaler, Gründer investtor.de, auf die abschließende Frage: *»Und was Sie sonst noch loswerden wollten ...«*

Egal in welcher Lebenssituation Sie sind, Sie bewältigen schon heute komplexe Themen und Fragestellungen. Glauben Sie uns bitte, wenn wir Ihnen sagen, dass Geldthemen auf keinen Fall schwieriger sind. Wenn Sie sich auf die richtigen Dinge fokussieren, diszipliniert und strukturiert an die Sache herangehen, werden Sie sehen, wie einfach und schnell man in dieser Materie vorankommt.

Die Überschrift zu diesem Kapitel bringt eine gewisse Reihenfolge der Verursachung zum Ausdruck. Nicht Ihre Geldthemen machen Ihr Leben komplex, sondern die Art und Weise Ihrer Lebensführung kann eigentlich einfache Geldthemen zu einer Herausforderung machen. Die Beschäftigung mit Geld ist in erster Linie eine Beschäftigung mit sich selbst. Erinnern Sie sich?

»Ich sollte mich fragen, wie ich in fünf bis zehn Jahren finanziell dastehen möchte. Was muss ich kurz- und mittelfristig tun, um dieses Ziel zu erreichen, wie kann ich kontrollieren, dass ich noch auf dem richtigen Weg bin? Wie weiß ich, dass ich mein Ziel erreicht habe?«, fasst Coach Michael Bennhausen die aus seiner Sicht wichtigen Kompetenzen im Zusammenhang mit Geld zusammen.

Sich um das eigene Geld zu kümmern ist eine Managementaufgabe, und zwar eine recht simple. Von den vielen Managementkompetenzen, die Sie im Job als Mitarbeiter, als Führungskraft oder als erziehender Elternteil täglich einsetzen müssen, benötigen Sie bei der Anlage Ihres Geldes gerade mal fünf, die Sie aller Wahrscheinlichkeit heute schon in anderen Feldern nutzen:

 strategisches Denken

 persönliches und fachliches Lernen

 Aktionsorientierung

 Kommunikationsfähigkeit

 Ergebnisorientierung

Kompetenz 1: Strategisches Denken

Im Zusammenhang mit dem Wunsch, mehr aus seinem Geld zu machen, bedeutet strategisches Denken nichts anderes als die Gabe, sich vorzustellen, was Sie mit dem Mehr an Geld anstellen wollen, sobald Sie es erreicht haben. Es kommt also auf Sie und ganz besonders auf Ihre Ziele an.

Immer wieder müssen wir feststellen, dass sich zahlreiche User in Finanz-Communitys offenbar ziellos zeigen. Sie wissen nicht, was ihnen wichtig ist und warum sie an dieser Community teilnehmen. Dabei ist das Warum (erst mal) gar nicht so entscheidend. Manche sind einfach an den Themen interessiert oder suchen Kontakt mit Gleichgesinnten, um sich über Erfahrungen oder Erlebnisse im Zusammenhang mit Geld auszutauschen.

Wenn Sie jedoch den persönlichen und nachhaltigen Erfolg in Sachen Geld anstreben, dann empfehlen wir Ihnen, zunächst die Frage an sich selbst zu richten, WARUM Sie sich mit dem Thema Geld auseinandersetzen wollen.

Vision schaffen

Fragen Sie sich, was Ihnen der neue Job als Ihr eigener Banker eigentlich bringen soll, denn jeder Job sollte sich schließlich lohnen.

Steigen Sie mit einem sogenannten Sehnsuchtsziel ein. Das kann abhängig von Ihrem Alter, Lebensstil und Einkommen eine Reise, die Eigentumswohnung oder der Wunsch nach der ersten Million sein. Ganz gleichgültig, ob Sie tatsächlich verreisen, die Wohnung kaufen oder später wirklich in den Club der Millionäre aufgenommen werden. Menschen, die als erfolgreich im Umgang mit Geld gelten, erzählen häufig, dass alles mit einer Vision begann.

Ohne Sie mit den neuesten Erkenntnissen aus der Forschung allzu sehr belasten zu wollen: Das hat mit der Funktionsweise unseres Gehirns zu tun. Die im Sehnsuchtsziel entstehenden Bilder werden zu einer Art verlässlichem Anker. Dieser Anker ist wichtig, sollte der Weg mal steinig werden wird und sich Ihnen die Frage aufdrängen, warum Sie eigentlich Ihr eigener Banker werden wollen.

Ein noch recht junger Fidor-Kunde äußerte mal im persönlichen Mailverkehr, dass seine Vision die sei, als älterer Mann in einem Interview die Frage gestellt zu bekommen: »Wie kam es, dass Sie so reich wurden? Verraten Sie uns, wie Sie das gemacht haben!« Um sich das alles bis ins Alter merken zu können, schreibt dieser junge Mann ein Tagebuch mit seinen Erfahrungen und Erfolgen. Es ist sinnvoll, ein so starkes Bild zu konservieren und immer wieder zu aktivieren.

Es ist meterweise Literatur verfasst worden, die sich nur damit befasst, warum wir so arme Schlucker sind und nicht aus dem Knick kommen. In diesen Büchern wird ausführlich beschrieben, was uns begrenzt. Weil wir aber mit unseren Barrieren schon so viel Erfahrung gemacht haben, bleiben diese dummerweise besser bei uns hängen als die Ideen für Optimierungsmöglichkeiten. Ohne starke visionäre Bilder aber sind die neuen Denkweisen nur leere Hüllen.

Welche Konsequenz ziehen wir daraus? Wir müssen ins Tun kommen und dabei unsere Potenziale kennenlernen. Während wir Neues lernen, können wir Anker für neue Denkweisen ausbilden.

Ziele ableiten

Sehnsuchtsziele sind gut und wichtig. Aber wenn Sie einen Marathonlauf ohne vorheriges Training beginnen, nur weil es Ihr Ziel war, einen zu laufen, werden Sie scheitern.

Also auf zum Training. Was schon nicht mehr so trivial ist: Welche Ziele sollen im Training erreicht werden, damit Sie die notwendige Fitness aufbauen, um den Marathonlauf bis zum Ende laufen zu können?

Natürlich ist das sehr stark von Ihrer persönlichen Situation abhängig. So ist es auch beim Geld. Laufen Sie schon – haben Sie bereits Geld? Oder wollen Sie die ersten Schritte tun – haben Sie noch kein Geld oder müssen Sie womöglich erst mal einen Kredit abzahlen?

Der Marathonläufer ist im Übrigen eine schöne Analogie zu unserem Banker. Ein Freund, der schon seit Jahren für einen Marathon trainiert, ist ihn bis heute nicht gelaufen. Sein Vorhaben hat aber dazu geführt, dass er abgenommen, seine Ernährung umgestellt und körperliche Fitness erlangt hat. Zwischenzeitlich hat er festgestellt, dass diese ihn dazu befähigt, Bergtouren zu gehen, was ihm viel mehr Spaß macht als das einstige Ziel Marathon. Das aber war es, was ihn einst aufbrechen ließ, um etwas gewinnbringendes Neues zu entdecken.

Bezogen auf den jungen Fidor-Kunden mit dem Millionärsziel könnte das bedeuten, dass er nach einiger Zeit erkennt, dass er Teile seines Vermögens (etwa Sparguthaben, Fondsanteile, Gold im Schließfach, ein paar Aktien im Depot) als Grundlage in die Finanzierung eines Hauses stecken will, weil dann die Gründung einer Familie eine höhere Priorität hat. Entscheidend wird dann aber sein damaliger Aufbruch gewesen sein, der es ihm ermöglicht hat, diese Grundlage zu schaffen.

Für unser persönliches Ziel, unser eigener Banker zu werden, kann es die erste Trainingsaufgabe sein, einen überteuerten Dispokredit bis zu einem bestimmten Zeitraum vollständig abzubauen. Das nächste folgende Zwischenziel wäre das Ansparen der gleichen Summe unter Vermeidung unnötigen Konsums.

Zu schwer? Sie wollen lieber etwas leichter Erreichbares? Okay, dann nehmen Sie sich vor, den Kaufpreis dieses Buches wieder hereinzuholen, indem Sie etwas auf eBay verkaufen oder auf etwas verzichten, von dem Sie erkennen, dass Sie es nicht notwendigerweise benötigen, beispielsweise drei Schachteln Zigaretten.

Egal, was Sie als erstes Ziel angehen, wichtig ist, dass Sie dieses Ziel selbst beeinflussen und auch selbst erreichen können.

Stecken Sie sich zu große, weit entfernte Ziele, frustriert das und bringt Sie vom Weg ab. Ziele, die wir erreichen können, mögen sie auch noch so klein und gering sein, motivieren.

Seien Sie gut zu sich!

Es ist erstaunlich, wie häufig in Coachingsitzungen das liebe Geld zum Thema wird. Der Anlass des Coachings hat meistens primär gar nichts damit zu tun. Geld zeigt sich aber als sehr verlässlicher Indikator dafür, wie viel das Leben, das wir führen, wirklich mit uns selbst zu tun hat. Es ist dabei etwas, das entweder nicht zu uns kommt oder viel zu schnell wieder weg ist. Es würde hier zu weit führen, über die Zusammenhänge zwischen unserem Geld und unseren Wertvorstellungen, Bedürfnissen, Ängsten und Ressourcen zu schreiben. Oft genug verfolgen Menschen Ziele als Stellvertreter für andere, etwa einen Elternteil. Dazu gehört auch, dass erstaunlich oft aus den Generationen übernommene Verbote und Werte das Denken beeinflussen. Aber auch der Erfolg der Ahnen kann uns ganz schön im Nacken sitzen.

Prüfen Sie daher genau, ob Ihr Sehnsuchtsziel auch wirklich das Ihre ist. Denn Ihr tatsächlicher Umgang mit Geld aufgrund eines fremden Zielkorridors könnte sehr teuer werden. Und das meinen wir nicht nur in finanzieller Hinsicht. Nehmen Sie Abschied von den Zielen anderer. Die Zeremonie kann ganz im Stillen und nur für Sie wahrnehmbar stattfinden. Der Abschied kann schwer werden, womöglich brauchen Sie Hilfe dabei. Ein Coach kann in diesem Prozess ein wertvoller Begleiter sein.

Strategisches Denken in Bezug auf mehr Geld

Gut ausgeprägt:

Ich bin ohnehin zukunftsorientiert und kann mir auch in Bezug auf meine Finanzen vorstellen, welches langfristige Ziel (Sehnsuchtsziel) ich verfolgen will, ohne dass ich es detailliert beschreiben muss. Auf Basis meiner derzeitigen finanziellen Situation könnte ich sogar ein erstes Ziel für die kommenden zwölf Monate formulieren.

Schlecht ausgeprägt:

Ich kann mir schlecht Dinge vorstellen, wie sie einmal sein sollen. Ich bin der Meinung, mein Leben entwickelt sich ohnehin unabhängig von jeder Planung. Und das soll auch so bleiben. Bei Finanzfragen verlasse ich mich lieber auf bisher gemachte Erfahrungen, folge Empfehlungen Dritter ohne Ziel oder lege die Zielplanung in die Hände meines Bankberaters.

www.kuemmerdichumdeingeld.de/clip3

PROFESSOR NILS HAFNER INSTITUT FÜR FINANZ-DIENSTLEISTUNGEN ZUG IFZ DER HOCHSCHULE LUZERN

Wenn Sie sich und Ihren Lehrstuhl bitte vorstellen ...
Als Institut der Hochschule Luzern sind wir in der Schweiz das führende Fachhochschulinstitut im Finanzbereich. Wir bieten Finanzfachleuten aus Unternehmen sowie Fach- und Führungskräften aus der Finanzbranche Weiterbildungs-, Forschungs- und Beratungsdienstleistungen an.

Wie muss Banking (Retail-Banking) aussehen, um »zukunfts-fit« zu sein?
Retail-Banking muss neue Wege gehen. Das gilt vor allem für den Zahlungsverkehr. Unternehmen wie die Deutsche Bank haben längst erkannt, dass zukünftige Konkurrenz eher von Unternehmen wie Google, Microsoft und Apple droht. Diese Unternehmen verfügen über eine hohe Kundenkenntnis und Zugang zu über 400 Millionen Kreditkarten. Auf der anderen Seite wird gerade im Kredit-, aber auch im Anlagebereich eine hohe Kostentransparenz vorherrschen, da Kunden mehr und mehr Konditionen vergleichen und in Beziehung zu realen Dienstleistungen setzen.

Wie sieht die Finanzdienstleistungslandschaft in fünf Jahren aus? Welche Entwicklungen sind für mich als Mensch in diesem Land besonders relevant?
Ich gehe davon aus, dass sich der Zahlungsverkehr und das Bankkonto auseinanderentwickeln und neue Anbieter, sei es aus dem Telko-Bereich, seien es Google, Apple oder Microsoft, hier mehr Marktanteile übernehmen werden. Anbieter wie Smava in Deutschland oder MyMoneyPark in der Schweiz werden sicher ihren Marktanteil bekommen. Hohe Transpa-

renz durch Finanz-Communitys führt zu sinkenden Margen der Dienstleister, aber auch zu einer höheren Akzeptanz dafür, dass das Bewirtschaften von Geld zu Gewinnen führt.

Woran erkennt man als Kunde einen guten Finanzdienstleister?
Zeit für die Beratung, gute Bewertungen im Internet, Dialogfähigkeit, Strukturierung von Risiken, Produkte für jede Lebenslage, ein hoher Grad an Self-Service-Readiness (im Retail-Banking).

Was sind aus Ihrer Sicht die größten Fehler im Umgang mit Geld?
Gier und Unwissenheit. Die Kombination aus beidem verleitet einerseits zu Fehlern, andererseits aber auch zu Leichtgläubigkeit. Man sitzt überhöhten Renditeversprechungen Dritter auf.

Was war Ihr größter Fehler im Umgang mit Geld?
Die Investition in Aktienfonds zur Unzeit.

Und was war Ihr größter Erfolg im Umgang mit Geld?
Der Kauf meiner Wohnung am Bodensee. Der Wert hat sich binnen sechs Jahren verdoppelt.

Wenn Sie nur 15 Minuten pro Woche Zeit für Ihre Geldthemen hätten, was würden Sie tun?
Die Suche nach einem Partner für die Vermögensverwaltung und während der zur Verfügung stehenden Zeit Überweisungen tätigen ;-)

Welche Finanz-Apps sind gegenwärtig die interessantesten?
Yavalu und die eBanking-App meiner Bank.

Welches sind die interessantesten Finanzangebote im Netz?
Fidor, eamXchange der Credit Suisse, Twitter- und Facebook-Service der Deutschen Bank, Smava.de.

KAPITEL 4

KOMPETENZ 2: PERSÖNLICHES UND FACHLICHES LERNEN

10% lernen Sie in Trainings und Kursen. 20% am Beispiel anderer Menschen und 70% aus dem eigenen Tun. Kein Wunder, dass wir Sie anschieben wollen, die Dinge selbst in die Hand zu nehmen!

»Seien Sie Ihr eigener Herr.«

Volker Meinel, Kapitalmarktexperte und Marketingmitarbeiter bei der größten Bank Europas, auf die Frage: *»Was sind Ihre Lieblings-Merkregeln für den Umgang mit Geld?« (Börsenweisheiten oder Ähnliches)*

Studien haben herausgefunden, wie wir lernen. Dabei kommen Trainings und Kurse ganz schlecht weg. Maximal 10 Prozent unserer gesamten Lernerfahrung können wir darauf zurückführen. Wirksamer sind da andere Menschen, die uns als Vorbild dienen, deren Rat wir annehmen und die uns Rückmeldung geben, wie wir oder unser Tun wirken. Das kann bei positiver Auswirkung zu rund 20 Prozent unsere Lernerfahrung bestimmen und ist einer der Gründe, weswegen wir als Autoren eine Experten-Community in die Erstellung dieses Buches miteinbinden.

70 Prozent des Lernens kommen jedoch aus aktivem Tun. Bad News für alle Volkshochschulkurse? Gehört nur den Machern die Welt?

Nicht ganz! Denn wenn wir kein theoretisches Fundament haben – die 10 Prozent –, dann passiert Ihnen das, was wir bei der DAB in Zeiten des Börsenhypes Ende der Neunzigerjahre vielfach erleben mussten: Auf einer Anlegermesse sprach uns eine sichtlich verärgerte Frau an und behauptete, unsere Bank hätte sie um ihr Geld gebracht. Sie wolle gegen uns klagen.

Was war geschehen? Sie habe eine Aktie gekauft, erzählte die Frau, und bis zum Börsenschluss einen steigenden Kurs beobachtet. Über Nacht reifte in ihr die Überlegung, die Aktie gleich am nächsten Morgen zu verkaufen und den Gewinn mitzunehmen. Sie gab noch in der Nacht eine Verkaufsorder mit Limit des Schlusskurses ein und kümmerte sich nicht weiter darum. Ihre Aktie wurde aber nicht verkauft und verlor beträchtlich an Wert. Ihr war nicht bekannt, dass es einen nach- und einen vorbörslichen Handel gibt und dass der Eröffnungskurs aus diesem Grund nicht zwangsläufig der Schlusskurs sein muss. Die Klage ging nie bei uns ein. In dieser Zeit war der Kundenservice der DAB die am schnellsten wachsende Abteilung der Bank. Viele unerfahrene Anleger wollten von der Bank ihr Geld zurück, weil sie die Grundregeln der Börse nicht kannten.

Wir erleben Lernen durch unser Tun dann als erfolgreich, wenn wir die Ideen, die uns zu diesem Handeln gebracht haben, im Ergebnis als weitgehend erfolgreich erachten. Wenn wir ein gewisses Vertrauen in unser Handeln aufgebaut haben, dann kommen wir auch mit Rückschlägen gut zurecht. Zusätzlich können wir daraus lernen, wie wir die Qualität unserer Entscheidungen verbessern. Das ist etwas, das Sie lernen werden, wenn Sie planvoll vorgehen.

Das Gros der Anleger, die in den Neunzigern blind das schnelle Geld gesucht haben, konnte nur lernen, dass sich Börse nicht lohnt. Warum? Sie wollten mehr Geld, ohne vorher zu lernen, wie das geht.

Erster Schritt:

Halten Sie Augen und Ohren offen

Sie haben keine Ahnung, wie Sie sich um Ihr Geld kümmern sollen? Beobachten Sie andere und hören Sie ihnen zu.

Gehen Sie in eine Finanz-Community, melden Sie sich dort mit einem Fantasienamen (Alias) an und stellen Sie die Frage zum Thema Geld, die Sie, abgeleitet aus Ihrem nächsten Ziel, bewegt. Möglicherweise bekommen Sie ungefiltert viele Antworten. Macht nichts! Es geht in einem ersten Schritt allein darum, Ihre Perspektiven zu erweitern.

Wenn Sie die Inhalte der Antworten nicht auf Anhieb verstehen, nutzen Sie Google oder Wikipedia und andere Online-Angebote, auf denen Sie Ihre derzeitige finanzielle Situation anonym und sicher mit anderen Nutzern vergleichen können.

Zweiter Schritt:

Vernetzen Sie Informationen

Im Internet finden Sie eine Menge Informationen für Ihre Ziele, sodass allein schon das Filtern in »relevant« und »nicht relevant« schwerfällt. Sie müssen keine Fachblätter lesen, um sich ein Bild von der Finanzwelt zu verschaffen. Lesen Sie *Spiegel Online* oder das Online-Portal der *Süddeutschen Zeitung* und achten Sie auf die Schlagzeilen im Ressort Wirtschaft. Beispiel: »Volkswagen verkauft so viele Autos wie noch nie«. Was ist diese Nachricht wert? Auf *Spiegel Online* steht gleich neben der Meldung der Chart der Aktie. Der Artikel erschien morgens, die Aktie gewinnt in der Folge nicht mal schlappe 30 Cent. Betrachtet man jedoch den Chart der vergangenen drei Monate, stellt man fest, dass sie in diesem Zeitraum ordentlich zugelegt hat. Stellen Sie beispielsweise in der Fidor-Community die Geldfrage: »VW kaufen oder schon zu teuer? Was meint ihr?« Auf Sharewise.com sehen Sie sich in der Zwischenzeit die Kursziele der Community zu dieser Aktie an und finden dort weitere Informationen und Meinungen.

Das Ganze hat insgesamt fünf Minuten gekostet. Sie sind nun nicht mehr allein mit Ihrer Frage. Sie können mit den Antworten und Erkenntnissen die Diskussion mit Ihrem Bankberater suchen oder ganz alleine eine erste Entscheidung treffen.

Dritter Schritt:

Nicht bange machen lassen

Wer täglich seinen Streifzug durch die Online-Nachrichtenportale macht, kommt je nach Nachrichtenlage zu dem Schluss, dass das Ende dieses Planeten naht, schon da ist oder dass er es verpasst hat und der Letzte ist, der noch atmet.

Der Euro ist hin, der Crash kommt sowieso, das mit der Immobilienkrise ist erst der Anfang und jenseits des amerikanischen Fiscal Cliff gibt es kein Leben mehr. Woran liegt das? Bad news are good news – und wir tragen selbst in gewisser Weise Schuld an dieser Miesepetrigkeit und Weltuntergangsmentalität. Wir lesen fürchterlich gerne, was alles schiefgeht in dieser Welt. Die Medien bedienen diese Untergangslust. Dieses Gebaren erhöht die Komplexität, wenn es darum geht, in Sachen Geld einen Überblick über die vorhandenen Realitäten zu gewinnen.

Sicher ist: Die Welt geht nicht unter, wir werden weiter mit Währungen bezahlen, und wer cleverer ist als andere, wird mehr besitzen. Wir sind sehr darauf erpicht, dass die Systeme, in denen wir leben, mehr oder weniger erhalten bleiben – auch weil wir Angst vor Neuem haben. Da auch Sie trotz allem weiterleben wollen, müssen Sie sich klarmachen: Angesichts all der Gefahren, die global auf Ihr Geld einwirken, ist es umso wichtiger für Sie, zu wissen, welchen Schutz Sie dafür schaffen können beziehungsweise welche Chancen für Sie und Ihr Geld aus den laufenden Veränderungen erwachsen können.

Mitunter ist die Nachrichtenlage in ein und demselben Medium so widersprüchlich, dass man meinen könnte, die Redaktionen wissen gar nicht, was sie schreiben. Die Schlagzeilen »Angst vor Rezession in der Eurozone wächst« und »Auftragsbücher so voll wie zuletzt vor 20 Jahren« können direkt untereinander stehen. Meistens klärt sich das Ganze im Text auf. Die Angst vor der Rezession betraf die Eurozone insgesamt und die Auftragslage die deutsche Wirtschaft. Hier der Rat: Genau lesen und den Kontextbezug verstehen lernen.

Vierter Schritt:

Nutzen Sie die Perspektiven unabhängiger Profis

Sie erinnern sich: 20 Prozent dessen, was wir lernen, erfahren wir durch Personen.

Wer hilft uns, den Kontextbezug zu verstehen? Während wir früher nur den Wirtschaftsteil der Zeitung hatten, um zu lernen, hat sich in Zeiten von Wikipedia und Facebook viel getan. Ja, auch Facebook kann hilfreich sein.

Wir haben uns auf Facebook mit dem Börsenprofi Markus Koch »befreundet« (den wir aus DAB-Tagen kennen). Er ist dafür bekannt, mit leichter Feder über die Entwicklungen an der Wall Street und in Europa zu berichten. Nicht nur seine Veröffentlichungen auf Facebook helfen uns, mehr Überblick zu bekommen, sondern auch die meist kontroversen Kommentare zu seinen Postings.

Unsere Experten-Community verfolgt einen ähnlichen Ansatz. Sie werden sehen, wie kontrovers unsere Fachleute einen Sachverhalt bewerten und wie unterschiedlich die Antworten zu einer Frage ausfallen können. Diese Vielfalt ist hilfreich, denn dadurch entsteht ein Korridor, der die eigene Lösungsfindung leiten kann.

Grundsätzlich macht Lesen, abhängig von den Inhalten natürlich, in der Regel nicht dümmer. Wenn Sie Ihr Wissen durch Fachliteratur vertiefen wollen, fokussieren Sie sich auch hier abhängig von Ihren Zielen. Wollen Sie eine Immobilie besitzen, dann unterscheidet sich das, was Sie wissen sollten, entschieden von dem, was Sie an Know-how für ein Engagement an der Börse benötigen.

Fünfter Schritt:

Bleiben Sie offen – auch als Fortgeschrittener

Eine komplexe Welt verlangt von uns laufend, dass wir die vielen Informationen, die auf uns niederprasseln, nach Relevanz filtern. Was uns aus der Masse des Informationsangebots plausibel erscheint, formen wir zu unserer Meinung.

Häufig sind wir uns irgendwann Experte genug. Glauben wir. Leider bringt diese Einstellung die Gefahr mit sich, dass wir dann nicht mehr in der Lage sind, neue Entwicklungen anzuerkennen und unser Wissen erneut zu erweitern.

Wenn Sie glauben, schon ein Experte zu sein, sollten Sie ein lernender Meister bleiben.

Persönliches und fachliches Lernen in Bezug auf mehr Geld

Gut ausgeprägt:

Ich suche gerne Feedback zu Themen, die mich beschäftigen. Dazu bin ich bereit, mich zu vernetzen und im Dialog zu lernen. Komplexität verstehe ich als Phänomen unserer Zeit. Damit verbunden habe ich den Wunsch, das für mich Wichtige zu erkennen, ohne gleich alles verstehen zu wollen. Dabei bleibe ich offen für Neues und kann in Sachen Geld auch fachliches Know-how einfach aufbauen, weil ich mich im Kontext meiner Ziele orientiere und damit vermeide, mich in der Komplexität zu verlieren.

Schlecht ausgeprägt:

Das Thema Social Media ist für mich noch immer ein Buch mit sieben Siegeln. Ich verstehe die Motive der Menschen für den Austausch über dieses Medium nicht. Ich verstehe auch nicht, wie man so viel Zeit damit verbringen kann, sich zu vernetzen und der Gefahr der Manipulation auszusetzen. In Sachen Finanzen sollte man besonders vorsichtig sein. Man weiß ja schließlich nie, wer am anderen Ende der Leitung sitzt.

www.kuemmerdichumdeingeld.de/clip4

MICHAEL BENNHAUSEN, PERSONAL- UND BUSINESS-COACH

Wenn Sie sich bitte vorstellen ...
Michael Bennhausen, Personal- und Business-Coach; DVNLP, ECA-zertifiziert, Lehrtrainer (www.i-dem.de).

Gibt es in Sachen Geld möglicherweise »Glaubenssätze«, die uns hindern, ein bestimmtes Maß an Selbstständigkeit zu erreichen?
Ich kann mit Geld nicht umgehen. Geld ist Männersache. Der Geldmarkt ist so kompliziert.

Glauben Sie, dass es in unserer Gesellschaft noch immer das implizite Verbot gibt, über Geld zu sprechen?
Es kommt darauf an: Je höher das Einkommen beziehungsweise das Vermögen ist, umso eher findet in Deutschland eine Neiddebatte statt. Im Übrigen wird Geld gerne gezeigt – Auto, Urlaub, Immobilie.

Was sonst könnte sich Ihrer Meinung nach hindernd auf den Prozess auswirken, selbstständiger in Sachen Geld zu werden?
Ich denke, dass die Angst, etwas falsch zu machen, ein großer Faktor ist. Es fehlen flächendeckende neutrale Schulungen im Umgang mit Geld. Auch in der Ausbildung kommt dies zu kurz, hier fehlt das Unterrichtsfach »Vermögensbildung«.

Warum kümmern sich die Menschen nicht ausreichend um die eigenen Finanzen, obwohl das Thema essenziell ist?
Sicherlich spielt Zeit eine Rolle, aber auch Bequemlichkeit sowie Unkenntnis. Versicherungen und Banken bieten ja auch »Rundum-sorglos-Pakete« an.

Welche Kompetenzen (nicht nur fachliche) aus Sicht eines Coachs muss man haben beziehungsweise erwerben, um sich erfolgreich selbst um die eigenen Geldfragen zu kümmern?
Ich sollte mich fragen, wie ich in fünf bis zehn Jahren finanziell dastehen möchte (längere Zeiträume sind meiner Meinung nach zu abstrakt). Was muss ich kurz- und mittelfristig tun, um dieses Ziel zu erreichen? Wie kann ich kontrollieren, dass ich noch auf dem richtigen Weg bin? Wie weiß ich, dass ich mein Ziel erreicht habe?

Sehen Sie einen Vertrauensverlust der Menschen gegenüber den Finanzinstitutionen?
Den sehe ich. Der Leumund der Banker ist eher negativ. Sie sind notwendig, aber man ist ihnen hilflos ausgeliefert.

Wie müssten sich Banken verhalten, um wieder mehr Vertrauen aufzubauen?
Transparenz. Weg vom Verkaufen, hin zur Beratung, mehr Menschlichkeit zeigen.

Wie lautet Ihr zentraler Tipp, um – auch bei kleinerem Geldbeutel – geordnete Finanzen zu haben?
Mache keine Schulden beziehungsweise kaufe nur das, was du dir sicher leisten kannst.

Was sind aus Ihrer Sicht die größten Fehler im Umgang mit Geld und Banken?
Zu wenig Kontrolle über die Finanzen, zu spätes Reagieren auf finanzielle Probleme, zu schlechte Vorbereitung auf das Gespräch mit dem Banker.

Was war Ihr größter Fehler im Umgang mit Geld?
Aktienkauf.

Was war Ihr größter Erfolg im Umgang mit Geld?
Immobilienkauf.

Wenn Sie nur 15 Minuten pro Woche Zeit für Ihre Geldthemen hätten, was würden Sie tun?
Ich frage mich: Bin ich auf dem richtigen Weg, mein gesetztes finanzielles Ziel zu erreichen?

Welches sind die gegenwärtig interessantesten Finanz-Apps?
Börsenlexikon und finanzen.net (habe ein Android, kein iPhone).

Welches ist das interessanteste Finanzangebot im Netz?
Ing-diba.de.

Alles hat seinen Preis, geschenkt wird Ihnen nichts. Wenn Sie verstanden haben, dass sich Ihre Lebensweise auf Ihren Geldbeutel niederschlägt, haben Sie eine wichtige Lektion gelernt.

KAPITEL 5

KOMPETENZ 3: AKTIONS- ORIENTIERUNG

»Glaubenssätze wie ›Gesundheit lässt sich mit Geld nicht kaufen, Geld verdirbt den Charakter, Geld macht einsam etc.‹ sind längst überholt. Es sind andere Gründe, warum viele nicht selbstständig agieren.«

Silke Lechner, Coach, auf die Frage: »Gibt es aus Ihrer Sicht in Sachen Geld möglicherweise ›Glaubenssätze‹, die uns daran hindern, ein bestimmtes Maß an Selbst- ständigkeit zu erreichen?«

Alles hat seinen Preis

Wenn wir in Aktion treten, schaffen wir durch diese Handlung einen Unterschied. Meistens tun wir das, um einen Vorteil zu erlangen. Auch wenn wir beispielsweise nicht gerne zur Arbeit gehen, so tun wir es doch aus der Motivation heraus, dass wir Geld verdienen und integrierte Individuen dieser Gesellschaft sind, die sich durch Spezialisierung auf irgendeinem Gebiet voneinander abheben. Das Gehalt hat seinen Preis, beispielsweise den des Verzichts auf Freizeit. Der Vorteil aber überwiegt. Bei allem, was wir tun, wägen wir ab, ob wir dadurch einen Vorteil erzielen können und ob der Aufwand den Preis dafür wert ist. Ansonsten lassen wir es bleiben. Nur beim Thema Geld scheint dieses Gesetz nicht zu gelten.

Warum ist das so? Eine nach den Gründen befragte Managementberaterin antwortet: »Die Menschen lieben ihr Geld zu wenig und kümmern sich entsprechend zu wenig, sie kennen und vertreten die eigenen Geldinteressen zu wenig.«

Polynesisches Segeln – Aufbruch in eine unbestimmte Zukunft

Das polynesische Segeln ist eine uralte Form der Navigation mithilfe des Zufalls. Der Segler vertraut darauf, irgendwo wieder auf Land zu treffen, wo er sein Glück finden wird – er geht intuitiv davon aus, dass ihn Wind und Gezeiten schon irgendwo hinbringen werden, wo es besser ist als dort, wo er aufgebrochen ist. Diese romantische Einstellung scheinen heute noch viele gegenüber ihrem Geld zu haben.

Der Unterschied zwischen polynesischem Segeln und Geldanlage ist vor allem der, dass auch bei Ihrem Geld die Interessen Dritter eine starke Rolle spielen. Da wir (auf) unser Geld zu wenig achten, machen wir es diesen externen und meist schädlichen Interessen sehr einfach.

Aktionsorientierung in Sachen Finanzen hat mit Ihrer persönlichen Situation zu tun, dem, was Sie erreichen möchten, und dem Preis, den Sie zu bezahlen bereit sind. Polynesisches Segeln hat den Segler nicht selten das Leben gekostet.

Wir sind alle Schnäppchenjäger

Wir alle wollen etwas erreichen – ein angenehmes Leben, Wohlstand oder sogar Reichtum. Wir versuchen, Chancen zu ergreifen, die sich uns bieten, und dabei Risiken zu vermeiden, wo es möglich ist. Diese Einstellung ist gesund und sie funktioniert.

Doch viele wollen noch mehr, nämlich den größtmöglichen Nutzen gegen die geringstmöglichen Ausgaben. Extrembeispiel: einen Sportwagen besitzen und dafür Geld bekommen. Wer Betriebswirtschaft studiert hat, der lernt in der ersten Vorlesung, dass das nicht funktioniert. Die Immobilienkrisen in den USA oder Spanien sind Beispiele, wie dieses Verhalten ganze Wirtschaftssysteme kollabieren lassen kann und Menschen arm macht. Es ist nämlich so: Alles hat seinen Preis! Oder andersherum formuliert: There is no free lunch! Ein wesentlicher Bestandteil der Aktionsorientierung ist das ausgeprägte Bewusstsein für den Preis dieser Aktion.

Der Preis unserer alltäglichen Wünsche

Ohne Wünsche bräuchten wir weit weniger Geld. Geld, das lernen wir nämlich sehr früh, ist ein sehr knappes Gut. Diese Tatsache bietet seit jeher Anlass für viel Frust. Gott sei Dank hat irgendjemand zu unserer Rettung die Werbung erfunden. Die will uns glauben machen, dass wir Dinge eigentlich umsonst haben können. Das neue Smartphone kostet 1 Euro. Übersehen wird dabei gerne, dass ein Zwei-Jahres-Vertrag dazu abgeschlossen werden muss, der 39,90 Euro im Monat kostet. Macht über die komplette Vertragslaufzeit von zwei Jahren 957,60 Euro. Dabei läuft möglicherweise der alte Vertrag gleichzeitig weiter.

Die *Bild-Zeitung* schreibt: »Wer auf Raten kauft, zahlt drauf – Zinskosten, Bearbeitungsgebühr, Restschuldversicherung verteuern die Anschaffung. Auch der Kauf auf Pump mit Null-Prozent-Finanzierungen verführt zu Anschaffungen, die man sich eigentlich nicht leisten kann. Konsum ist deshalb einer der Hauptgründe, warum private Haushalte in die Überschuldung geraten. Bei mehreren Ratenkrediten verliert der Kunde schnell den Überblick. Betroffen: Spontankäufer, Schnäppchenjäger, Internet-Shopper, Katalog-Besteller.«

Der iff-Überschuldungsreport des Instituts für Finanzdienstleistungen aus dem Jahr 2012 besagt, dass Konsumverhalten nach Arbeitslosigkeit und Scheidung der dritthäufigste Grund für Überschuldung ist. Dabei ist das Konsumverhalten am leichtesten von uns zu beeinflussen. Wer glaubt, dass derlei Naivität unerfahrener Jugend vorbehalten ist, der irrt gewaltig. Personen, die erstmals Kontakt zur Schuldnerberatung aufnehmen, führt der Report weiter aus, sind im Durchschnitt Anfang 40. Die Schuldenhöhe steigt mit Einkommen und Alter.

Als Gläubiger treten besonders Spezialisten für Konsumentenratenkredite in Erscheinung. Das sind die Angebote, die marktschreierisch ihren Schnäppchenzins nach vorne kehren, sei es für den neuen Fernseher oder die Urlaubsreise. Dieses Geschäftsmodell lebt von dem Wunsch, den man sich eigentlich gerade nicht leisten kann.

Laut iff-Report stehen über 50 Prozent ratsuchender Schuldner bei Telekommunikationsanbietern mit jeweils durchschnittlich 907 Euro in der Kreide. Ein Viertel davon haben drei oder mehrere offene Forderungen. Nur zu bekannt sind die Fälle, in denen die mobile Kommunikation im Urlaub weit mehr gekostet hat als Flug, Unterbringung und Verpflegung zusammen. Prüfen Sie einmal kritisch an sich selbst, was Ihr mobiler Geldsauger kostet und was davon eigentlich vermeidbar wäre. Mitte der Neunziger noch als Privileg von Business-Kaspern verpönt, ist es heute undenkbar, ohne Handy zu sein. Seit Apple endgültig das mobile Tor ins Internet aufgestoßen und der Information, dem Entertainment und dem Konsum wirklich neue Wege zu uns gebahnt hat, ist das mobile Telefonieren zur Nebensache avanciert.

In Zukunft wird es nicht mehr nur der Handyvertrag sein, der Relevanz im iff-Report hat, sondern das Smartphone als Konsumkanal. Die mobile Nutzung des Internets bringt unbestreitbar viele Vorteile, etwa den spontanen Kauf von Kinotickets abseits jeder Warteschlange. Für viele wird es aber ein Geldvernichter von signifikanter Bedeutung werden. Man kann, wo immer man gerade geht und steht, auf eBay bieten, die Musik im Radio erkennen lassen und sofort kaufen, Spiele mit bösen Vögeln spielen, einen virtuellen Windbeutel rund um die Uhr am Leben erhalten und jede Menge anderen kostenpflichtigen Unsinn treiben.

Heute arbeiten namhafte Handelsunternehmen daran, ihren Käufern da zu begegnen, wo sie sich in Zukunft zunehmend und am liebsten aufhalten werden: in totaler Umweltvergessenheit, im mobilen Nirwana, versunken auf dem Weg zwischen den Pflichtveranstaltungen des Lebens wie Zuhause, Arbeit oder Schule. Betrachtet man heute 10- bis 15-Jährige mit ihrem iPod, hofft man inständig, dass eine wie auch immer geartete Gegenbewegung sie irgendwann zurück ins reale Leben wirft.

Wer glaubt, die rund 300 Euro für das Gerät seien teuer, dem sei gesagt, dass dies nur ein Teil dessen ist, was der Hersteller sich an Umsatz damit verspricht. Es sind ja nur Centbeträge, die da regelmäßig in Apps und Songs verschwinden. iTunes-Gutscheine stehen auf Wunschlisten ganz oben. Wer dem Spross eine Uhr, ein Fahrrad oder etwas anderes von Wert schenkt, handelt sich ein Lächeln wie Blähungen als Dank ein. So wird früh jedes Gefühl für den Wert des Geldes komplett aufgeweicht.

Das Fachblatt *Internetworld* berichtet: »Jedes dritte Mobiltelefon in Deutschland ist inzwischen ein Smartphone. Mit der gestiegenen Nutzung von internetfähigen Handys legt auch der mobile Einkauf deutlich zu, wie eine aktuelle Studie zum Mobile Commerce zeigt. 31,7 Prozent der deutschen Smartphone-Besitzer nutzen ihr Gerät auch zum mobilen Einkauf.«

Unternehmen, die den mobilen Trend verschlafen, könnten schon bald zu Randfiguren im Markt werden. Und wenn irgendwann die Bezahlung von Kleinbeträgen, das Micropayment, mit der Telefonrechnung möglich und eine weitere Kreditfunktion via Handy eröffnet ist, ja, dann ist das Konsumparadies wirklich perfekt.

Die Dunkelziffer der Personen, die sich in diesem Land in einer finanziellen Notlage befinden, schätzt der iff-Überschuldungsreport 2012 auf rund 4 Millionen. Der Report mahnt: Nur wer lernt, richtig mit Geld umzugehen, kann eigenverantwortlich handeln. Diese 4 Millionen wissen, dass es nichts umsonst gibt!

Der Preis des Neuerwerbs

»Sie können da gar nichts falsch machen, denn Sie investieren in deutsche Wertarbeit«, war bei einem Autohändler zu hören, der sich redlich um einen zögernden Kunden bemühte. »Wertverlust ist bei dem kein Thema, glauben Sie mir.«

So viel Blödsinn auf einmal ist schwer zu ertragen. Was heißt hier investieren? Wer nicht gerade einen Vertrag für einen limitiert hergestellten Ferrari zu regulären Konditionen in die Hände bekommt (passiert uns seltener) oder einen Oldtimer, den er zu einem vernünftigen Preis bekommt (was noch seltener ist), und vor allem mit der Absicht kauft, ihn irgendwann zu einem höheren Preis zu verkaufen, der investiert gar nichts. Und was ist schon deutsch an einem Fahrzeug, selbst wenn der Hersteller ein deutscher sein sollte?

Die Investition ist Grundlage eines geschäftlichen Prozesses, dessen vornehmlicher Charakter darin besteht, einen Wert zu schaffen. Mit dem Neukauf eines Fahrzeugs wird in der Regel Geld so schnell kaputt gemacht wie bei kaum einer anderen Transaktion. Auch bei der vermeintlich cleveren »Kauf-bei-Sonnenfinsternis«- und »Weil-Sie-es-sind«-Prämie.

Das Fachmagazin *auto motor und sport* schreibt: »Schon mit der ersten Zündschlüsselumdrehung an Ihrem Neuwagen schicken Sie die ersten Euros in Richtung Auspuff – und nach einem Jahr summiert sich der Wertverlust zu einem ordentlichen Batzen.« Das Magazin kommt zu dem Schluss, dass es bei der oben so gepriesenen deutschen Wertarbeit in der Kompaktklasse nach einem Jahr und 15 000 Kilometern je nach Modell zu einem Wertverlust von 25 bis 33 Prozent kommt. Bei größeren Limousinen kann schnell mal die Hälfte des Neupreises verpufft sein. Dabei sprechen wir immer noch von deutscher Wertarbeit.

Nach drei Jahren, wenn die Verlustkurve dann flacher wird und die vermeintlich ersten Reparaturen auf einen zukommen können, wird dann wieder neu gekauft. Der gleiche Händler sagt dann ganz im Vertrauen: »Verkaufen Sie Ihren alten Wagen privat. Ich kann Ihnen im Moment nicht viel dafür geben. Sie bekommen aber einen guten Preis für den Neuwagen.«

So verhält es sich mit allem. Fernseher, Musikanlagen, Einrichtungsgegenstände, Küchen und so fort – im Moment der Anschaffung sind sie weniger und nach wenigen Jahren nichts mehr wert. Auf einem gebrauchten Sofa mögen viele nicht sitzen und in einer gebrauchten Waschmaschine ist nicht gut waschen, das ist klar. Viele technische Geräte aber, die nicht die allerneuesten Features besitzen, werden nicht dadurch schlechter, dass sie gebraucht sind. Bei einem ein Jahr alten Fernseher ist zwar die Garantie abgelaufen, der Hersteller haftet aber noch im Rahmen der Gewährleistung.

Wenn Sie den Duft eines Neuwagens mögen und es ein wichtiges Ritual für Sie ist, den im Werk abzuholen, dann ist das nur allzu verständlich. Aber bitte – immer auf den Preis achten, den Sie dafür zahlen. Hier geht es darum, sich das eigeneHandeln bewusst zu machen, um etwas zu ändern. Oder aber das Ritual beizubehalten und zu feiern. Treten Sie aber jeden in den Hintern, der Ihnen Ihren Konsum als Investition verkaufen will – der will Sie auf den Arm nehmen.

Was lernen Sie daraus? Wenn Sie sich eine – warum auch immer – notwendige Neuanschaffung nicht leisten können, dann überlegen Sie, wie Sie womöglich den Artikel gebraucht beziehen können. eBay und Amazon bieten hier ideale Lösungen an. Oder aber Sie informieren sich auf der zunehmenden Anzahl von Leih- und Tauschplattformen im Internet und beweisen so eine für Sie gewinnbringende Aktionsorientierung.

Der Preis des Glaubens

Geld verlieren kann man besonders gut und gründlich dort, wo man Zweifel beiseiteschiebt und stattdessen glaubt – oder unbedingt glauben will. Nirgendwo scheint die Sehnsucht nach dem Wunderbaren stärker vertreten zu sein als beim Thema Geld: »Es hat mich schon ein wenig stutzig gemacht, weil man das heute ja nicht bekommt«, sagt ein Betrugsopfer im ZDF-Magazin *frontal 21* zum Renditeversprechen von 12 Prozent per anno eines Finanzdienstleisters, dessen Geschäftsführer man gerade eingesperrt hatte. Im weiteren Gespräch fallen die magischen Worte: »Ich glaubte ...[4]«

Das mit dem Glauben ist so eine Sache, insbesondere dann, wenn Renditeversprechen gegeben werden, die schlicht unseriös sind. Je höher eine Rendite über dem Zins des Geldmarktes liegt, umso mehr ist sie mit Risiko behaftet – das muss jedem klar sein. Eine garantierte Rendite von mehr als 10 Prozent im Jahr stammt aus der Welt der Sagen und Märchen. Welches Geschäft muss ein Unternehmen betreiben, um seine Kapitalgeber damit zu belohnen, eigene Kosten zu decken und ganz nebenbei selbst noch etwas zu verdienen? Vorstellbar sind da allenfalls Menschen- oder Waffenhandel – oder eben Schneeballsysteme. Eins ist klar: Wer 10 oder 12 Prozent verspricht, der zahlt einen hohen Risikoaufschlag (warum auch immer) oder aber er hat nicht die Absicht, überhaupt etwas zurückzuzahlen.

Der TV-Beitrag zeigt auch sehr eindrucksvoll, wie aus enttäuschtem Glauben Wut wird. Zum Verlust des Geldes kommt auch noch der Hass hinzu, der in Teilen immer auch gegen sich selbst gerichtet ist. Gesund ist das nicht. Die Entscheidung, Geldangelegenheiten Dritten zu überlassen, wird schnell zu einer emotionalen Ange-

---

4 http://www.zdf.de/ZDFmediathek/beitrag/video/1855482/Verdacht-auf-Anlagebetrug#/beitrag/video/1855482/Verdacht-auf-Anlagebetrug

legenheit, insbesondere wenn man kaum in der Lage ist, kritische Fragen zu stellen. Es geht um Sympathie.

Anfällig sind die Menschen, die sich hilflos fühlen, ebenso wie kurioserweise solche, die schon einmal schlechte Erfahrungen mit Geldangelegenheiten gemacht haben. Warum? Weil sie glauben, dass nach all den negativen Erfahrungen endlich einmal etwas Positives geschehen muss. Und dann kommt es ganz anders: Private Schuldner- und Insolvenzberater verstehen den empathischen Umgang mit Menschen, die finanzielle Probleme haben. Sie versprechen, den Gläubigern als Ansprechpartner zu dienen. Meist hat das aber noch größere Not zur Folge, denn diese Dienstleister wollen vom Schuldner für ihre Leistung, was der am wenigsten hat – Geld! Und das meist nicht zu knapp.

Seien Sie ehrlich zu sich: Wenn Sie Ihre Handlung auf das Fundament des Glaubens stellen, prüfen Sie kritisch, wie weit Sie das tragen kann.

Der Preis der Gier

»Ja , wer ist denn bitteschön so dämlich und lässt das mit sich machen?«, fragt man sich unwillkürlich. Und manchmal beschleicht einen tatsächlich die Ahnung, dass der oder die in Not Geratene wirklich genug Möglichkeiten gehabt hätte, das Blatt frühzeitig zu wenden. Schnell ist man dann mit dem Stigma zur Stelle, dass so gedankenlose Selbstentreicherung doch den sozial schwachen und wenig gebildeten Mitgliedern unserer Gesellschaft vorbehalten ist. Irrtum. Auf hohem Niveau geht es noch viel blöder!

Wir haben etliche Fälle erlebt, in denen sich erwachsene Menschen mit ausreichend Intellekt, darunter Ärzte, Anwälte und auch Kollegen aus dem Bankgeschäft, mit Optionsscheinen um eine Menge Geld gebracht haben. Obwohl die Aufklärungsbroschüre, deren Inhalt sie mit dem Antrag zur Börsentermingeschäftsfähigkeit als verstanden quittieren mussten, fett mit dem Wort »Risiko« und der Warnung vor Totalverlust bedruckt war.

Das alles hat nichts, aber auch gar nichts mit Anlegen zu tun. Die wenigsten, die privat mit Derivaten handeln, haben das Know-how, die Systeme, den Zugang zu Informationen und die Zeit, die sie bräuchten, um in diesem Markt ein Teilnehmer auf Augenhöhe zu sein. Es ist lediglich das Adrenalin, das sie treibt, wenn sie im Spiel sind. Die Betonung aber liegt auf Spiel.

Wenn Sie also Lust auf Casino haben, dann machen Sie sich einen schönen Abend und gehen Sie mit ein paar Hundert Euro in die Spielbank. Da wird Ihnen inklusive der dort anwesenden Halbwelt eine ganze Menge geboten. Black Jack ist schnell verstanden und am Roulettetisch kann jeder mitmachen, der Rot von Schwarz unterscheiden kann. Es soll Leute gegeben haben, die mit fettem Gewinn wieder herausgekommen sind. Jene, die dennoch weiterspielen, verlieren auf lange Sicht garantiert. Genauso ist das beim Zocken mit Wertpapieren. Der Unterschied zum Casinobesuch ist der, dass einige meinen, an der Börse Gesetzmäßigkeiten folgen zu können, die es aber nicht gibt. Prüfen Sie also bei allen Handlungen und Aktionen, inwieweit die Fantasie vom schnellen Gewinn Sie dabei beeinflusst.

Der Preis der todsicheren Anlage

Auch der brave Bausparkunde, der sich auf der absolut sicheren Seite wähnt, zahlt einen Preis, was viele nicht wissen. Der Bausparer muss, ebenso wie der Lebensversicherungskunde, mit seinen Einzahlungen erst mal die Abschlussgebühren decken, in der Regel 1 Prozent der Bausparsumme.

Das bedeutet, dass er einige Monatszahlungen leistet, ohne dass er überhaupt etwas anspart. Danach bekommt er für seine Einzahlungen niedrige Zinsen, denn die Bausparkasse verleiht sein Geld an Kunden, deren Sparvertrag zuteilungsreif geworden ist – ebenso zu niedrigen Zinsen.

Der niedrige Zins für den Kredit wird mit Geldvernichtung in der Zeit des Sparens bezahlt. Wer entgegen der Planung gar nicht baut oder modernisiert und somit keinen Kredit in Anspruch nimmt, dessen Guthaben steht der Bausparkasse auch noch weiterhin gegen Minizinsen als Refinanzierungsmittel zur Verfügung. Meist fallen zusätzlich Kontoführungsgebühren an. Einen Effektivzins müssen Bausparkassen weder für Guthaben- noch für Kreditzinsen ausweisen. So löffelt man aus einem großen gemeinschaftlich befüllten Suppentopf, bei dem keiner weiß, wie wertig der Inhalt wirklich ist.

Wer kurzfristig an sein Geld will, muss eine Vorfälligkeitsentschädigung zahlen. Skurriles Beispiel aus der eigenen Familie: Die Bausparkundin, die mit 72 Jahren einen Vertrag über 20 000 Euro bei einer monatlichen Sparleistung von 50 Euro abgeschlossen hatte, wunderte sich nicht schlecht, als sie mit 74 ihr Geld brauchte. Die bezahlte Vertriebsprovision von 200 Euro war sowieso weg. Als ihr der Spuk auffiel, konnte sie niemanden haftbar machen, weil bei einem Bausparvertrag kein Haftungsrisiko für den Vertrieb – wir meiden das Wort Berater hier besser – aus einem Beratungsprotokoll entsteht. Diese in der Anlageberatung seit 2010 geforderte Formalie gilt nicht für den Bausparvertrag.

Auch wer baut und den Kredit in Anspruch nimmt, kann durchaus noch reinfallen: wenn er nämlich beim Abschluss übersehen hat, dass die Bausparkasse auf eine schnelle Rückzahlung pocht. Hier liegt dann der finale Haken, der den Bauherrn potenziell mächtig überfordern kann. Mehr zu solchen Fällen im Internet.[5]

Achtung: Lange bestehende Bausparverträge nicht einfach kündigen! Manche Anbieter räumen ihren Sparern attraktive Bonuszinsen als Halteprämie ein. Fragen Sie vor der Kündigung nach, wie der Vertrag aktuell verzinst wird (inklusive Bonuszins). Es kann sein, dass Sie in der aktuellen Niedrigzinsphase sogar ganz gut abschneiden. Wenn das so ist und wenn der Bausparvertrag ohnehin schon lange besteht, ist Weitersparen womöglich – leider – die beste Lösung.

---

5 http://www.spiegel.de/wirtschaft/service/warum-bausparvertraege-oft-intransparente-gebuehrenfallen-sind-a-881360.html oder http://www.sueddeutsche.de/geld/bausparen-ein-bedenklicher-boom-1.487749-2

Bei den so beliebten und harmlos klingenden Renten- und Kapital-lebensversicherungen, bei denen über die Jahre, in welcher Form auch immer, gespart wird, kann es noch teurer werden. Denn die Abschlussgebühren können so hoch sein, dass die Kunden mehre-re Jahre einzahlen müssen, um diese zu kompensieren. Sie sparen also jahrelang so gut wie nichts an. Für viele hat sich diese Form der Anlage unterm Strich als große Geldvernichtung erwiesen.

Ebenfalls einen hohen Preis für scheinbare Sicherheit zahlen Sie als Kunde eines Sparbuchs: Die Zinsen sind nach Inflation negativ. Gleiches gilt für Tages- und Festgelder mit unterdurchschnittli-cher Verzinsung. Dass die deutschen Bankkunden hier Billionen bunkern, ist ein immenser volkswirtschaftlicher Schaden – und si-cherer wurde dadurch überhaupt nichts, wie uns Zypern schmerz-haft lehrte. Denn auch bei Spareinlagen besteht nun ein erhebli-ches Verlustrisiko.

Warum schreiben wir das hier? Weil es uns wütend macht, fortge-setzt mit anzusehen, wie blindes, unmündiges Handeln Täuschung begünstigt – seitens der Banken, seitens der Politik und seitens der Kunden, die sich selbst täuschen.

Prüfen Sie für sich kritisch, ob es wirklich eine todsichere Anlage gibt oder ob Ihr Wunsch nach Sicherheit Sie nicht in Wahrheit in ein teures und wenig ertragreiches Abenteuer führt.

Darauf kommt es bei der Aktionsorientierung noch an:

 Sie sind kritisch!

 Sie bezahlen sich selbst zuerst!

 Sie wollen etwas tun – müssen tun Sie gar nichts!

Sie sind kritisch

Vielen Lesern mag das, was oben beschrieben wurde, bereits klar gewesen sein. Sie gehen verantwortungsvoll mit Geld um und sind kritisch gegenüber ihren Bedürfnissen und den Risiken, die sie tragen können. Aber sie wollen besser werden dabei.

Wenn alles seinen Preis hat, dann müssen Sie diesen kennen, um einschätzen zu können, ob Sie sich das leisten können. Alles Handeln ist darauf ausgelegt, dass Sie nach der Aktion einen Unterschied erleben, den Sie als Nutzen oder Erfolg bezeichnen.

Auch wenn Sie Geld nur auf ein Sparbuch bringen (tun Sie das nicht!!), hat das einen Preis. Nämlich den des Verzichts. Ein junger Mensch, der sich entscheidet, auf diese Weise 50 Euro im Monat zu sparen, muss auf einige App-Downloads, das Rauchen und auf die eine oder andere neue Klamotte verzichten. Der etwas reifere Anleger muss für ein größeres Ziel Einschnitte bei Auto, Urlaub oder Lebensstil hinnehmen.

Aktionsorientierung in Bezug auf unser Geld beginnt bei Ihnen, bei den aus Ihren Wertvorstellungen abgeleiteten individuellen Bedürfnissen. Wenn Sie etwas anders machen wollen, bedeutet es, dass Sie die Muster, nach denen Sie handeln, ändern müssen. Viele, die aufbrechen, unterschätzen die Gefahr, rückfällig zu werden. Kein Zweifel, der Verzicht ist der höchste zu zahlende Preis. Denn er bedeutet, Sie müssen sich ändern.

Sie bezahlen sich selbst zuerst

Wir werden nicht müde, zu wiederholen, dass Sie der Mittelpunkt Ihrer Finanzplanung sind und nicht der Finanzplan selbst. Bevor Sie nun alles an Spaß aus Ihrem Leben streichen in der Hoffnung, dass am Ende des Monats genug Geld übrig bleibt, um Ihr strategisches Geldziel zu verfolgen, zäumen Sie doch mal das Pferd von hinten auf. Stellen Sie sich die Frage, was Sie unbedingt brauchen. Beginnen Sie mit den fixen Kosten Ihrer Lebenshaltung: Miete, Strom, Versicherungen, Ernährung etc.

Gerade bei den 30- bis 40-Jährigen lohnt sich die Prüfung, was alles an Versicherungen da ist. Manche Menschen decken Risiken doppelt ab – etwa den Auslandskrankenschutz zusätzlich mit der Kreditkarte – und horten ein Sammelsurium an Policen, die sich angesammelt haben, seit MLP oder AWD uns Selbstverantwortungsfrischlinge an der Hochschule abgegriffen haben.

Als Nächstes nehmen Sie sich Ihre Wunschliste vor und bewerten die einzelnen Posten in Euro. Wenn am Ende der Wunschliste nichts mehr an Geld übrig bleibt, machen Sie eine Streichliste und überprüfen Sie kritisch, ob die Streichpositionen den Verzicht wert sind. Was dann übrig bleibt, ist das, was Sie für Ihr Ziel ansparen können. Prüfen Sie regelmäßig, ob das Verhältnis noch passt. Bei steigendem Einkommen berücksichtigen Sie bitte, dass Sie mehr sparen können (und ziehen Sie nicht auch Ausgaben mit nach oben, wie es viele Menschen unbewusst tun).

Zusammenfassend: Sich selbst zuerst zu bezahlen bedeutet, dass Sie Ihre täglichen Lebenshaltungskosten abdecken können. Das ist das Mindestziel. Als Nächstes kommt das Ansparen für die Dinge, die Sie mittelfristig erleben wollen, Ihre Träume und Wünsche. Wenn dann noch was übrig ist, steht dies für die strategischen Ziele zur Verfügung.

Sie wollen handeln – Sie müssen nicht

Wenn Sie nach der Prüfung aller Ausgaben zu der Einsicht kommen, dass Sie auf nichts verzichten können, ist das eine ernüchternde Erkenntnis. Positiv ist immerhin, dass Sie sich dessen nun bewusst sind. Denn: In Bezug auf Geld ist der unbewusste Umgang deutlich schlimmer als der ignorante Umgang, egal ob man viel oder wenig davon hat. Wenn Ihr gegenwärtiges Einkommen für die strategischen Ziele nicht reicht, dann berücksichtigen Sie diese Ziele zu einem späteren Zeitpunkt, wenn Sie vielleicht ein besseres Einkommen haben. Oder nehmen Sie diese Ziele als Motivation, um sich Gedanken zu machen, wie Sie Ihre Einnahmen verbessern können.

Für alle, die noch nicht bewusst handeln oder sich im Stadium des »Soll ich? Soll ich nicht?« befinden, könnte es lohnend sein, sich den Preis des Unterlassens klazumachen. Wie das geht, lesen Sie im nächsten Kapitel zur Ergebnisorientierung.

Aktionsorientierung in Bezug auf mehr Geld

Gut ausgeprägt:

Ich bin mir jederzeit bewusst, wie sich meine Art zu leben in Bezug auf mein Geld auswirkt. Entscheidungen treffe ich grundsätzlich vor dem Hintergrund meiner finanziellen Möglichkeiten. Ich bin mir bewusst, dass ich Teile meines mir zur Verfügung stehenden Geldes brauche, um später etwas davon zu haben. Ich bin noch nie irgendwelchen großartigen Versprechen gefolgt, denn ich weiß, dass alles seinen Preis hat. Ich ergreife stattdessen sich mir bietende Chancen entsprechend meinen Zielen.

Schlecht ausgeprägt:

Geld muss mir dienen. Ich habe keine Lust, mein Leben nach meinen finanziellen Möglichkeiten und nach irgendwelchen Zielen einzurichten, die mich daran hindern, es hier und jetzt in vollen Zügen zu genießen. In dieser Gesellschaft kommt man schon nicht unter die Räder. Irgendwer sorgt immer für einen. Und – wenn man ohnehin von Banken übervorteilt wird, was soll ich dagegen schon tun? Ich halte mich raus. Ich lasse es laufen. Es geschieht sowieso, was geschehen muss.

www.kuemmerdichumdeingeld.de/clip5

KARL MATTHÄUS SCHMIDT, QUIRIN BANK

Wenn Sie sich bitte vorstellen ...
Karl Matthäus Schmidt, 42 Jahre, Bankier in der siebten Generation.

Für welche Bank sind beziehungsweise waren Sie tätig?
Für die von mir gegründete quirin bank. Sie ist die erste Honorarberaterbank Deutschlands. Vorher war ich bei Deutschlands erstem Online-Broker Consors tätig.

Wie würden Sie die gegenwärtige Stimmung zwischen Bank und Kunde beschreiben?
Dramatischer Vertrauensverlust in das herkömmliche Bankensystem bei gleichzeitiger »Schockstarre« der Anleger mangels Alternativen oder Kenntnis der Alternativen. Hohe Unzufriedenheit mit der Bankberatung, da oftmals hauseigene Produkte verkauft werden, die zu Verlusten beim Anleger führen. Alles in allem: Die Stimmung ist auf dem Tiefpunkt.

Was raten Sie im generellen Umgang mit einer Bank?
Kaufe nie ein Produkt, das du nicht verstehst. Hinterfrage immer die Vorschläge deines Beraters. Geh nie davon aus, dass der Berater in deinem Interesse handelt, außer du bist bei einem Honorarberater.

Wie gewährleisten Sie bei der Beratung, dass dabei die Interessen der Kunden im Vordergrund stehen?
Als Honorarberaterbank sind wir im klassischen Private-Banking-Geschäft tätig. Durch unser Geschäftsmodell – 100 Prozent Beratung, 0 Prozent Provision – stellen wir sicher, dass die Interessen des Kunden im Vordergrund stehen. Dieser erhält gegen ein transparentes Honorar eine faire und unabhängige Beratung, die ausschließlich seine Interessen verfolgt.

Was sind aus Ihrer Sicht die größten Fehler im Umgang mit Geld?

Die Börse ist ein Markt für Illusionen. Die Verführung, in einmalige Firmen mit magischen Produkten zu investieren, führt oftmals in die Irre. Denken wir nur an Apple, wo gerade die Entzauberung beginnt. Gier, Überschätzung der eigenen Risikofähigkeit und der Lemming-Effekt – all dies sind keine guten Ratgeber bei der Geldanlage!

Was war Ihr größter Fehler im Umgang mit Geld?

Ich habe einmal schlauer sein wollen als der Markt und mein Geld an den Terminmärkten verzockt. Das würde ich nie wieder tun!

Was war Ihr größter Erfolg im Umgang mit Geld?

Verschiedene Investments, die ich nicht getätigt habe und die sich im Nachhinein als »Illusions-Lieblinge« der Börse entpuppt haben.

Wenn Sie nur 15 Minuten pro Woche Zeit für Ihre Geldthemen hätten, was würden Sie tun?

Ich suche einen guten Berater, den ich anrufen kann und bei dem ich meine Themen in guten Händen weiß. Am besten einen Honorarberater.

Welches ist die derzeit interessanteste Finanz-App?

Die Provisionsrechner-App der quirinbank. Damit können Kunden einfach und schnell nachrechnen, was Finanzprodukte sie in Wirklichkeit kosten. Und sie können auf einen Blick sehen, wie viele Stunden faire und unabhängige Honorarberatung sie stattdessen bekommen hätten.

Welches ist das interessanteste Finanzangebot im Netz?

Wealthfront.com finde ich spannend. Der US-Online-Anbieter von Finanzdienstleistungen navigiert Anleger durch deren gesamtes finanzielles Leben. Er bietet individualisierte und diversifizierte Portfoliostrategien an, die kontinuierlich überwacht und neu gewichtet werden. Ein Team von Analysten, Investmentprofis und Wissenschaftlern aus dem Silicon Valley steuert den gesamten Anlageprozess. Gegen eine geringe monatliche Gebühr können die Online-Dienstleistungen von Wealthfront abgerufen werden, die dadurch einer breiten Masse von Menschen zugänglich sind.

Was wollen Sie ansonsten noch loswerden?
Haben Sie den Mut, Ihrem Banker zu widersprechen, wenn er Ihnen eine Geschichte erzählt. Er kann nämlich auch nicht hellsehen. Bilden Sie sich Ihre eigene Meinung über die Zukunft, und richten Sie Ihre Geldanlage danach aus. Holen Sie sich dazu Rat von unabhängigen Experten.

Ein Ziel zu haben ist schon einmal eine gute Ausgangslage. Was aber ist das Ergebnis Ihres Handelns? Mit welchen Maßnahmen können Sie Ergebnisse erzielen und werden Sie damit das Ziel erreichen? Alles spannende Frage, die wir in diesem Kapitel besprechen werden.

KAPITEL 6

KOMPETENZ 4: ERGEBNIS-ORIENTIERUNG

Sie sollten sich mehr Zeit für ihre Finanzen nehmen als die Zeit, die Sie für Klingeltonauswahl und sonstige Einstellungen auf dem Smartphone verwenden.

Uwe Zimmer, Vermögensverwalter und Vorstand der Meridio AG, auf die Frage: *»Was müssen die Menschen machen, damit sie ihre Finanzen – zumindest annähernd - im Griff haben?«*

Wenn Sie sich bewusst geworden sind, dass Sie handeln wollen, und den Preis Ihres Handelns kennengelernt haben, dann stellt sich als Nächstes die Frage, welches konkrete Ergebnis am Ende herauskommen soll. Was ist ein »Ergebnis«? Schaut man bei Wikipedia nach, findet sich folgende Begriffserklärung: »Ein Ergebnis ist das Ende eines Prozesses, eines Ablaufes von Handlungen, Aktivitäten (z. B. Ende des Baues eines Hauses) und geistigen Prozessen (z. B. das Denkergebnis – die Erlangung einer Problemlösung)«.

Sie erinnern sich? Die erste von uns angesprochene Kompetenz ist die »strategische Kompetenz«. Diese gibt das aus einem Wunsch abgeleitete Ziel vor. Damit beschreiben wir das »Warum mache ich etwas?« und das »Was will ich?«. Die Ergebnisorientierung stellt in diesem Kontext die Frage »Wie erreiche ich dieses Ziel?« und beinhaltet die Erkenntnisse aus der Kompetenz der Aktionsorientierung. Diese vermittelt den vielschichtigen »Preis« für mein Handeln.

Ihre Handlungen und Aktionen werden nicht immer den gewünschten Erfolg in der gewünschten Zeit bringen. Bei einer gut ausgeprägten Ergebnisorientierung müssen Sie jedoch nicht in Panik geraten, denn Sie wissen, was Sie tun, und haben womöglich sogar einen Plan B.

Im Rahmen Ihrer Handlungen haben Sie sich an Ihrer persönlichen Lust auf Risiko orientiert und beschäftigen sich im notwendigen Maße mit der Materie, um die Entwicklungen kritisch verfolgen zu können (siehe Kompetenz Lernen!).

Was bedeutet das konkret? Nehmen wir an, Sie verfolgen ein langfristiges Ziel, beispielsweise den Kauf einer Immobilie in einigen Jahren. Sie überlegen sich nun, wie Sie das Geld, das Sie auf die Seite gelegt haben (nachdem Sie Ihre täglichen Aufwendungen gedeckt haben – siehe Aktionsorientierung) nun möglichst optimal verwenden, sodass dieses angelegte Geld Ihnen dabei hilft, Ihr Ziel zu erreichen. Aufgrund Ihrer Risikoneigung fällt Ihr Blick auf ein willkürliches Zinsangebot, nennen wir es »Zins-Rasant-Plus«. Vor dem Hintergrund des erfolgten Kompetenzaufbaus bewerten Sie nun das Produkt differenzierter. Dieses Angebot beschert Ihnen im ersten Jahr 0,2 Prozent, im zweiten Jahr 0,7 Prozent und im dritten Jahr 1,2 Prozent Zinsen. Die Bank wirbt damit, dass sich in der Anlage kein Kursrisiko befindet – wie auch, wenn keine Wertpapiere enthalten sind.

»Toll, alles bestens«, sagen Sie sich, »ich will nichts verlieren.« Als Einmalanlage von mindestens 1000 Euro ist der Betrag drei Jahre gebunden. Bei aktuell 2 Prozent Inflation wird klar: Ihr Geld wird jedes Jahr weniger. Es entwickelt sich zwar, aber in die falsche Richtung.

Ihre Aktionskompetenz versagt Ihnen jedoch das Engagement im Kapitalmarkt. Dementsprechend sollten Sie zumindest einen Blick auf eines der namhaften Vergleichsportale werfen: Das aktuelle Tagesgeldangebot liegt dort bei 1,85 Prozent (Stand März 2013) bei täglicher Verfügbarkeit, ohne Kontoführungsgebühren, Einlagensicherung Österreich. Reich werden Sie auch damit nicht, aber Sie treten der Entwertung Ihrer Ersparnisse ein wenig entschlossener entgegen. Mehr ist für Sie im Rahmen Ihrer Sie begrenzenden Aktionsorientierung gegenwärtig nicht zu holen.

Sie können Ihr Zinsergebnis managen, indem Sie sich am aktuellen Zins orientieren und die Werbeangebote der Banken nutzen! Nutzen Sie Vergleichsportale wie Check 24 oder financescout 24 zur Orientierung. Sie werden sehr wahrscheinlich ein besseres Ergebnis erzielen als mit einem Bankprodukt, das Sie drei Jahre bindet und in dem das Risiko von Zinssenkungen in der Zukunft bereits eingepreist ist. Sie brauchen weit weniger als 15 Minuten die Woche, wenn Sie Ihre Ersparnisse auf diese Weise managen. Aber Vorsicht: Lesen Sie alle Vergleichskriterien sehr genau! Nicht immer ist das beste Angebot ganz oben auf der Liste.

An dieser Stelle müssen Sie sich bewusst machen, wie sehr Ihre Aktionskompetenz Sie bei der Erreichung Ihrer Ziele und damit in Ihrer Ergebnisorientierung einschränkt. Hierzu empfehlen wir Ihnen eine oder mehrere der folgenden Maßnahmen:

 Wenn Sie Ihr Geld auf einem unverzinsten Girokonto parken, legen Sie sich einen Apfel ins Bad und lassen Sie ihn dort liegen und verfaulen, solange Sie das Konto

führen. Legen Sie pro Woche des Bestehens des Girokontos einen neuen Apfel dazu.

 Wenn Sie Ihr Geld auf einem Sparbuch verrotten lassen,
dann müssen Sie es mit einer Banane am gleichen Platz
versuchen. Eine neue kommt für jede Woche dazu, in
der Ihr Sparbuch immer noch besteht.

 Für diejenigen unter Ihnen, die ungeprüft in eine Le-
bens- oder Rentenversicherung einzahlen und sich
möglicherweise über 1,75 Prozent Garantieverzinsung
freuen, lohnt sich eine Ohrfeige pro Monat vor dem Ba-
dezimmerspiegel.

 Wenn Sie glauben, dass Sie mit einem Dispo eine günstige, weil flexible Finanzierungsform gefunden haben
und diesen über Monate laufen lassen, sollten Sie sich
mit nicht weniger als zwei Ohrfeigen täglich bestrafen.

 Für jeden, der einen gemanagten Fonds im Depot hat,
ohne zu wissen, welche Kosten er laufend bezahlt (Ausgabeaufschlag und Verwaltungsgebühr), gibt's noch jeden Freitag eine Bonus-Ohrfeige.

Natürlich empfehlen wir Ihnen das nicht ernsthaft. Es soll Ihnen
aber klarmachen, was Sie da tun. Es soll Ihnen die Energie geben,
mal genau hinzusehen und zu hinterfragen, ob Sie mit diesen Ergebnissen wirklich Ihre Ziele erreichen können.

**Ernsthaft: In diesem Kasten können mehrere Hundert
Euro im Jahr stecken!**

- 0,5 Prozent Sparbuch – oder 1,7 Prozent Tagesgeld (beides ist
  nicht viel, aber was ist besser?)
- 0,5 Prozent Sparbuch – oder 1,8 Prozent für Festgeld auf 24
  Monate (auch nicht viel, aber was ist besser? Schauen Sie auf
  www.sparbuch.info)

- Lebensversicherung mit weiter sinkendenden Zinsprognosen oder das Geld über die Jahre zu wechselnden Tages- und Festgeldkonditionen anlegen?
- Kostenloses Girokonto oder kostenpflichtiges Girokonto?
- Girokonto mit Zinsen oder ohne Zinsen?
- Versicherungscheck für die Kfz-Versicherung zum Jahresende gemacht?
- Stromanbieter geprüft?
- Den überteuerten Dispo in einen langfristigen Kredit gewandelt?

Bei der Ergebnisorientierung gibt es kein Richtig oder Falsch. Ob Sie sich nun für das Bankprodukt mit der Anlage zum Minizins über drei Jahre entscheiden oder den Top-Zinskonditionen für Tagesgeld hinterherjagen: Die Menschen, die das eine oder das andere lassen, haben ihre guten Gründe (Aktionskompetenz!) für ihr Verhalten. Hoffentlich! Wichtig ist, dass Sie wissen, welche Ergebnislücke (!!) Sie potenziell in Kauf nehmen, wenn Sie sich für das eine oder das andere Bankprodukt entscheiden. Dies wiederum definiert dann den wahren Preis dafür.

Zurück zu unserem Ausgangsbeispiel: Nachdem Sie also zu der Erkenntnis gekommen sind, dass Sie mit den gegenwärtigen Zinsen keinen Blumentopf gewinnen können, wenden Sie sich nun doch und sinnvollerweise dem Kapitalmarkt zu. Sie stellen fest: Was beim Zinsprodukt noch relativ einfach zu überschauen ist, wird umso komplexer, je mehr Sie sich mit dem Investment in Aktien und Co. beschäftigen.

Bewusst-Sein!

Besonders am Kapitalmarkt ist ein »bewusstes« Handeln notwendig und von ganz entscheidender Bedeutung. Dieses Bewusstsein verdient im Rahmen der Ergebnisorientierung eine besondere Beachtung. Carl Richards beschreibt in seinem Buch *Einfache Wege, Ihr Anlageverhalten zu verbessern* den Behavior Gap, frei übersetzt die Verhaltenslücke. Er meint damit die Lücke, die zwischen dem Ertrag eines Investments und dem tatsächlich realisierten Ertrag des Investors entsteht.

Obwohl der Kurs einer bestimmten Aktie für jeden Aktionär gleich verläuft, gewinnt der eine, während der andere verliert. Den Unterschied machen die Handelszeitpunkte und die zugrunde liegende Strategie. Das typische Verhalten eines unprofessionellen Anlegers wird dabei durch die folgende Grafik verdeutlicht:

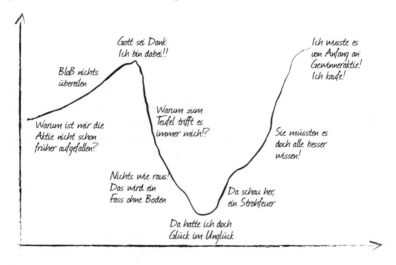

Abbildung 4: Der typische Aktienkäufer ohne Strategie

Bleiben wir fair: Diese Grafik ist nur deswegen lustig, weil wir den weiteren Verlauf der Aktie nach dem jeweiligen Entscheidungsmoment kennen und sehen. Das mit den Handelszeitpunkten ist so eine Sache: Hinterher ist man deutlich schlauer als vorher. Nicht umsonst gibt es eine Menge an Aktien- und Börsenregeln, die uns das Handeln erleichtern sollen, beispielsweise: »Sell on good news!«, »Sell in May and go away!«, »But don't forget to return in September!« oder »Never catch a falling knife!« sowie »Unterscheide eine gefallene von einer billigen Aktie!« Carl Richards erklärt, warum Anleger immer wieder auf Phänomene wie diese reinfallen: »Je teurer die Aktie ... ist, umso risikofreudiger sind sie – denn das ist der Zeitpunkt, an dem wir sie am attraktivsten finden.«

Dieser Mechanismus ist es auch, der uns daran hindert, Gewinner-aktien rechtzeitig abzustoßen und günstig bewertete Verliererakti-en zu kaufen. Wer jedoch eine klare Handelsstrategie und Ergeb-nisorientierung hat, verkauft und realisiert Gewinne, wenn das Ziel erreicht ist, und begrenzt bewusst Verluste.

Hinzu kommt, dass sich unser Gehirn auf gewisse Dinge fixiert, an denen wir dann festhalten. So ist es auf einen bestimmten Sachverhalt fokussiert und kann die fettesten Warnsignale nicht wahrnehmen. Wie bei einem Zaubertrick: Entscheidend für dessen Funktionieren ist nicht das, was man sieht, sondern das, was man nicht sieht, weil man sich gerade auf etwas ganz anderes konzen-triert.

In diese Lücke passen ganze Kaninchen. Suchen Sie auf YouTube nach »selective attention test« und sehen Sie sich das Video von Daniel Simons an. Sie werden am Ende kaum für möglich halten, was Sie übersehen haben. Bei der Betrachtung von Zaubertricks kann dieses Phänomen ja ganz lustig sein. Wenn wir aber mit un-serem Geld große Risiken eingehen, dann kann es sich als teure Behinderung erweisen.

»Man verfügt über ein bestimmtes Aufmerksamkeitsbudget, das man auf verschiedene Aktivitäten verteilen kann; wenn man versucht, das zu überschreiten, misslingt dies«, schreibt Dani-el Kahnemann in seinem Buch *Schnelles Denken, Langsames Denken* und führt weiter aus: »Wir können gegenüber dem Of-fensichtlichen blind sein und wir sind darüber hinaus blind für unsere Blindheit.« Diese Blindheit ist unter anderem auch die Geburtshilfe des Herdentriebs. »Was andere machen, kann so falsch nicht sein« sind nicht selten die letzten Worte des erfolg-losen Anlegers.

Bei der Kompetenz der Ergebnisorientierung im Kontext dieses Buches geht es genau darum, diese Blindheit anzuerkennen und trotzdem erfolgreicher Manager seines Geldes zu werden.

Das Management von Risiko

Eines vorab: Wer kein Risiko tragen möchte, weil er darauf mit Schlaflosigkeit reagiert, der hat etwas Wichtiges erkannt und sollte tatsächlich darauf verzichten, sich an der Börse zu engagieren. »Das größte Risiko auf Erden laufen die Menschen, die nie das kleinste Risiko eingehen wollen.« Dieses Zitat von Bertrand Russell, dem britischen Philosophen, Mathematiker und Nobelpreisträger, hat in diesen Tagen mehr Bedeutung denn je. Die Einlagensicherung – die Garantie, dass das Geld von Sparern im Falle einer Bankenpleite unversehrt bleibt, und des deutschen Sparers liebstes Kind – wird mehr und mehr infrage gestellt. Was ist jetzt überhaupt noch sicher?

Wir schließen uns nicht der aktuellen Nichts-ist-mehr-sicher-Untergangsstimmung an, die nur dazu angetan ist, ähnliche Kurzschlussreaktionen zu fördern wie in den Zeiten des Dotcom-Booms an der Börse. Nur dass hier der Treiber nicht die Gier, sondern die Angst ist. Beides keine guten Motivationen, um Geld anzulegen. Vielmehr vertreten wir die These, dass es nie ein risikoloses Szenario für Ihr Geld gab und geben wird und es daher notwendig ist, Entscheidungen zu treffen, die das einzugehende Risiko in ein vernünftiges Verhältnis zu einem erwartbaren Ertrag stellen.

Mit dem zuvor beschriebenen fiktiven (aber nicht realitätsfernen) Zins-Produkt verlieren Sie Geld. Vom ersten Moment an. Das ist sicher. Sicher ist auch, dass Sie mit einem Teil des Vermögens an den Kapitalmärkten nicht vorbeikommen, wenn Sie sich langfristig um Ihr Geld kümmern und Chancen nutzen wollen, die oberhalb des aktuellen Gnadenzinses liegen.

Fünf Faktoren, die Risiko und Chance in Balance bringen

Daniel C. Goldie und Gordon S. Murray fassen in ihrem Bestseller *Die wichtigsten Antworten für Anleger* sehr prägnant zusammen, was zu beachten ist, wenn man bei der Anlage anders vorgehen möchte als die heute so enttäuschten T-Aktien-Besitzer oder jene, die ihre Anlageentscheidungen immer nach aktuell guten Tipps treffen und sich wundern, dass ein Großteil in die Hose geht.

 Entscheiden Sie sich, ob Sie Ihr Geld selbst managen wollen oder das einem Finanzexperten übertragen.

 Beschränken Sie sich dabei auf Aktien, Anleihen (Renten) und liquide Mittel (Geld/Geldmarktfonds).

 Streuen Sie Ihre Anlagen breit in den genannten Anlageklassen.

 Überlegen Sie, ob Sie auf aktives Management (gemanagte Fonds) oder auf das Niveau eines Marktes setzen wollen (passives Management mit Exchange Traded Funds).

 Überlegen Sie, was Sie wann zukaufen wollen und was zu welchem Zeitpunkt verkauft werden sollte.

Jede dieser Entscheidungen hat Einfluss auf das Ergebnis, das Sie mit Ihrer Anlage erzielen werden. Wie man alle diese fünf Punkte bei einem Aktieninvestment richtig berücksichtigt, zeigt unser Kapitel »Der Weg, es selbst besser zu machen – wie ein individuelles Wertpapierdepot entsteht«.

An dieser Stelle wollen wir die zwei wesentlichen Fragestellungen in Bezug auf Ihre Ergebnisorientierung beleuchten. Die erste Frage lautet:

Machen Sie es selbst oder wollen Sie sich beraten lassen?

Sie haben also die Entscheidung getroffen, dass der Kapitalmarkt der richtige Platz ist, um dort Ihr Geld für Ihre Ziele arbeiten zu lassen. Wollen Sie sich dabei beraten lassen? Oder sind Sie der Meinung, dass Sie dies ganz alleine bewerkstelligen können? Beide Vorgehensweisen haben Vor- und Nachteile, wie Sie sehen werden.

Erst betrachten Sie aber einmal das Depot eines Anlegers, der mehrere Fehler gleichzeitig begangen hat:

G/V −20.3327,08 EUR − 63,51%	Einstandswert 32.024,24 EUR				
Bestand	**Kaufdaten**		**Aktueller Kurs**		**Wert in EUR**
AOL INC.	1 10.12.2009 Aktie	0,00 EUR 0,00	04.03.2013	28,432	28,43 +28,43 ↗ +100,00 % ↗
CISCO SYSTEMS	40 01.01.2001 Aktie	53,008 EUR 2.120,33	04.03.2013	15,88	635,20 -1.485,13 ↘ -70,04 % ↘
DAB BANK AG	1.500 16.03.2004 Aktie	13,059 EUR 19.588,45	04.03.2013	3,86	5790,00 -13.798,45 ↘ -70,44 % ↘
DAIMLER AG	25 01.01.2001 Aktie	92,826 EUR 2320,64	04.03.2013	45,078	1.126,95 -1.193,69 ↘ -51,44 % ↘
DLO DEUT.LOGISTIK OUTS.AG	500 07.11.2005 Aktie	5,624 EUR 2.812,08	10.07.2012	0,037	18,50 -2793,58 ↘ -99,34 % ↘
INFINEON TECH.AG	40 01.01.2001 Aktie	34,215 EUR 1.368,60	04.03.2013	6,425	257,00 -1.111,60 ↘ -81,22 % ↘
ISHARES STOXX EUR.50	103,2855 15.02.2013 Fonds	25,44 EUR 2.627,62	04.03.2013	26,78	2.765,99 +135,37 ↗ +5,27 % ↗
KABEL NEW MEDIA AG	20 01.01.2001 Aktie	26,326 EUR 526,52	04.03.2013	0,008	0,16 -526,36 ↘ -99,97 % ↘
NORDASIA.COM	5 22.01.2002 Fonds	112,00 EUR 560,00	04.03.2013	40,89	204,45 -355,55 ↘ -63,49 % ↘
REALTECH AG	25 14.09.2001 Aktie	4,00 EUR 100,00	04.03.2013	4,588	114,70 +14,70 ↗ +14,70 % ↗
TIME WARNER CABLE	3 27.03.2009 Aktie	0,00 EUR 0,00	04.03.2013	68,087	204,26 +204,26 ↗ +100 % ↗
TIME WARNER NEW	13 27.07.2009	0,00 EUR 0,00	04.03.2013	41,655	541,52 +541,52 ↗ +100 % ↗
				Depotwert G/V in %	**11.687,16 -20.337,08 -63,51 %**

Abbildung 5: Das Depot eines auf Trendaktien und Fonds setzenden Anlegers – keine Aktie erreichte je das genannte Kursziel

 Erster Fehler: Der Anleger hatte sich ganz offensichtlich ins Wertpapiergeschäft gestürzt, ohne ein strategisches Ziel zu haben. Die Aufnahme des Handels erfolgte ausschließlich um des Handels willen. So war es dem Anleger nicht möglich, das eigene Tun zu bewerten.

Zweiter Fehler: Er folgte den Trends der Finanzpresse und legte sich die Titel ins Depot, die gerade »aktuell« waren. Er dachte sich: »Ich folge den in diesen Medien von Experten genannten Kurszielen und es wird schon werden.« Selbst hatte er keine Ahnung von dem, was er kaufte.

 Dritter Fehler: Er ließ ein zusammenhangloses Sammelsurium aus Wertpapieren entstehen, das darauf abzielt, mit den einzelnen Positionen Rendite zu erwirtschaften, anstatt auf die Wertentwicklung eines ausgewogenen Gesamtportfolios zu setzen.

 Vierter Fehler: Die lange Haltedauer der Depotversager zeigt, dass er sich emotional an die einzelnen Aktien gebunden und Jahre verschenkt hat, statt lohnendere Wege zu gehen. Grund war wohl auch der Traum von der guten alten Zeit vor dem Platzen der Internetblase. Damals bedurfte es nur etwas Zeit, bis sich ein entstandener Verlust in einen Gewinn wandelte.

Irgendwann erkannte dieser Anleger, dass ihn seine Art des Investierens nicht weiterbringt, und zog mit dem Großteil seines Vermögens zu einem Honorarberater, der ihm erst einmal erklärte, dass es das beste Investment mit Kauf und Verkauf zum optimalen Zeitpunkt nicht gäbe. Auch er wisse nicht, wann der ideale Zeitpunkt für Einstieg und Ausstieg sei. Wenn er es denn wüsste, würde er nicht als Berater arbeiten, sondern überhaupt nicht. Der arme Mann staunte nicht schlecht.

Was lernen Sie daraus?

Der langfristige Aufbau von Vermögen hat nichts mit Marktbewegungen zu tun, sondern mit unserem Verhalten. Das ist manchmal schwer zu ertragen. Insbesondere dann, wenn auch das von einem Berater gemanagte Vermögen ins Minus rutscht. Ein qualifizierter Berater zeichnet sich dadurch aus, dass er moderat auf Markttrends reagiert oder dann, wenn sich an unseren Zielen etwas verändert hat.

Die zweite, ganz wesentliche Fragestellung ist: Mit welcher Art von Produkten erreichen Sie das gewünschte Ergebnis?

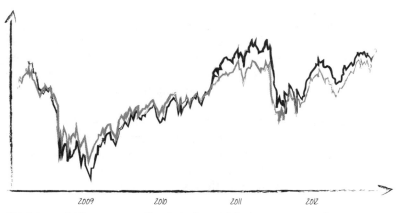

2009   2010   2011   2012

Abbildung 6: Gemanagte Fonds halten nicht immer, was sie versprechen. Hier ein Fonds, der über lange Zeit schlechter abschnitt als der
Vergleichsindex

Daniel C. Goldie und Gordon S. Murray empfehlen eine Anlage in
Aktien, Anleihen und liquide Mittel. Der oben abgebildete Chart
zeigt einen großen gemanagten Aktienfonds, der in die Aktien des
DAX investiert, und dies mit dem Ziel, besser zu sein als der Markt.
Wie man sieht, lag der Fonds über lange Zeit deutlich unterhalb
des Vergleichsindex. Das ist das Problem bei vielen Fonds: Auch
die beste Strategie eines Fondsmanagers kann dieses Produkt
nicht davor bewahren, über lange Strecken schlechter zu sein als
sein Referenzindex. »Mehr Luschen als Perlen«, schreibt die *Süd-
deutsche Zeitung* am 9. März 2013 und führt aus, dass nur jeder 25.
Fonds, der weltweit in Aktien investiert, empfehlenswert sei. Was
der Preis des Glaubens ist, haben wir an anderer Stelle bereits be-
handelt. Nach Untersuchungen der Stiftung Warentest schneiden
zwischen 80 und 90 Prozent der gemanagten Fonds schlechter ab
als der Index, so der *SZ*-Artikel.

Im Übrigen müssen Sie für dieses Produkt auch noch mehr bezahlen: Es kostet einen Ausgabeaufschlag, quasi eine Kaufgebühr, von
bis zu 5 Prozent, dazu eine jährliche Verwaltungsgebühr von im
Schnitt 1 Prozent. Für ein Produkt, das nur schön aussieht?

Als Alternative weist auch der *SZ*-Artikel auf Exchange Traded
Funds, kurz ETF hin: »In den allermeisten Fällen fährt man mit
einer solchen Anlage besser als mit Fonds, bei denen ein Fonds-

manager die Zusammensetzung bestimmt.« Man fährt vor allem deshalb besser, weil man weit weniger beim Kauf sowie für das laufende Management bezahlt. Man kann mit der Erkenntnis, dass tatsächlich niemand hellsehen kann, eine Menge Geld sparen. Was uns aus anderen Bereichen des Lebens längst geläufig ist, kann auch das Ergebnis unserer Geldanlage beträchtlich verbessern.

Was lernen Sie daraus?

Auch Anlageprodukte sind Produkte. Diese Produkte werden hübsch dargestellt. Hübsch ist dabei das, was Sie vermeintlich hören wollen. Sie wollen mehr erreichen durch ein kompetentes Management? Dann wird man dies ordentlich herausstellen. Glauben sollten Sie das aber noch lange nicht, denn wie eben gesehen gibt es diese »Overperformance« nicht. Im Rahmen Ihrer Ergebnisorientierung sollten Sie sich auf einen derartigen Sondereffekt nicht verlassen.

Ergebnisorientierung in Bezug auf mehr Geld

Gut ausgeprägt:

Meine Handlungen in Bezug auf Geld sind nicht immer von den Ergebnissen gekrönt, die ich mir gewünscht habe, aber ich kann sie gut vertreten. Ich gerate nicht in Panik, wenn ich mal Verluste sehe, weil ich langfristig denke und mir der Grund meiner Handlung jederzeit bewusst ist. Das Eingehen von Risiken gehört für mich dazu, wenn ich Erfolg haben will.

Allerdings weiß ich auch sehr genau, wie viel Risiko ich vertragen kann. Meine Anlagen behalte ich gut im Auge und optimiere nur dann, wenn es sein muss. Dabei folge ich nicht aktionistisch irgendwelchen Trends oder heißen Tipps. In Bezug auf mein Geld lebe ich das Leben, das ich mir wünsche, weil ich immer mein Ziel im Auge behalte.

Schlecht ausgeprägt:

Ich habe einfach kein Glück mit meinem Geld. Und das scheint irgendwie ein Muster bei mir zu sein. Während andere von Erfolgen berichten, steht bei mir immer ein Minus unter dem Strich. Ich habe mich eingehend damit beschäftigt und versucht, die beste Anlage zu finden. Mit einigen hatte ich Glück. In der Mehrzahl waren es aber Fehlgriffe. Ich fühle mich manchmal glücklos. Eine Strategie brauche ich nicht. In Bezug auf mein Geld tue ich jetzt nur noch das, was unbedingt sein muss. Meistens entscheide ich mich, es zur Hausbank zu bringen und einfach liegen zu lassen. Dann sehe ich wenigstens keine Verluste. Schon das Sprechen über Ziele für mein Geld macht mich aggressiv. Ich mache mich nicht zum Sklaven meines Geldes und entscheide nach Lust und Laune, was ich sparen beziehungsweise anlegen will.

www.kuemmerdichumdeingeld.de/clip6

MARTIN KREBS, MITGLIED DES VORSTANDS DER ING-DIBA UND FRÜHERER INVESTMENT-BANKER

Wenn Sie sich bitte vorstellen ...
Martin Krebs, Investment-Amateur.

Für welche Bank sind beziehungsweise waren Sie tätig?
Goldman Sachs, JP Morgan, ING-DiBa.

Wie würden Sie die gegenwärtige Stimmung zwischen Bank und Kunde beschreiben?
Entspannt. Die Medien zeichnen ein anderes Bild – mit mäßigem Erfolg.

Was raten Sie im generellen Umgang mit Banken?
Weiter so.

Beraten Sie Ihre Retail-Kunden? Wie gewährleisten Sie, dass dabei die Interessen der Kunden im Vordergrund stehen?
Bei schwierigen Fragen ja, z.B. Eigenheimfinanzierung. Bei Geldanlagefragen lediglich online. Die Interessen der Kunden werden dabei durch Transparenz (z.B. zu Gebühren), Einfachheit (soweit das bei Fonds geht) und attraktive Konditionen gewahrt.

Was sind aus Ihrer Sicht die größten Fehler im Umgang mit Geld?
Fehlendes Wissen und Hektik (auch, aber nicht nur seitens der Berater). Das Thema Steuersparen ist zum Glück aus der Mode gekommen.

Was war Ihr größter Fehler im Umgang mit Geld?
Mir fällt keiner ein. Ich habe sicher mal Geld verloren, aber das
ist auch zu erwarten. Vielleicht, dass ich vor Einführung der
Abgeltungsteuer nicht mehr Aktien gekauft habe. Das wäre ein
sehr guter Zeitpunkt zum Einstieg gewesen.

Was war Ihr größter Erfolg im Umgang mit Geld?
Der Erwerb eines Eigenheims. Die Amazon-Aktie.

**Wenn Sie nur 15 Minuten pro Woche Zeit für Ihre Geldthemen
hätten, was würden Sie tun?**
Rechnungen bezahlen. Kontoüberziehungen vermeiden. Kredite sondertilgen. Liquidität planen.

Was wollen Sie ansonsten noch loswerden?
Kaum eine Branche wird von der Digitalisierung so stark verändert wie das Retail-Banking.

Das Web gibt Ihnen die Möglichkeit, informiert zu sein wie ein Geldprofi. Über Communities können Sie Erkenntnisse und Erfahrungen austauschen. Aber nur wenn Sie richtig kommunizieren können.

KAPITEL 7

KOMPETENZ 5: KOMMUNIKATION

»Kunden und Anleger als reinen Vertriebskanal zu sehen und dabei nur den eigenen Profit in den Vordergrund zu stellen. Niemand hat etwas dagegen, dass Banken Geld verdienen, aber es muss fair und transparent sein.«

Jörg Birkelbach, Buchautor, Videoblogger und Journalist mit Bankinghintergrund, auf die Frage: *»Welche Unarten sollten Banken abstellen?«*

Was, glauben Sie, unterscheidet den Finanzprofi von Otto Normal-verbraucher, der seine Finanzen selbst in die Hand nehmen möch-te? Sicher ist es sein über die Jahre angesammeltes Know-how. Aber wie hat er das bekommen? Einerseits über ständiges Lernen, andererseits über Informationen und Erfahrungen, die er im Lauf der Zeit gesammelt hat.

Da Sie hauptberuflich sehr wahrscheinlich einer anderen Beschäf-tigung nachgehen, werden Sie die Informationsmöglichkeiten und Erfahrungen eines Finanzprofis nie besitzen. Das müssen Sie auch nicht. Viele Menschen haben die Erfahrung, vor der Sie stehen, be-reits gemacht und teilen diese gerne mit Ihnen. Hier kommt erneut das Internet ins Spiel.

Um die Lücke zwischen dem zu schließen, was an Ertrag für Sie möglich ist, und dem, was im Ergebnis für Sie herauskommt, ist eines von ganz besonderer Bedeutung: Kommunikation.

Reden Sie über Geld!

Wenn Sie sich selbst um Ihr Geld kümmern wollen, ist das weitaus einfacher als noch vor ein paar Jahren, weil das Mitmach-Internet die Kommunikation einfacher gemacht hat.

Soziale Netzwerke werden von ihren Kritikern immer noch als Mo-deerscheinungen betrachtet. Diese Kritiker sehen nicht, dass sich grundlegende Änderungen in der Art und Weise, wie Menschen miteinander kommunizieren, ergeben haben. Die Kommunikation hat sich von One-to-one zu One-to-many entwickelt. Dadurch wird es möglich, Erfahrungen in einem Bruchteil der bis dato notwendi-gen Zeit zu teilen, anzureichern und zahlreiche andere Perspekti-ven darauf zu entwickeln.

Wirklichkeit entsteht immer im Auge des Betrachters. Ob soziale Netzwerke eine bessere Wirklichkeit für den Einzelnen schaffen, darüber kann gestritten werden. Sicher ist, dass es eine Wirk-lichkeit sein kann, die durch Vielfältigkeit geprägt ist. Was vorher einigen wenigen vorbehalten war, nämlich die Möglichkeit, Botschaften an die Masse zu versenden, ist nun das Privileg eines jeden geworden. Neu für alle, auch für die früher schon Mächtigen, ist die Möglichkeit, Rückmeldung zum eigenen Tun zu erhalten. Nicht immer ist das gewünscht. Manche Unternehmen etwa fürchten sich davor. Insbesondere für solche, die das Vertrauen in der Bevölkerung verloren haben, kann es vernichtend sein. Für wen bringt es Vorteile? Auf jeden Fall für Menschen, die soziale Vernetzung seit jeher als einen Weg verstanden haben, um zu lernen.

Menschen, die Sozialkontakten eher misstrauisch gegenüberstehen und Lernen als einen einseitigen Prozess vom Meister zum Schüler verstehen, werden das Potenzial dieser Innovation nur unzureichend nutzen können. Sie laufen Gefahr, in Zukunft abgehängt zu werden, denn sie können aus sozialen Netzwerken nichts für sich gewinnen. Genau das ist der Hintergrund für Kommunikationskompetenz.

Menschen sind heute in die Lage, einmal gemachte Fehler zu vermeiden beziehungsweise erlebte Erfolge zu teilen. Wer besonnen und geübt mit dem Medium umgeht und versteht, Information von Meinungsmache und Manipulation zu unterscheiden, hat im Web 2.0 den heute wohl wichtigsten Unterstützer auf dem Weg, sein eigener Banker zu werden.

Informationen, die von anderen Nutzern kommen, sind authentischer und somit interessanter als solche von Unternehmen, die kommerzielle Ziele verfolgen. Warum funktioniert das? Weil Kontaktpflege ein wesentlicher Bestandteil des Lebens geworden ist. Wir müssen immer mehr wissen und uns immer schneller anpassen. Soziale Netzwerke unterstützen eine einfachere Art des Lernens. Menschen teilen ihre Erfahrungen ohne monetäre oder sonstige Ansprüche, weil sie wissen, dass sie im nächsten Moment Informationen erhalten, die für sie von hohem Nutzen sein können. Menschen, die schnell lernen wollen, sind ganz versessen darauf, sich mitzuteilen und Fragen zu stellen. Unabsichtlich haben sie mit dieser neuen Angewohnheit ganze Branchen verändert.

Kommunikation verleiht Macht

Das Internet hat bis zur Hälfte der ersten zehn Jahre dieses Jahrtausends sicher einiges an Veränderungen mit sich gebracht. Treibende Kraft dieser ersten Entwicklungsstufe von Inhalten waren jedoch Unternehmen. Die Devise »Content is king« beschreibt sehr prägnant die Haltung dieser frühen Initiatoren: »Bringe gute Inhalte und du hast den Traffic.« Das mag bis heute Gültigkeit haben, aber die echte Veränderung und Revolution durch das Internet setzte erst mit den sozialen Netzwerken, dem Web 2.0 und seinen durch die Nutzer generierten Inhalten ein.

Kunden reklamieren, sie »liken«, sie bewerten mittels Sternchen und rezensieren mit Kommentaren – wohlgemerkt auf Produktebene. Sie helfen Unternehmen sogar, dass deren Waren besser zu finden sind, indem sie Produkte »taggen«, ihnen also bessere suchmaschinenrelevante Schlagwörter geben. Ja, Kunden helfen im Vertrieb. Das kostet diese Menschen richtig viel Zeit, aber sie tun es. Mit Vorliebe bei Unternehmen, bei denen sie das Gefühl haben, da tut sich was.

Hersteller und Handel haben das längst verstanden. Kundenbewertungen machen Produkte interessant oder attestieren ihnen Bedeutungslosigkeit. Preise sind transparent und bestimmen, was der Kunde heute bereit ist zu bezahlen. Mit eBay hat auch der Gebrauchtwarenmarkt wirkliche Relevanz bekommen und gräbt zusätzlich Nachfrage ab. Wer als Unternehmen überleben will, der ist vernetzt und lernt, die Kanäle für sich zu nutzen, oder er geht konsequent andere Wege. Aber er kann sie nicht ignorieren.

Dienstleister setzen in sozialen Netzwerken kreative Ideen um, mit denen sie echten Mehrwert liefern: Die Airline KLM etwa bietet mit ihrem Angebot »Must See Map« die Möglichkeit, eine individuelle, aus dem Netzwerk generierte Reiseplanung mit »Must-see«-Tipps zusammenzustellen, und sendet die fertige Planung auf Wunsch per Post zu. Damit verbindet KLM Online- und Offline-Welt. Nur eines von vielen Beispielen, wie Unternehmen die Nutzer im Web 2.0 in der Kommunikation untereinander unterstützen können, ohne ihren Auftrag mit Werbung in diesem Kanal als erledigt zu betrachten.

Werden Banken Ihnen auf Ihrem Weg helfen?

Findet man ähnliche Ansätze bei Banken? Keineswegs! Für Bankprodukte findet man auf deren Seiten keine Bewertungen oder Rezensionen. Sie erscheinen nur dann auf irgendwelchen Vergleichsportalen, wenn der Tages- oder Festgeldzins in eine attraktive und wettbewerbsfähige Bandbreite rückt. Die Facebook-Auftritte von herkömmlichen Banken sind PR- und Abverkaufskanäle. Eine Plattform für Menschen, die wissen wollen, was sie mit ihrem Geld machen sollen, sind sie sicherlich nicht.

Frage an eine Bank via Facebook

Eine Bank wollte von ihren Facebook-Nutzern wissen, was sie tun könne, um eine bessere Facebook-Seite zu machen. Man findet dort sehr viele Informationen zum gesponserten Fußballverein, Abstimmungen zum Design von Kreditkarten, die Frage, ob man Schi oder Ski fährt, ein Quiz zur historischen 100-Billionen-Mark-Reichsbanknote – vielleicht in weiser Voraussicht – und andere Themen, die in ihrer Vielzahl mit dem Geld des Nutzers von heute rein gar nichts zu tun haben. Wir haben geantwortet. Und geschrieben, dass es doch eine gute Idee wäre, den Auftritt zu nutzen, um Kunden abseits vom Abverkauf der Bankprodukte aufgeklärter im Umgang mit Geld zu machen.

Das Unternehmen lässt uns wissen, dass das Thema Finanzwissen sehr wichtig sei, und es hoffe, dass dies auf der Facebook-Seite deutlich würde. Es verweist allerdings auf rechtliche Rahmenbedingungen, die angeblich sehr enge Grenzen für die Online-Kommunikation beim Thema Geldanlage setzen würden.

Wie ein Themenspecial zu Fonds, was wir vorgeschlagen haben, an rechtliche Rahmenbedingungen stoßen kann, ist uns schleierhaft.

Man wolle die Anregung in einer der nächsten Redaktionssitzungen besprechen. Wie so oft werden Regulierung und sogenannte rechtliche Rahmenbedingungen als Schutzschild genommen, um unliebsame Innovation zu verhindern.

Fragen zu Geld stellen

Diese Kommunikation bestätigt, dass Sie als Kunde von Banken wenig bis nichts zu erwarten haben, was Sie in Ihrem Anliegen, Ihr eigener Banker zu werden, voranbringen könnte.

Aus Sicht der Finanzdienstleister versuchen diese durchaus, in der Vermarktung ihres bestehenden Produktportfolios neue Wege zu beschreiten. In der Wahrnehmung derer, die dort heute diese neuen Wege gehen und sich dabei auch der Internetöffentlichkeit stellen, mag das eine große Veränderung sein. Aus Sicht des Marktes, also der Nutzer im Internet, wird dies weit weniger positiv beurteilt.

Was wir bei den Banken nicht bekommen, finden wir aber auf anderen Webseiten. Geben Sie in Google »Fragen zu Geld stellen« ein. Die Suche präsentiert ihnen die folgenden Portale:

 gutefrage.net

 fidor.de (die bisher einzige Bank auf Basis einer Community)

 wallstreet-online.de

 finanzen.net (versteckt in myfinanzen)

Die beiden letztgenannten Foren haben das Thema Börse und Investments stark im Fokus.

Kommunikation muss bei Ihnen beginnen

Sie sollten sich dort aufhalten, wo bereits andere wissbegierige Mitmenschen sind. Gleichgültig, ob Sie wissen wollen, welche Fragen Sie bei einem Berater stellen müssen, den Sie zu einem bestimmten Thema konsultieren wollen, oder was andere von einem gewissen Produkt halten, das Ihnen angeboten wurde, wo man die beste Erfahrung beim Anlegen von Tagesgeld gemacht hat oder ob Sie Informationen zu einer einzelnen Aktie haben möchten – was auch immer Sie wissen wollen, stellen Sie Ihre Geldfrage.

Das ist ein wesentliches und sehr zentrales Werkzeug, um nur 15 Minuten Zeit in der Woche für das Thema zu investieren.

Abbildung 7: Geldfrage bei der FIDOR-Community. Hier geht es sehr allgemein um Geldthemen aller Art

Was können Sie an Antworten erwarten? Keine von Unternehmen, die nun ein Produkt verkaufen wollen. Sondern Beiträge von einer Community, die gleiche Interessen hat. Ein weiterer Vorteil ist die offene und transparente Kommunikation. Selbst wenn es einmal zweifelhafte Inhalte gibt, werden diese schnell erkannt und es wird postwendend davor gewarnt. In diesem Zusammenhang schießen dem Deutschen gerne die Worte »potenzieller Betrug« und »Manipulation« durch den Kopf. Betrug findet, das sei in aller Klarheit gesagt, immer noch mit Versprechen auf Hochglanzpapier in den Wohnzimmern statt, und zwar im Milliarden-Euro-Volumen. Unseriöse Angebote oder Manipulation werden in der Community leicht entlarvt.

Was ist, wenn sich jemand als Berater anbietet, nachdem Ihre Fragen beantwortet wurden und Sie dennoch weitergehenden Bedarf an Hilfe haben? Prüfen Sie, ob es für diesen Berater bereits positive Bewertungen gibt, wie seine Webseite aussieht, ob er ein Facebook-Profil hat. Kurz, alles, was Sie an Informationen über ihn finden. Auch das ist in der transparenten Welt des Web kein Problem.

Der Haken: Sie müssen kommunizieren wollen!

Da ist er, der große Haken, an dem so mancher scheitert. Soziales Netzwerken ist uralt. Es sicherte in Urzeiten das Überleben, als man gemeinsam ein Bündnis gegen den Säbelzahntiger einging oder Waren tauschte. Blickkontakt, Stimme und Berührung sind seit jeher die drei Hauptkanäle, über die Menschen emotionale Bindung zueinander herstellen. Auch wenn wir beim Berater am Tisch sitzen und über Geld sprechen, registrieren wir ab dem ersten Händedruck auf allen diesen Ebenen, ob die Person Freund oder Feind ist.

Sie ahnen es. Nichts davon ist hör-, sicht- oder spürbar, wenn man den Kontakt von Mensch zu Mensch über die sozialen Netzwerke von heute betrachtet. Mit dem Telefon verschwand der Blick- und Körperkontakt. Sprache und deren Tonalität wurden entscheidend. Mit der Kommunikation im Web verschwand nun auch die Stimme und es passierte, was keiner der Initiatoren der technischen Innovation ahnte: Der Umgang mit Sprache hat sich abermals verändert.

»Die Welt ändert sich; es gibt ständig technischen Fortschritt und die Sprache muss sich deshalb ebenfalls ändern, um mit der Entwicklung der Welt Schritt zu halten«, ist eine These aus dem Aufsatz *Sprachwandel* von Rudi Keller, der im Internet zu finden ist.

Das scheint allzu wahr. Für viele ist die Kommunikation in sozialen Netzwerken eine Einbahnstraße. Abgesehen von eklatanten Rechtschreibschwächen veranlasst die Anonymität so manchen zu einem aggressiven Ton. Daran scheiterte auch unser Versuch, 1998 bei der DAB ein offenes Anlegerforum zu schaffen, in dem Kunden die Chance geboten werden sollte, sich zu Themen der Wertpapieranlage auszutauschen. Mit der Zeit und einem mittlerweile trainierten Umgang mit den Netzwerken hat sich das zwar deutlich verbessert, aber noch immer ist dieses Phänomen existent. Nutzer, die sich in Netzwerken negativ äußern, zeigen sich häufig in ihrer Kritik so undifferenziert und beleidigend, dass die Netzgemeinde sie ignoriert oder zum Gegenschlag ausholt.

Aber auch abseits jeder Aggressivität scheitern viele in den Diskussionen, weil der Einzelne kein Gehör findet. Das hat unter anderem den Grund, dass soziales Netzwerken sehr viel Zeit in Anspruch nimmt. Wir twittern, haben einen Account auf Facebook und bedienen eine Reihe weiterer Kanäle, auf denen wir erreichbar sind. Dazu haben die meisten von uns einen Job, studieren oder gehen zur Schule. Die Vielzahl an Informationen, die wir verarbeiten müssen, ist gigantisch.

Dabei wäre es so einfach, richtig zu kommunizieren. Warum zum Beispiel gibt es auf folgende Kritik keine Reaktion: »Nachhaltigkeit wird bei XY ganz klein geschrieben. Habe selbst schlechte Erfahrung mit der XY gemacht. Hat mich richtig Geld gekostet.« Weil zwar eine Menge an Meinung vorhanden ist, aber jegliche Beobachtung eines Sachverhalts fehlt – ebenso wie eine Idee, was anders sein sollte.

Schreiben ist leicht. Man muss nur die falschen Wörter weglassen (Mark Twain)

Wenn sich Kommunikation mit zunehmender Technisierung verändern muss, ist nur noch zu klären, wie eine solche Veränderung aussehen muss. Wie verschafft man sich am besten Gehör, wenn jeder sprechen kann und nur ein paar wenige zuhören?

Zu beobachten ist häufig, dass in Fachforen und Blogs solche Threads am lebhaftesten sind, in denen Beobachtung (Welchen Status nehme ich gerade wahr?) und Bewertung (Was ärgert mich/ bewundere ich daran?) voneinander getrennt werden.

Beobachtungen können geteilt werden. Bei Emotionen ist das bereits viel schwieriger, insbesondere dann, wenn die Beobachtung als Grundlage fehlt. Es sei denn, es handelt sich um einen sogenannten Shitstorm, der ausschließlich dazu da ist, dem Empfänger der Botschaft Wut entgegenzubringen.

In einem Forum war sinngemäß zu lesen:

Nutzer 1: »Bausparen ist die derzeit beste Form der Anlage.«

Nutzer 2: »So viel Blödsinn habe ich lange nicht gehört!«

Nutzer 1: »???«

Oft veranlassen uns unser Unverständnis oder unsere Wut aufgrund eines negativen Erlebnisses, die Äußerungen eines anderen mit einer Wertzuschreibung zu versehen. »Der redet Blödsinn« anstatt »Ich verstehe vor dem Hintergrund dessen, was ich weiß, seinen Standpunkt nicht«. Wichtig ist es, bei jeder Kommunikation bei sich selbst zu bleiben. Das lässt dem anderen den Raum, sich zu erklären. Vielleicht wäre eine erhellende Erklärung zum Thema Bausparen erschienen. So wurde das Thema verbal totgetrampelt. Auf diese Weise zensiert sich Netzwerkkommunikation häufig selbst – mittels riesengroßer Öde. Zu lernen gibt es da wenig. Viele Likes, sterbende Aktivität.

Wäre Nutzer 2 an einer weiteren Diskussion zu diesem Punkt gelegen gewesen, hätte er beispielsweise – durchaus emotional – schreiben können: »Deine Aussage ärgert mich, weil ich die Erfahrung gemacht habe, dass Bausparen ...«

Hier kommen wir zur dritten wichtigen Dimension der Kommunikation: der Bitte.

Bitte statt Forderung: Was ist mein Wunsch?

Es ist äußerst hilfreich, zu sagen, dass man sich noch etwas aus der Kommunikation erhofft: »Deine Aussage ärgert mich, weil ich die Erfahrung gemacht habe, dass Bausparen ...! Könntest du mir bitte erklären, was dich bewegt, Bausparen so ideal zu finden?«

Der andere kann die Bitte als Einladung zu antworten verstehen. Es hat kein Angriff stattgefunden und er kennt nun die Argumente des Gegenübers. Es kann also weiter miteinander kommuniziert werden, und zwar auf der Sachebene. Das ist in der Online-Kommunikation übrigens auch eine gute Methode, um unlautere Marktschreier wirkungsvoll mundtot zu machen. Vernetzung zwischen Menschen entsteht nur in einem Setting, das frei von Bedrohung ist. Häufig hat man jedoch das Gefühl, dass jeder seine Idee pusht, um sich zu präsentieren.

In Communitys mit besonderen Themenschwerpunkten, insbesondere in Finanz-Communitys, wo sich Expertenwissen häuft, kann das der Fall sein. Teilnehmern geht es dann nicht mehr darum, neue Erkenntnisse zu fördern, sondern ihr Wissen zu veröffentlichen. Das ist extrem anstrengend, weil es zu einer Kakophonie von Stimmen führt, der man sich gerne wieder entzieht. Sollte das umstrittene Thema Sie interessieren, treten Sie dazwischen und sagen Sie, was Sie aus der Diskussion bräuchten. Die oben zitierte Seite der Bank auf Facebook ist voll von Kommunikationsversatzstücken, die kaum von anderen Nutzern aufgegriffen werden, weil Beobachtung mit Meinung ohne jede Bitte oder Vorschlag vermischt wird. Das Ganze ist schwer zu konsumieren und es ist fraglich, ob das Unternehmen etwas aus der Seite lernen kann.

Manche Plattformbetreiber haben Moderatoren engagiert. Diese lenken die Kommunikation in eine konstruktive Richtung. Sollte ein Nutzer nur unsachlich pöbeln, wird ein guter Moderator versuchen, ihn zu einer konstruktiven Ausdrucksweise zu führen. Beispiel: »Die Bank ist echt Scheiße.« Der Moderator würde dann schreiben: »Okay, verstehe, dass Sie offensichtlich von der Bank enttäuscht sind. Welches genau sind denn die Punkte, die Sie so enttäuschen? Welche konkreten Vorfälle gab es?« Mit der Bitte um Antwort auf diese Frage wird der Nutzer eingeladen, sachlicher zu werden. Wird er es nicht, sieht auch die Community, dass die Beiträge wenig hilfreich sind. Im besten Fall wird er dann durch Nichtbeachtung isoliert.

Wer Kommunikation beherrscht, kann das Beste daraus machen!

Eine Bitte hat so viel Macht, weil das Gegenüber nicht darin geübt ist, sie abzulehnen. Wir kennen diese Form der Äußerung kaum noch. Probieren Sie es mal. Es ist verblüffend, was sich tut, wenn Sie bitten. Auch der Dank an ein Community-Mitglied für einen guten Tipp zeigt so positive Wirkung, dass der Betreffende das wieder erleben will und sich auf eine nächste Frage von Ihnen freut. Dank wertet uns enorm auf.

Kompetenz Kommunikation

Gut ausgeprägt:

Ich halte Meinungen meiner Mitmenschen grundsätzlich für wertvoll und lege Wert darauf, sie zu hören. Unabhängig davon schätze ich es, in Gesellschaft zu sein. Generell bin ich heute schon in interaktiven sozialen Netzwerken präsent und beziehe Nutzermeinungen zu Produkten und Dienstleistungen in meine Kaufentscheidungen mit ein. Dabei bin ich kritisch und prüfe Aussagen, indem ich mich nicht auf ein Portal verlasse, sondern mich ggf. auf mehrere Quellen stütze. Ich nutze bereits Portale wie Check 24 für Versicherungs- und Tagesgeldvergleiche. Was meine Sprache in der interaktiven Kommunikation angeht, bin ich klar im Ausdruck und kann gut beschreiben, was mich bewegt, oder klare Fragen stellen. Aggression liegt mir nicht, wohl aber kann ich Gefühle wie Ärger oder Freude ausdrücken, wenn es hilft, mich besser zu verstehen. Ich habe keine Angst, abweichende Meinungen zu vertreten.

Schlecht ausgeprägt:

Ich bin schon unter Leuten, muss mich da aber nicht sonderlich hervortun mit meinen Themen. Ich halte meine Mitmenschen für genauso fehlbar wie mich selbst und deshalb sind mir Bewertungen und Rezensionen im Internet eigentlich ziemlich egal. Was die Intelligenz der Masse angeht, vertrete ich eher die Meinung: »Gemeinsam sind wir dumm.« Ich verlasse mich auf Expertenrat. Den suche ich sicher nicht im Internet. Wer weiß, wer sich da so alles als Experte ausgibt, ohne wirklich einer zu sein! Ich halte mich aus sozialen Netzwerken generell raus, weil ich es für bescheuert halte, mich öffentlich zu exponieren. Zeitverschwendung! Ich vertrete keineswegs die Meinung, dass mir da etwas entgeht. Wen ich für blöde halte, dem teile ich das schon mit. Mein Urteilsvermögen lässt mich da selten im Stich. Und warum sollte ich mein Wissen teilen und gegen Dummheit eintauschen?

www.kuemmerdichumdeingeld.de/clip7

Die Ängstlichen sagen: Man kann so viel falsch machen! Die Mutigen: Ach was, das schaff ich! Wie Sie den richtigen Weg und vielleicht auch den richtigen Berater finden, lesen Sie hier.

KAPITEL 8

DOS AND DON'TS IM UMGANG MIT DEM EIGENEN GELD

»Mache keine Schulden beziehungsweise kaufe nur das was du dir sicher leisten kannst.«

Michael Bennhausen, Personal- und Businesscoach, auf die Frage: »Auf was müssen sich die Menschen fokussieren, damit sie geordnete Finanzen haben? Auch bei kleineren Geldbeuteln ...?«

»Geordnete Finanzen«, wie das schon klingt, fast ein wenig abschreckend, langweilig auf jeden Fall. Dieser Zustand der finanziellen Ordnung ist jedoch das erklärte Mindestziel. Denn hat man dieses Ziel erreicht, kann es weitergehen in Sachen Lebens- und Geldplanung. Für eine zunehmende Anzahl von Menschen in unserem Land ist dieser Zustand alles andere als langweilig, denn sie müssen täglich darum kämpfen.

Deshalb hier die kurz und knackig die Dos and Don'ts, die Grundregeln fürs eigene Geld.

 Konsumschulden unbedingt vermeiden! Die einfachste und zugleich wichtigste Maßnahme, um geordnete Finanzen zu erreichen. Gekauft wird nur das, was man sich leisten kann – wahrscheinlich kann man in vielen Fällen auch darauf verzichten. Nicht shoppen, weil man sich gerade »gut« fühlt. Größte Sünde: Urlaub mit einem Dispokredit finanzieren. Auch ein normaler Kredit macht es nicht besser. Generell gilt es, Kredite so weit als möglich zu vermeiden. Kleiner Trick: Um den Überblick zu bewahren, sollten wir so wenig Bezahlvorgänge wie möglich mit einer Karte durchführen. In bar tut es sofort weh.

 Klare Ziele und langfristige Planung! Nur wenn man weiß, was man will, kann man es auch erreichen. Die optimale Beschäftigung mit Geld beginnt eigentlich bereits im Kindesalter – schon da sollte man lernen, dass es nicht auf dem Baum wächst oder im Automaten gedruckt wird. Auch wenn es spießig anmutet: möglichst früh mit der Altersvorsorge beginnen. Es geht nicht darum, den Rest des Lebens zu planen, sondern eine Idee zu haben, was alles auf einen zukommen wird. Zeichnen Sie einen Zeitstrahl auf ein Blatt Papier und notieren Sie Träume und Wünsche. Leiten Sie daraus Ihre Kurzfristziele ab und visualisieren Sie diese an Punkten, an denen Sie täglich vorbeigehen. Dadurch werden Sie an die Abarbeitung Ihrer Ziele erinnert! Denn wer keine Vorstellung über die nächsten Jahre hat, ist dann nicht flüssig, wenn er Geld braucht, und hat es, wenn er es nicht braucht. Aber: Keine Planung darf zum Korsett werden – locker bleiben, nichts verbissen sehen.

 Organisation und Struktur! Ohne Ausdauer und Disziplin erreicht man keine Ziele. Nehmen Sie sich feste Zeiten, um sich mit Ihren Finanzen zu beschäftigen, beispielsweise die »15 Minuten pro Woche«, die wir vorschlagen. Bei der Umsetzung geht es darum, eine effiziente und kostengünstige Form zu finden – achten Sie auf Gebühren, Transparenz und Zielorientiertheit von Finanzprodukten.

 Gier vermeiden! Sie schaltet das Hirn ebenso aus wie ihr Bruder, der Geiz. Glauben Sie nichts blind und folgen Sie dem Bauchgefühl! Trauen Sie keinen Versprechungen, weder bei der Anlage noch bei Investitionen oder Konsum.

Vermögensverwalter Thomas Vogl fasst dies zusammen und wird dabei denkbar konkret:

 Jeder noch so kleine Betrag, der regelmäßig gespart wird, hilft später, die Versorgungslücken zu schließen.

 Versuche nicht, mit spekulativen Investments den kleinen (möglichen) Kapitaleinsatz zu kompensieren.

 Steht wenig Kapital, auch längerfristig, zur Verfügung, spekuliere nicht damit, denn der Kapitalverlust wäre nicht zu kompensieren.

Sicherheit geht vor, in allen Belangen, bei der Anlage ebenso wie auch bei der Zugangstechnik: Verwenden Sie für Ihren Online-Bankzugriff auf keinen Fall Passwörter, die Sie auch auf Social-Media-Webseiten oder E-Commerce-Webseiten benutzen. Vertrauliche Dokumente und Unterlagen sollten Sie in einem kleinen Tresor zu Hause verwahren. Auf Ihrem PC sollten Sie wegen der wahrscheinlich ständigen Netzverbindung so wenig als möglich an Unterlagen und Daten vorhalten. Aktualisieren Sie regelmäßig Ihre Sicherheitssoftware.

Fehlertyp 3: Der überforderte Performer

Der überforderte Performer erlebt sein Dasein überwiegend im Stress. Wir alle kennen ihn, denn viele von uns haben einen ausgeprägten Anteil dieses Typus in sich. Wer ein aktives Leben führen will, hat mehrere Rollen miteinander zu vereinbaren. Er hat einen fordernden Job, will der Familie gerecht werden, hat sportliche oder kulturelle Ambitionen oder sonstige nebenberufliche Verpflichtungen. Was der Performer tut, macht er mit der ihm eigenen Perfektion und Kontrolle. Er ist vielseitig und ihm gelingt einiges.

Gut ausgebildet, ist er der Typus, der den Dingen gerne auf den Grund geht. Blindes Vertrauen ist eigentlich nicht seine Sache. Wenn er sich um sein Geld kümmert, tut er es akribisch. Er ist auch derjenige, der sich zum Profi mausert und an anderer Stelle Überforderungstendenzen entwickelt.

Wenn er sich nicht um sein Geld kümmert, ist er von allen Typen derjenige, der am besten abgezockt werden kann. Er hat Geld und fühlt die Pflicht, sich darum zu kümmern. Aber: Was der Performer nicht vollkommen kontrollieren kann, das gibt er leichtfertig aus der Hand. Oder er bringt es auf einen einfachen Nenner wie »Ich stecke alles ins Haus, das hat noch keinem geschadet«. An diesem Typus ist gut zu sehen, was man alles versaubeuteln kann, wenn man Aktionsorientierung nicht mit strategischem Denken und Lernen vereinbart.

Muster heute: very busy. Persönliche Wirklichkeit stark vom eigenen Kompetenzerleben geprägt. Erfolgreich und anerkannt im Job, im Freundes- und Bekanntenkreis. Zu beneiden. Verlässlich. Neigt dazu, Dinge perfekt zu machen oder gar nicht. Zieht damit seine Grenzen. Man würde ihm auf keinen Fall zutrauen, dass er zigtausend Euro versenkt hat oder versenken wird.

Finanzen heute: Er ist gegen Ende des Studiums den dynamisch-netten Vertretern der Abzockervereine mit den drei Buchstaben auf den Leim gegangen. Weil er dachte, dass er was tun müsse. Zeit für eine kritische Auseinandersetzung war nicht da, der Berufsstart brauchte alle Aufmerksamkeit. Drei Jahre später stellte er erstmals fest, dass seine Lebensversicherung gerade einmal 300 Euro Rückkaufswert hat, obwohl er mehr als das Zehnfache eingezahlt hatte. Nach zwölf Jahren fand er die Summe der Einzahlungen noch immer nicht im jährlichen Reporting der Versicherung. Aber er gehört ja noch zum erlauchten Kreis derer, die ihre Auszahlungen am Ende der Laufzeit steuerfrei bekommen. Ganz im Stillen hofft er heute auf ein Nullsummenspiel nach 30 Jahren. Irgendwie ist es ihm auch peinlich, dass das alles so gekommen ist. Er hätte ja schlauer sein können. Er ist noch immer bei seinem Berater von damals. Keine Zeit.

Was einmal geht, geht noch mal, denkt sich sein Berater: So verkauft er dem Performer – nach vertraulichem Gespräch und Cappuccino – gemeinsam mit der mittelmäßig besten Finanzierung des Eigenheims einen Aktienfondssparplan. Ein Teil der Tilgung wird monatlich in eine solche Anlage gesteckt, mit der man dank Kapitalmarkt dann schneller entschuldet sein kann. Blöderweise hat sich der Kapitalmarkt eben so entwickelt, wie er sich entwickelt hat, und der Performer hat einen Teil der Tilgung an der Börse verzockt. Er hatte das auch gar nicht so richtig mitbekommen im Gespräch und wunderte sich später über das sauber abgelegte

Beraterprotokoll in seinem Hefter. Irgendwann besucht er den Berater nicht mehr. Keine Zeit.

Der Performer ist eine stabile Größe im vertriebsorientierten Bankensystem, weil er viel Kohle mitbringt, denn wie wir wissen, ist er auf anderen Gebieten recht erfolgreich. Und Zeit, sich richtig aufzuregen, hat er auch nicht.

Auswirkungen später: Die sind, sofern er nicht nachrechnet, für ihn eigentlich erträglich. Er kompensiert seine finanziellen Schlappen mit seinem Gehalt und spürt die Misere nicht sonderlich. Er schränkt sich woanders ein und kann dank seines Kompetenzerlebens auf anderen Gebieten ganz gut »vergessen«. Er wird von dem, was er an Maßnahmen getroffen hat, im Alter vielleicht mehr oder weniger ordentlich leben können und das Haus hat er mit 60 auch abbezahlt. Was er nicht kalkuliert, sind künftige Extraausgaben, etwa für die Renovierungen des Heims. Kann eng werden.

Rechnet er nach, wird ihm wird klar, dass er irgendwo auf dem Weg sehr viel Geld verloren hat.

Gegenmaßnahmen heute: Wenn er seine Finanzen nicht in Eigenregie in Ordnung bringen will, raten wir ihm dazu, einen seriösen Honorarberater aufzusuchen, der nicht vom Verkauf von Anlagen profitiert, sondern vom gezahlten Honorar. Er sollte für die komplexen finanziellen Herausforderungen die wirklich passenden Anlagen haben. Sofern er die Zeit findet, das Ruder selbst herumzureißen, sollte er sich – bevor er das mit der ihm eigenen Aktionsorientierung tut – mit seinen Themen in einer Finanz-Community präsentieren, um ein Gefühl dafür zu bekommen, wie andere mit ähnlichen Situationen umgehen. Er ist da nämlich in bester Gesellschaft. Der Performer wird von allen beschriebenen Typen am schnellsten Spaß an der Sache bekommen. Ganz sicher!

www.kuemmerdichumdeingeld.de/clip8

Das Internet verändert nahezu all unsere Lebensbereiche und macht auch vor dem Banking nicht halt. Wer sich um sein Geld kümmern möchte, bekommt durch diese Entwicklung ungeahnte Macht und Freiheit – aber auch Verantwortung.

KAPITEL 9

ATION

WEB 2.0 UND SOCIAL MEDIA: CHANCEN FÜR EIN BESSERES BANKING

»Filialbanking wird weitgehend verschwinden.«

Prof. Markus Rudolf, WHU, Otto Beisheim School of Management, auf die Frage: *»Wie sieht die Finanzdienstleistungslandschaft in 5 Jahren aus?«*

Auf dem Weg zur persönlichen Freiheitserklärung in Sachen Geld

Unsere These ist, dass gerade die Entwicklungen rund um das Web 2.0 und Social Media zu einer besseren Dienstleistung und damit auch zu einer besseren Finanzdienstleistung führen können – auch wenn die Banken heute noch meilenweit davon entfernt sind. Denn sie ermöglichen eine weitreichende Integration der Kunden, gepaart mit einer maximalen Transparenz in allen Belangen.

Zielsetzung eines Anbieters im Social-Media-Kontext ist es, dem Kunden die Möglichkeit des Engagements zu bieten. Das Ergebnis dieses gegenseitigen Engagements wird ein gesteigertes Vertrauen der Kunden in ihren Finanzdienstleister sein. Zugegeben, das bedingt Verhaltensänderungen aufseiten der Kunden wie der Finanzdienstleister – und die brauchen Zeit. Die rein technische Entwicklung ist in aller Regel schneller.

Gerade nach dem Platzen der Internetblase Ende der Neunzigerjahre wurden im Web neue Möglichkeiten geschaffen. War es bis dahin vor allem Informationsmedium, so wurde es mehr und mehr zur Aktionsplattform. Das führte zu einer hohen Durchdringung des Online-Bankings und des Online-Brokerage in Deutschland. Über 50 Prozent nutzen heute Banken online, Tendenz steigend. 80 Prozent informieren sich vorab im Netz, bevor sie zu ihrer Bank gehen.

Was seit einigen Jahren mit den Schlagworten Wikinomics (Wisdom of the Crowd, Crowdsourcing) und Social Media (Facebook, Twitter, YouTube, Blogs, Brand Communities) bezeichnet wird, stellt in der Geschwindigkeit und in der internationalen Verbreitung alles in den Schatten, was wir auf dem Feld der Interdependenz und gegenseitigen Verstärkung zwischen technischen Innovationen und Web-Applikationen einerseits und Änderungen im Kundenverhalten andererseits erlebt haben. Das bedeutet, dass sich diese Entwicklungen gegenseitig nicht nur ermöglichen, sondern sogar befeuern. Beispielsweise nehmen die Nutzer von Smartphones die Social-Media-Angebote wie Facebook oder Twitter wesentlich stärker in Anspruch als die Menschen, die sich ausschließlich vom Computer am Schreibtisch ins Web begeben.

Smartphones, Tablets und Social Media stehen für die Akzeptanz sozialer Netzwerke. Ein Drittel der Internetnutzer in Deutschland surft inzwischen mobil, Tendenz ebenfalls stark steigend. Das bedeutet, dass das mobile Web inzwischen fast genauso häufig genutzt wird wie das Fernsehen und deutlich mehr als Radio, Zeitung und Zeitschriften. Wegen der Annehmlichkeit, ein leistungsfähiges Gerät auch unterwegs immer zur Hand zu haben, nutzen rund 40 Prozent der mobilen Surfer nicht nur die E-Mail-Dienste, sondern vor allem soziale Medien.[6]

Welches sind die Grundcharakteristiken von Social Media? Worüber reden wir hier eigentlich?

Wie so häufig übersetzen wir deutsche Begriffe aus dem Englischen nicht ganz korrekt. Social Media wird gerne mit »soziale Medien« übersetzt, was impliziert, dass es dort »sozial« im Sinne von »fair« und »gerecht« zugehe. Das ist natürlich blanker Unsinn.

Greifen wir also auf bestehende Definitionen zurück: Die Internetvisionäre Don Tapscott und Anthony D. Williams zeigen in ihrem Buch *Macrowikinomics* (2010[7]), dass sich die »Networked Intelligence« in allen gesellschaftlichen Bereichen und Organisationen rund um den Erdball durch folgende vier Prinzipien und Wirkmechanismen auszeichnet:

 Collaboration/Zusammenarbeit: Dahinter steckt die Überzeugung, dass Kenntnisse, Fähigkeiten und Mittel von vielen Personen in einem horizontal organisierten Netzwerk mehr erreichen können als eine Organisation oder eine Einzelperson. Sogenannte »Collaborative Communities« – Plattformen, die eine Zusammenarbeit der Mitglieder ermöglichen und geradezu fördern – bieten eine attraktive Alternative zu den klassischen

---

6   INTERNET WORLD Business 18/11 Basis. Quelle: Tomorrow Focus Media.
7   D.Tapscott, A. Williams: *Makrowikinomics*, London 2010.

hierarchischen »Command-and-Control Management Systems«. Zusammenarbeit mit dem Kunden ist für immer mehr Unternehmen zum Schlüssel für Innovationen geworden, weil Fähigkeiten auch außerhalb der internen Produktentwicklungsabteilungen genutzt und einbezogen werden können. Und das ist gut, denn kaum ein Unternehmen und damit auch keine Bank kann von sich behaupten, alle neuen Ideen ausschließlich alleine zu haben.

 Openness/Offenheit: Die meisten Organisationen reagieren bei Fehlern mit Geheimniskrämerei und Undurchsichtigkeit. Die Unternehmen und damit auch die Banken übersehen dabei, dass die Welt insbesondere durch das Internet beziehungsweise durch Web-2.0-Plattformen transparenter geworden ist, dass Kunden durch bessere Informationen den Wert von Produkten und Dienstleistungen genauer einschätzen können und dass auch Angestellte mehr Kenntnis von der Strategie ihrer Firma erhalten.

 Sharing/Teilen: Bisher hat man als Unternehmen alle eigenen Ressourcen geschützt, geradezu abgeschottet. Inzwischen sind Unternehmen und Organisationen dazu bereit, Teile auch bisher geschützter Ressourcen zur weiteren Entwicklung in Forschungsprojekten freizugeben. In unserem Kontext heißt das: Auch die Kunden von Finanzdienstleistern müssen lernen zu teilen. Wer nie über seine Finanzen spricht, wer nie seine Erfahrungen mitteilt, wird auch nie Feedback bekommen. Und somit nie die Chance, sich und seine Finanzen zu verbessern. Also: Share! Wobei man deswegen noch lange nicht alle Geheimnisse kundtun muss.

 Integrity/Integrität: In diesem vernetzten Zeitalter werden die Unternehmen mehr und mehr dazu gezwungen, integer zu handeln – eine soziale Gemeinschaft beziehungsweise eine Community hat hier insbesondere in Finanzkrisenzeiten eine deutlich höhere Erwartungshaltung. Wichtig bei dieser Feststellung ist, dass sie dies nicht wegen regulatorischer Vorschriften oder der Anforderungen von institutionellen Investoren tun, sondern wegen der im Web 2.0 geforderten Transparenz. Wichtig an dieser Stelle ist auch, dass eine Bankenregulierung und Aufsicht diese Entwicklung nicht unmöglich macht. Wie gesagt: In Zeiten einer unglaublichen Finanzkrise mit skurrilsten Verhaltensweisen auf Bankenseite wiegt dieser Punkt doppelt schwer. Nicht umsonst sagen viele Experten, dass in diesen Zeiten speziell für Banken die zentrale Währung eigentlich Vertrauen sein müsste. Neu ist der Punkt nicht. Vertrauen war schon immer die Grundlage der Beziehung zwischen Bank und Kunde. Durch das Internet wird aber sichtbar, wer bereit ist, dem Vertrauen der Kunden positiv zu entgegnen.

Diese vier Kriterien, bezogen auf die »vernetzte Intelligenz«, stehen nicht im Widerspruch zu den menschlichen Grundbedürfnissen nach Information, Unterhaltung und Mitteilung. Und das sind in der Tat Grundbedürfnisse. Ansonsten ließe sich die rasante Akzeptanz von Social-Media-Plattformen nur schwer begründen. Networked Intelligence und Wisdom of the Crowd können sich in der Form der Zusammenarbeit, der Organisation von Projekten, der Festlegung von Zielen unterscheiden. Aber sie stehen für die Erkenntnis, dass viele mehr bewegen können als Einzelne, unterstützt und leicht zu organisieren durch Social Media, das mobile Web und einen gewissen »Always-on-Lifestyle«. Welche Motivation auch immer die Menschen bewegt, wenn sie sich in dem noch jungen Kommunikationsuniversum austauschen, sie tragen durch die Quantität und Vielfalt ihrer Meinungen direkt oder indirekt immer zu einer größeren Transparenz bei.

Im Gegenzug besteht natürlich eine Gefahr: Vor lauter Meinungen sieht man die wesentlichen Dinge nicht mehr. Aber wenn wir die positive Seite nehmen, dann sind die Network-User nicht mehr grundsätzlich und alleine von den klassischen Informationskanälen abhängig. Sie erfahren in der Community Dinge, die von jenen gepostet werden, die sie selbst gerade jetzt erlebt haben, oder aber schlicht und einfach alternative Meinungen. Meinungen, die sich vom Mainstream einer Medienwelt, die sich ziemlich im Gleichschritt bewegt, abheben und die womöglich erfrischen.

Social Communities und Wikinomics-Aktivitäten tragen zur Emanzipation von gefilterten, also interessengelenkten Informationen bei. Damit ist diese Bewegung vor allem für die Bankbranche, die im Kern eine Informationsverarbeitungsindustrie ist, eine große Herausforderung.

Wie das Netz das Banking verändern wird

Gibt es irgendeinen Grund, weswegen Kunden sich auf der einen Seite zeitgemäß verhalten und Bewertungen zu allen möglichen Waren und Services auf verschiedensten Plattformen abgeben und einholen, gleichzeitig aber akzeptieren sollen, dass bei Finanzdienstleistungen Intransparenz und servicetechnisches Mittelalter herrschen?

Ausgerechnet beim eigenen Geld, dem Wichtigsten nach Gesundheit und Familie, akzeptieren wir nicht nur Mittelmaß, sondern unterstes Niveau. Beängstigend. Aber es wird sich ändern. Denn dank der technischen wie soziologischen Entwicklung kann der Kunde wieder am Anfang einer Wertschöpfungskette stehen.

Endlich hat der Kunde die Chance, bei allen Finanzangeboten, die sich dem Internet und dem Web 2.0 konsequent verschrieben haben, im Mittelpunkt des Handelns zu stehen. Um die jeweiligen unternehmerischen Ziele optimal zu erreichen, sind die Kunden notwendigerweise eingeladen, sich mit der Bank beziehungsweise dem Anbieter auszutauschen und gemeinsam für den Kunden sinnvolle Angebote zu erarbeiten und zu diskutieren.

Attraktive Zinsen, durchdachte Produkte, hilfreiche Services in spezialisierten Webangeboten und ein eigens entwickeltes Bonusprogramm, mit dem in der Community aktive Nutzer entlohnt werden, sind Teil eines neuartigen Angebots von webbasierten Finanzdienstleistern. Es gibt Plattformen, auf denen die User Erfahrungen, Meinungen und Informationen rund um das Thema Finanzen austauschen können, um sich eine verbesserte Ausgangslage für ihre künftigen Finanzentscheidungen zu schaffen. Darüber hinaus haben User die Möglichkeit, alle registrierten Finanzprodukte und Berater zu bewerten.

Selbst Nutzer und Kunden, die sich nicht aktiv beteiligen, haben einen Vorteil. Sie können versichert sein, dass die aktiven User die Entwicklung einer Bank und damit deren Verantwortliche vor sich hertreiben beziehungsweise im laufenden Dialog zur Rede stellen. Dies gewährleistet den Kontakt zwischen Mitarbeiter und Manager auf der einen Seite sowie Kunden und Nutzer auf der anderen. Dieser Kontakt wiederum gewährleistet zuallererst einmal eine gewisse Mindestfokussierung auf die Interessen und Bedürfnisse der Kunden.

Ein Nutzer der Fidor-Bank-Community motivierte einmal das Team der Bank ungemein. Sinngemäß postete er, dass er zu Beginn sehr skeptisch gegenüber dem Social-Media-Ansatz und der ominösen Community gewesen sei, dass er nun aber sechs Monate lang die Dialoge mitverfolgt und sein Finanzverhalten daraufhin massiv umgestellt habe. Er bedankte sich auf diese Art bei allen Nutzern.

Neben Plattformen, die zur Aktivität und zum Austausch einladen, gibt es auch solche, die darüber hinaus diesen Austausch sogar honorieren. Dort bekommt man für sogenannte »soziale Interaktion« auch noch einen Bonus ausbezahlt. Gut, damit wird man nicht reich, aber eine nette Anerkennung ist es allemal. Und neu ist es auch, denn bislang vergeben Banken nur Incentives, wenn man einen anderen Kunden für dieses Haus gewinnt. Man kann sich dann über eine weitere Kaffeemaschine freuen.

Im Fidor-Bank-Bonussystem staffeln sich die Beträge nach Art der Webaktivität. So gibt es 10, 25 oder 50 Cent für Geldfragen und Antworten dazu, für Bewertungen und Retweets, und bis zu 50 Euro, wenn man ein sogenanntes User-erklären-Usern-Video dreht und einsendet. In der Spitze erhält man bis zu 1000 Euro bei der erfolgreichen Umsetzung eines Produktvorschlags. Bedeutet als Fazit: Der Kunde und Nutzer wird nicht nur integriert, er wird auch noch – gering, aber immerhin – entlohnt dafür.

An der Kommunikation über die Social-Media-Kanäle und in den jeweils eigenen Communitys der Anbieter nehmen in aller Regel natürlich die Mitarbeiter sowie das Management aktiv teil, da die Nutzung der Kommunikationstools einen Teil von deren Geschäftsmodell darstellt. Oft initiieren und moderieren die Mitarbeiter Community-Diskussionen oder schreiben und kommentieren Blogbeiträge. Auch das gewährleistet einen ständigen Austausch mit den Vertretern der jeweiligen Anbieter. Dies ist in Zeiten einer ansonsten zunehmend automatisierten Bankenwelt mit restriktiven Öffnungszeiten ein nicht zu unterschätzender Faktor.

Und was hat die Bank von der dialogorientierten Kundenkommunikation auf Augenhöhe? Ganz einfach: Sie bindet den Kunden enger an das eigene Unternehmen. Was für »normale« Unternehmen gilt, gilt natürlich auch für alle Banken und Versicherungen.

Welche Angebotsformen sich im Web entwickelt haben

Vielleicht am bekanntesten sind Plattformen, die zum Austausch von Meinungen zu mehr oder weniger speziellen Geldthemen einladen, zum Beispiel finanzfrage.net oder auch die Fidor-Bank-Community. Zunehmend bieten auch Medienhäuser Foren an. Hier hat man mittlerweile vielfach die Möglichkeit, etwa den Inhalt eines Artikels mit anderen Nutzern zu diskutieren. Das Thema gibt jedoch der Autor des Beitrags vor. Der Nutzer hat keine Möglichkeit, eigene Themen zu setzen.

Es existieren daneben auch sehr spezifische Plattformen wie Sharewise oder Wallstreet Online. Hier kann man sich, mehr oder weniger systematisch, zu Aktieninvestments austauschen. Während dies bei Wallstreet Online ein reiner und formfreier Dialog ist, findet man bei Sharewise die Möglichkeit, die Qualität der Tipps nachzuvollziehen. Konkret: Ein Nutzer gibt einen Tipp ab, beispielsweise dass die Adidas-Aktie steigen wird. Dafür gibt er einen Zeitraum an und, wenn er Gehör finden will, auch einen Grund. Nach Ablauf dieses Zeitraums können sich dann andere Nutzer darüber informieren, ob dieser Tipp auch tatsächlich so eingetreten ist. Je mehr Tipps ein Nutzer abgibt, umso interessanter wird das Profil, das er dadurch in Bezug auf die Qualität seiner Empfehlungen erzeugt. Selektiert man nun die Nutzer der Plattform nach ihren Qualitäten, kann man sich manche aussuchen und ihren Tipps in Zukunft zeitnah folgen.

Das ist ein erstes, tatsächlich faktenbasiertes und qualitätsorientiertes Vorgehen bei der Auswahl der eigenen Investments. Vergleichen Sie dies mit den Möglichkeiten bei Ihrer Bank. Hier können Sie nicht danach fragen, welcher Berater eine historische Eintrittswahrscheinlichkeit seiner Aktienempfehlungen von über 90 Prozent hat. Dies demonstriert, dass eine Bankfiliale mit einem konsequenten Online-Ansatz nicht zu vergleichen ist.

Aber nicht nur der Diskurs entsteht über diese Plattformen. Die Nutzer und Kunden werden zunehmend in die Produktgestaltung miteinbezogen. Zum Beispiel bei Wikifolio. Hier können Sie eigene Minidepots kreieren, die veröffentlicht werden. Die Performance dieses Depots und die Akzeptanz des Users entscheiden dann, ob dieses Depot verbrieft und damit über die Börse für jeden handelbar wird. Kommt es zu einer Verbriefung Ihres Depotvorschlags, sind Sie auf einmal Asset-Manager für eine Reihe von Leuten, die Ihrer Anlagestrategie folgen. Sie sind dann eine Art Mini-Fonds-Manager. So schnell kann das gehen.

Die Ausgestaltung eines Fonds mitzudefinieren, das ermöglicht auch die Plattform investtor. Sie müssen hier allerdings Ihr Geld anlegen, bevor Sie das tun können. Über eine administrative Weboberfläche gestalten die Nutzer die sogenannte Asset Allocation des Fonds mit, also wie viel Geld in welche Anlagen gesteckt wird, wann ge- und verkauft wird. Durch dieses Angebot wird der Kunde zum aktiven Co-Manager. Eine Position, die Sie vorher noch nie einnehmen konnten.

Natürlich ist dabei zu beachten, dass nicht jeder, der Geld hat, auch automatisch eine Ahnung von Aktien hat. Es könnte also durchaus sein, dass hier jemand am Fonds mitentscheidet, der dies besser nicht tun sollte. Hierzu überwacht die Plattform jedoch die Eingaben der jeweiligen Nutzer.

Michael Thaler, der Initiator dieses Angebots, sieht Bedarf an einer neuen Form der Geldanlage, bei der die Menschen mitbestimmen dürfen. Aber ihn bewegt auch ein weiteres Thema: »Aktien sind ein Top-Instrument zur Geldanlage, aber politisch nicht gewollt – siehe Doppelbesteuerung. Durch die neue regulatorische Drangsalierung wird sich kaum mehr ein Berater trauen, hierzu kompetent Auskunft zu geben. Die Crowd wird sich selbst helfen müssen.«

Damit ist ein weiteres Dilemma angerissen, in das der deutsche Bankkunde unwissentlich hineinmanövriert wird. Die zunehmende gesetzliche Regulierung der Bankberatung lässt mehr und mehr Berater und Banken hinterfragen, ob man sich in diesem Marktsegment weiter aufhalten möchte. Nicht wenige Anbieter denken darüber nach, ob sie das Thema Beratung für gewisse Kundengruppen nicht vollständig einstellen, da es ein gewisses Risiko für den Beratenden darstellt, zunehmend administrativen Aufwand bedeutet und dafür zu wenig an Erlösen bringt.

Der Gesetzgeber wiederum betreibt diese zunehmende Regulierung vor dem Hintergrund des gewünschten Kundenschutzes. Die Königsklasse wäre es nun, ein Angebot zu schaffen, das auf der einen Seite den regulativen Anforderungen gerecht wird, auf der anderen Seite – fairerweise – dem Dienstleister ausreichend Einkünfte beschert. Ob dies in den herkömmlichen Produktrastern und Denkweisen zu schaffen ist, darf bezweifelt werden.

Ein Grund mehr, sich um die eigenen Finanzen zunehmend selbst zu kümmern.

Noch einmal eine Aussage von Michael Thaler. Auf die Frage, warum er sein Geschäftsmodell auf das Internet fokussiert, antwortete er: »Bei der Geldanlage geht es primär um Information und Datenaufbereitung – zusätzlich aber auch um Vertrauen. Das Netz bildet mittlerweile mit sozialen Netzwerken alle drei Komponenten ab.«

Vor allen Dingen die Finanzdienstleistungsindustrie ist nicht nur geeignet, sondern geradezu prädestiniert, über das Internet – miteinander – zu arbeiten. So auch bei der bereits erwähnten Plattform Sharewise. Auch hier entstand nach mehreren Jahren des

Austausches ein Anlageprodukt aus den Empfehlungen der Kunden. Jedoch kann hier nicht jeder Investor mitentscheiden. Vielmehr werden aus allen Nutzern die historisch besten Tippgeber herausgefiltert. Deren Empfehlungen werden in die Asset Allocation des Fonds integriert und steuern so die Geschicke der Wertentwicklung mit.

Wer nun nicht einem ganzen Packen an Anlageideen folgen möchte, sondern nur einem einzelnen Trader, der kann dies über Plattformen wie e-toro oder ayondo.com tun. Dort kann man sich Personen nach ihrer jeweiligen Echt-Performance aussuchen. Das Ranking dieser Leute orientiert sich am realisierten Gewinn ihrer tatsächlichen Börsengeschäfte. Das ist etwas ganz anderes als das bloße Reden über Aktien, denn letztlich setzt derjenige sein eigenes Geld ein. Die Engländer haben dafür eine sehr passende Formulierung – »to put your money where your mouth is«.

Während man bei e-toro nur einem Trader folgt, ist das bei ayondo.com bei mehreren gleichzeitig möglich. Aus deren Aktivitäten in womöglich unterschiedlichen Marktsegmenten lässt sich ein eigenes, individuell gewichtetes Portfolio erstellen. Der Follower hat die Möglichkeit, das Risiko gemäß seiner eigenen Neigung zu gestalten.

Ein stark technik- und internetgetriebenes Handelsangebot für extrem aktive Nutzer sei hier noch erwähnt: Sino ist ein Beispiel, wie man dank technischer Exzellenz und konsequenter Internetausrichtung ein spitzes Konzept für eine spitze Zielgruppe schaffen kann. Sino ist insofern ein Beispiel für all die Offline- und Online-Banken, die meinen, mit einer mittelmäßigen Technikausstattung mündige und fordernde Kunden bedienen zu können. Man kann es nämlich nicht. Dies mussten wir als DAB-Manager seinerzeit auch erfahren, denn unsere superaktiven Kunden konnten wir damals nicht halten. Technik an und für sich wird dementsprechend immer wichtiger. Dabei muss es aber auch eine Technik sein, die in ihrer Qualität beim Kunden ankommt!

Wechseln wir ein wenig das Umfeld und begeben wir uns in den Bereich der Zinsangebote. Hier geht es um das Leihen und Verleihen von Geld. Wenn man leiht, zahlt man Zinsen. Wenn man verleiht, bekommt man welche.

Ein Beispiel, wie Kunden in die Produktausgestaltung eingebunden werden können, zeigt die Diskussionsgruppe »Zinskonsensus« der Fidor-Bank-Community. Für eine Bank sind die Zinsen das wesentliche Aushängeschild, der wesentliche Preis. Kaum ein Thema kann leidenschaftlicher diskutiert werden. Das Management der Fidor-Bank möchte die Entwicklung der Zinsen mit den Kunden gemeinsam diskutieren und gestalten. Dabei geht es auch um langfristige Anlage- und Kreditangebote. Zinsänderungen werden also nicht einfach zu einem Stichtag bekannt gegeben, sondern bei den Experten der Zinskonsensus-Gruppe Tage oder Wochen vorher abgefragt und diskutiert.

Nun gibt es mittlerweile nicht mehr nur die Möglichkeit, Geld bei einer Bank zu leihen beziehungsweise dort als Tages- oder Festgeld anzulegen. In Großbritannien entstand vor rund zehn Jahren das Peer-to-Peer-Lending, das mittlerweile auch in Deutschland seine Anbieter gefunden hat. Darunter versteht man die Möglichkeit, sich Geld von anderen Menschen zu leihen. Den erniedrigenden Antragsprozess für einen Kredit bei einer Bank kann man sich also sparen beziehungsweise erledigt den nun übers Netz.

Unter anderem hat sich Smava in diesem Segment positioniert. Auf diesem Kreditportal haben Kreditnehmer die Möglichkeit, sich direkt von Privatleuten Geld zu leihen. Konsumenten und auch Selbstständige können auf der Plattform einen Online-Kredit von bis zu 50 000 Euro beantragen und werden nach Einsendung der Unterlagen und Prüfung auf die Bonität durch Smava direkt von privaten Anlegern finanziert. Das kann, muss aber nicht unbedingt günstiger als bei der Bank sein. Der Vorteil liegt vor allen Dingen in der Tatsache, dass hier bestimmte Kundengruppen bedient werden, die bei Banken normalerweise nur sehr schwer Gehör finden.

Ebenfalls sehr jung in der Entwicklung sind die Angebote der Crowdfinance-Plattformen. Sie ermöglichen eine gemeinsame Finanzierung von Projekten. Diese können sehr unterschiedlich sein. Bei der einen Plattform geht es beispielsweise um künstlerische und kreative Projekte. Die Finanzierung bringt hier keine Rendite, aber man unterstützt etwas »Unterstützungswürdiges« und bekommt ein sehr spezielles Dankeschön. Oder aber man finanziert gemeinsam mit anderen eine Unternehmensidee und bekommt dafür einen Anteil am Unternehmen beziehungsweise eine gewisse, mitunter durchaus lohnende Verzinsung. Die Bandbreite bei diesen Anbietern ist enorm und der Kreativität sind keine Grenzen gesetzt.

Für die Teilnehmer an solchen Angeboten stehen die unterschiedlichsten Gründe und Motivationen im Vordergrund. Die Geldsuchenden freuen sich, wenn sie über diesen Weg ihre Fans und Follower für ein gemeinsames Projekt gewinnen und begeistern können. Man denke nur an die Musik- und Filmindustrie. Für die Investoren beziehungsweise Geldgeber besteht der Wunsch nach einem sinnvollen Investment ebenso wie nach Selbststeuerung und guter Verzinsung. Beide Seiten, Geldgeber wie Geldsuchende, sind sich jedoch darin einig, dass sie für diesen Prozess und für dieses Projekt keine Bank brauchen beziehungsweise dass eine normale Bank für dieses Vorhaben als Partner nicht zu gewinnen ist – aus kulturellen, technischen wie auch aus prozessualen Gründen.

Startnext ist die erste Crowdfunding-Plattform in Deutschland, die es ermöglicht, kreative Projekte von Künstlern, Kreativen und Erfindern durch viele einzelne Personen finanzieren zu lassen. Im Gegenzug bekommen die Supporter der Projekte »Dankeschöns« zum Beispiel in Form von T-Shirts, signierten CDs oder auch eine Nennung im Abspann. Startnext übernimmt dabei die Vermittlung zwischen Projektunterstützern und Projektstartern.

Ebenfalls in weiten Teilen komplett mittellos sind bundesdeutsche Gemeinden. Eine Webseite und ein Angebot wie das von LeihDeinerStadtGeld bieten mit der Aufnahme von Bürgerkrediten Gebietskörperschaften und kommunalen Unternehmen eine alternative Finanzierungsform zum Kommunalkredit. Sie haben so die Möglichkeit, einen zinsgünstigen Bürgerkredit aufzunehmen, der nicht nur einfach die traditionelle Kommunalfinanzierung ersetzen soll, sondern als vielschichtiges und rechtssicheres Finanzierungsmittel dient, das die kommunale Selbstverwaltung stärkt, den Bürger in regionale Investitionsprojekte integriert und durch den Wegfall des Intermediärs Bank einen wirtschaftlichen Vorteil erzielt. Der Bürger hat auch etwas davon – nämlich höhere Zinsen, als er bei seiner Bank bekäme.

Ein letztes Beispiel für Crowdfinance und in diesem Falle Crowdfunding ist die Plattform United Equity. Sie wurde mit der Zielsetzung gegründet, mittelständischen Unternehmen einen alternativen zusätzlichen Finanzierungsweg zu ermöglichen. Nicht zuletzt aufgrund der Finanzkrise haben sich viele Banken aus der Finanzierung von kleineren und mittleren Unternehmen großteils oder auch vollkommen verabschiedet. Da braucht es Alternativen!

All diese Konzepte sind getrieben von begeisterten Unternehmen und Visionären. Dennoch gibt es ein paar Punkte zu beachten:

Nicht alle Plattformen werden überleben. Wenn man hier Geld für diverse Projekte einzahlt, sollte man sich vorher unbedingt über die bestehenden Treuhandkonto-Strukturen erkundigen. Diese müssen professionell geregelt sein, ansonsten geht mit der Plattform im schlimmsten Fall auch Ihr Einsatz unter.

Sehen Sie diese Möglichkeit als Anreicherung Ihrer Investmentmaßnahmen und nicht als komplette Alternative. Verwenden Sie hierfür nur Geld, auf das Sie langfristig nicht zurückgreifen müssen. Besonders wichtig ist, dass Sie sich mit den angebotenen Projekten sehr intensiv beschäftigen, damit es nicht zu bösen Überraschungen kommt.

Mit dem Einzug des Internets erfährt die Welt der einfachen Überweisung eine gründliche Überarbeitung. Diese internetbasierte Entwicklung wird nun vom Smartphone und den damit einhergehenden Apps noch weiter auf die Spitze getrieben. Auf Basis dieser technischen Möglichkeiten entstehen Angebote, die wir unter dem Sammelbegriff »Social Payment« zusammenfassen möchten. Hierbei handelt es sich um die Möglichkeit, beispielsweise im Restaurant einen der Freunde zahlen zu lassen. Die App berechnet dann, was pro Gast zu zahlen gewesen wäre, und verrechnet den Betrag mit allen anderen, die anwesend waren. Ein Beispiel hierfür ist die App des Startups »Pockets United«.

Sie sehen, es tut sich einiges im innovativen Lager der Finanzdienstleistung. Durchstöbern Sie das Netz, tauschen Sie sich auf den diversen Communitys hierzu aus. Suchen und fragen Sie gezielt nach Angeboten, die Sie in Ihren jeweiligen Absichten spielerisch unterstützen können, egal, ob Sie damit beginnen, ein Haushaltsbuch zu führen (gibt es als App), oder laufend die neuesten Aktientipps einholen wollen. Und eines ist auch klar: Banking muss nicht mehr langweilig sein. Die Beschäftigung mit Geld kann dank all dieser Entwicklungen sehr viel Spaß machen.

Fehlertyp 4: Der intuitive Typus

Dieser Typus verlässt sich gänzlich auf seine Intuition und ist damit durchaus erfolgreich. Er begründet seine Entscheidungen mit seinem Bauchgefühl. Damit bringt er jeden Kontrollfreak in seinem Umfeld auf die Palme. Der Intuitive gilt schnell als naiv, auch weil ihm jeder Anspruch an Macht oder an persönliche Exponierung fremd ist. Er ist sensibel in seinem Umfeld, denn seine Intuition wird aus vielschichtiger Wahrnehmung genährt. Sein Kompetenzschwerpunkt liegt eher im persönlichen und sozialen Bereich. Daher ist er für Beeinflussung empfänglich, wenn sein Bauch ihm sagt, dass sie von der richtigen Seite kommt.

Er ist häufig der Kreative in einer Gruppe. In der Umsetzung der Dinge, die er angeht, ist er durchaus diszipliniert. Dabei steht der Lohn der Arbeit an zweiter Stelle. Sich selbst zu verwirklichen ist ein höheres Gut. Materielle Dinge sind für ihn das schnöde Beiwerk des Lebens. Er verdient, kann seine Miete zahlen und weiß, dass er noch etwas übrig hat. Wie viel, ist ihm ziemlich egal.

Muster heute: Persönliche Wirklichkeit stark von der konstruktiven Haltung in seiner Umwelt geprägt. Hat Freunde, wirkt relaxed, lässt sich nicht stressen. Vertrauen ist ein wichtiger Wert. Eine wesentliche Stärke ist sein Optimismus.

Finanzen heute: Er hat nicht vorgesorgt. Auch die ganzen Finanzfuzzis, die ihn an der Uni abgreifen wollten, waren ihm suspekt. Er hat gute Antennen. Drängen lässt er sich nicht. Ihm war nicht bewusst, dass Geld eine der Säulen ist, auf denen das Leben fußt. Er findet Finanzen langweilig, Zahlenraster widersprechen seinem Bedürfnis nach Autonomie. Das Desaster mit der Lebensversicherung ist ihm vielleicht deshalb erspart geblieben

Wenn er Geld hat, parkt der Intuitive hohe Summen auf dem Girokonto. In einer Beziehung delegiert er finanzielle Verantwortung gern an den Partner.

Wenn er kein Geld hat, tappt er schnell in die Schuldenfalle. Sein Optimismus, dass alles gut wird, ist lange ungebrochen. Aufgrund seiner sozialen Kontakte kann er allerdings selbst dann überleben, wenn die Banken den Hahn zudrehen. Er verschuldet sich weiter.

Wenn er Aktien oder Fonds kauft, nutzt er einen Discount-Broker und trifft seine Anlageentscheidung selbst. Analystenmeinungen interessieren ihn nicht. Er besitzt heute noch Titel des Neuen Marktes. Das Bauchgefühl hat ihm ein paar gute Deals beschert. In der Summe aber hat er Geld verloren. Er verbucht das unter »spannender Ausflug«.

Wenn er Geld in die Hände Dritter gibt, vertraut er vollständig. Möglicherweise hat sein Gespür für Menschen geholfen, einen wirklich guten Berater zu finden. Möglicherweise!

Auswirkungen später: Seiner finanziellen Situation im Alter liegt alles andere als ein planerisches Konzept zugrunde. Er ist der polynesische Segler, der in Sachen Finanzen ins Ungewisse aufbricht. Die Wahrscheinlichkeit, dabei viel Geld zu verlieren, ist sehr hoch. Sein Optimismus, eine Ressource, die eigentlich sehr kostbar und selten geworden ist in unseren Zeiten, könnte sich in einem späten Erkennen der Realität sehr kontraproduktiv auswirken.

Gegenmaßnahmen heute: Bei allem Optimismus und Vertrauen auf die Intuition: Hinschauen!

Aufgrund seiner persönlichen und sozialen Kompetenzen, insbesondere der Fähigkeit im Umgang mit Verschiedenartigkeit, sollte der Intuitive das Konzept des Lernens von anderen beherzigen. Hier sei wieder auf die Finanz-Communitys im Netz verwiesen. Wer auf andere, auch den Partner, vertraut, sollte sich hin und wieder einen kurzen Einblick in die Situation verschaffen: »Schatz, wo stehen wir eigentlich gerade mit unserem Geld?« Das erspart später womöglich die große Ernüchterung.

Intuitive mit einem Depot voller Leichen und einer tiefroten Bilanz sollen sich ermutigt fühlen, reinen Tisch zu machen und bei null anzufangen. Sie sollten ihr Gespür nicht aufgeben, das bei einigen Deals Gewinne gebracht hat. Aber sie sollten ihre Fähigkeit um die eine oder andere nüchterne Betrachtung eines Investments ergänzen und Meinungen Dritter zumindest in die Waagschale werfen.

Intuitive mit Schulden sollten, so hart es klingt, eine Schuldnerberatung aufsuchen. Es wird Zeit, dass sie jemanden finden, der Wege aus der Misere aufzeigt.

www.kuemmerdichumdeingeld.de/clip9

MARKUS MILLER VON GEOPOLITICAL.BIZ

Herr Miller, wieso beschäftigt sich ein gestandener Finanzexperte mit Internet und Social Media?
In der aktuellen Schulden- und Währungskrise beobachte ich, dass zahlreiche Finanzmedien sehr pauschale Krisenstrategien publizieren. Reale Werte wie Edelmetalle, Rohstoffe, Immobilien oder Substanzaktien stehen dabei im Mittelpunkt. Basis dieser Empfehlungen ist die blanke Angst um die Stabilität unserer derzeitigen Finanzsysteme.

Ich möchte mich diesem krisenbasierten Angstweg bewusst nicht anschließen. Zum einen, weil ich vorausschauend bereits seit Jahren zahlreiche Sonderausgaben zur finanziellen Krisenvorsorge-Thematik publiziere. Zum anderen, weil die Welt nicht untergehen wird. Die Finanzwirtschaft wird sich allerdings dramatisch verändern.

Inwiefern? Was bedeutet das?
Die globale Systemkrise verdeutlicht vor allem die ineffizienten Strukturen der etablierten Bank- und Finanzindustrie in zahlreichen Bereichen. Aus meiner Sicht befindet sich der gesamte Finanzsektor in einem historischen, sehr schmerzhaften Veränderungsprozess.

Woran erkennen Sie den Veränderungsprozess? Vieles scheint sich doch gar nicht zu ändern. Die Schlagzeilen 2013 sind in Teilen die Wiederholungen von Schlagzeilen aus dem Jahr 2008, Manches ist noch älter.
Achten Sie nicht ausschließlich auf die täglich wahrnehmbaren negativen Nachrichten. Der Anpassungsprozess wird zu einer positiven Bereinigung führen. Die Folge wird sein, dass aus dieser Krise heraus wesentlich schlankere und für Sie als Anleger effizientere Geschäftsmodelle in der Finanzdienstleistungsindustrie entstehen. Das eröffnet immense Chancen für neue technologiegetriebene Unternehmen. Diese werden

etablierten Banken und Finanzdienstleistern erhebliche Marktanteile streitig machen.

Gibt es eine Art »Grundthese«, die Sie im Rahmen der Beschäftigung mit diesen neuen Entwicklungen sowie mit den jeweiligen Unternehmen erarbeitet haben?
Die rasante technologische Entwicklung, vor allem aber der immense Vertrauensverlust von Anlegern in die gesamte Bankenlandschaft führen zu einem neuen Megatrend: zur Demokratisierung der Banken- und Finanzbranche.

Was genau bewirkt die Demokratisierung der Banken- und Finanzbranche?
Die Kunden kehren den klassischen Banken zunehmend den Rücken. Und sie werden massenhaft abwandern, sollten sich die Banken nicht grundlegend verändern. Angebote, die es bislang nur für institutionelle Investoren gab, sind zukünftig auch privaten Anlegern zugänglich. Das betrifft sowohl die reine Verfügbarkeit als auch die Beratung und nicht zuletzt die Produktauswahl.

Die wesentlichen Entwicklungen werden dabei aus meiner Sicht stark technologiegetrieben sein. Damit meine ich beispielsweise die neuen Sicherheitsstandards, die Transaktionen über das Internet erst möglich gemacht haben. Zudem werden die Datenverbindungen immer schneller – ebenfalls ein Grund für den rasanten Wandel.

Das waren die grundlegenden Voraussetzungen, dass sich neue Finanzplattformen überhaupt etablieren konnten. Hinzu kommt, dass immer mehr Bankkunden das Internet intensiv nutzen werden. Diese Kunden werden sich dabei in sozialen Netzwerken bewegen – zum Beispiel bei XING, Facebook, Twitter, LinkedIn oder YouTube.

Dadurch werden neuartige Finanzprodukte noch viel stärker nachgefragt werden, weil das Beratungsmonopol der Banken gebrochen wird. Die Finanzindustrie wird demokratisch!

Wie schätzen Sie dann meine Möglichkeiten als Kunde einer Bank ein? Was hat dies für konkrete Auswirkungen?

Sie als Privatkunde haben die Möglichkeit, aktiv mitzuwirken, dass sich die Finanzdienstleistungsbranche in eine neue Richtung entwickelt – vor allem dadurch, dass Sie Teile Ihrer Vermögenswerte schon heute weg von klassischen Banken und Vermögensverwaltern anlegen.

Woran erkenne ich einen guten Partner beziehungsweise ein gutes Angebot?

Sie können das ganz leicht an vier Punkten festmachen. Zugegeben: Um diese Punkte testen und checken zu können, muss man sich mit der Materie befassen. Von alleine fällt einem das natürlich nicht in den Schoß.

1. Als Kunde müssen Sie ein faires und ehrliches Angebot erhalten. Das bedeutet nicht, dass angebotene Investmentmöglichkeiten und Finanzprodukte automatisch risikofrei sind. Es muss allerdings gewährleistet sein, dass das Chance-Risiko-Profil nicht nachteilig zulasten der Investoren und der privaten Anleger ausgelegt ist.

2. Als Kunde müssen Sie wieder in den Mittelpunkt der Dienstleistungen rücken. Kapitalanleger müssen in ihrer Entscheidungsfähigkeit wieder ernst genommen werden. Nur dadurch bekommen Investoren überhaupt die Chance, Finanzprodukte zu erwerben, die zu ihnen passen.

3. Provisionen darf es nur gegen Mehrwert geben. Sie müssen an Kundenzufriedenheit, Beratungs- und Servicequalität in Kombination mit Produktqualität gekoppelt werden. Es geht also um den Mehrwert und nicht wie derzeit bei zahlreichen Banken und Finanzdienstleistern um den Abverkauf eines bestimmten Produktangebots.

4. Die Kosten eines Finanzprodukts müssen ebenso transparent wie verständlich sein. Seitenlange Verkaufsprospekte mit unverständlichen Risikobeschreibungen, die nach einem Verkaufsgespräch ausgehändigt werden, müssen der Vergangenheit angehören.

Darüber hinaus: Finanzdienstleister der nächsten Generation tragen zu hohen Effizienzsteigerungen in Bezug auf Kosten, Service und Verfügbarkeit im Bereich der Finanzdienstleistungsindustrie bei. Sie setzen innovative Geschäftsmodelle in Kombination mit neuen Technologien ein.

20 Prozent unseres Lernerfolges haben wir durch echte Beispiele und Vorbilder. Daran wird es Ihnen in diesem Kapitel nicht mangeln. Lesen Sie, welche Fehler und Erfolge die Experten-Community gemacht hat, und lernen Sie daraus!

KAPITEL 10

AUS DEN FEHLERN UND ERFOLGEN DER ANDEREN LERNEN

»Geld ist in der Tat immer noch ein eher heikles Gesprächsthema – allein schon aufgrund der zahlreichen negativ-moralistischen Glaubenssätze, die zum Gedankengut unserer Gesellschaft gehören.«

Michael Simperl, Systemischer Business Coach, auf die Frage: »Glauben Sie, dass es in unserer Gesellschaft noch immer das implizite Verbot gibt, dass man über Geld nicht spricht? Und falls ja, warum?«

Schön und gut. Sie haben jetzt von einer ganzen Menge Dinge gelesen, die Sie tun sollten, damit Sie Ihre Geldangelegenheiten in den Griff bekommen. Jetzt wollen wir Ihnen schildern, was konkret geschehen kann, wenn Sie sich falsch um Ihr Geld kümmern. Aus den Fehlern unserer Experten können Sie wunderbar lernen. (Sie erinnern sich? Kompetenz persönliches und fachliches Lernen.) Dementsprechend sind wir sehr dankbar für alle Beiträge, denn es ist nun an Ihnen, diese Fehler nicht zu wiederholen.

Wir haben unsere Experten gefragt, welchen größten Fehler/Misserfolg sie im Umgang mit Geld erleiden mussten. Und welches ihr größter persönlicher Erfolg war. Uns erschien diese Fragestellung besonders interessant, da neben all den klugen Tipps, die man ansonsten so hören und lesen kann, hier die jeweils persönliche Wahrheit ans Licht kommt. Eine Wahrheit, die wahrscheinlich unserem Leben wesentlich näher ist als irgendwelche Hochglanz-Aussagen in diversen Lehrbüchern und Magazinen. Da viele unserer Befragten mit zusammenhängenden Antworten auf die beiden Fragen geantwortet haben, wollen wir diese auch nebeneinander darstellen. Manches davon ist zum Schmunzeln, vieles ist bitterer Ernst. Alle Antworten verdienen unseren Respekt, denn sie sind gegeben worden, um Sie vor ähnlichen oder gleichen Fehlern zu verschonen. Oder um Erfolgsrezepte zu kopieren!

Einen Fehler als Fehler zu sehen ist ein Fehler!

Beginnen wir mit Geld-Coach Nicole Rupp. Sie relativiert die Fragestellung dahingehend, dass ein Fehler nur ein Fehler ist, wenn man aus ihm nicht lernt, wenn man sich also aufgrund dieser Erfahrung nicht reflektiert und weiterentwickelt. Das erinnert uns erneut an unsere Kompetenz des persönlichen und fachlichen Lernens.

Genau deswegen haben wir an unsere Experten und in den Communitys diese Fragen gestellt, nämlich um eine Weiterentwicklung unserer Leser auf Basis der hier mitgeteilten Erfahrung zu ermöglichen.

Was war Ihr größter Fehler im Umgang mit Geld?

Das wäre bereits ein Fehler: Fehler als Fehler zu sehen. Solange man daraus lernt und sich weiterentwickelt, sind Fehler wertvolle Erfahrungen. Und oft genug die Basis für zukünftige Erfolge.

Mir wurde nach meinem ersten Auslandsaufenthalt mein ganzes Geld auf dem Flughafen geklaut. Ich war natürlich selbst schuld und unachtsam beziehungsweise naiv. Und es kam, wie es kommen musste. Meine Angst, dass genau so etwas einmal passieren könnte, hat sich erfüllt. Und dafür hatte ich so hart gespart. Nachdem dann das Geld – für das ich so bewusst auf vieles verzichtet hatte – weg war, war ich zwar kurzfristig frustriert, aber langfristig geheilt. Zum einen von der Angst vor finanziellen Verlusten, doch vor allem habe ich seither, seit über 20 Jahren, nicht mehr an Vergnügungen gespart. Nicht auszudenken, auf was ich all die Jahre noch verzichtet hätte!

Und was war Ihr größter Erfolg im Umgang mit Geld?

Für mich persönlich ist es bis heute mein größter Erfolg, ein ganzes Jahr in Costa Rica im Realtausch, also nahezu ohne Geld, bestens gelebt zu haben. Da ich mir kein ganzes Jahr in dem Stiftungsprojekt als Studentin selbst finanzieren konnte, musste ich mir für diesen Traum etwas einfallen lassen. Mit einem Schreiben des dortigen Tourismus-Ministeriums, das mich in meinem Engagement für das Land unterstützte, habe ich in Hotels und Lodges Übersetzungen, Vermarktung, Werbung, PR angeboten und teilweise auch Deutschunterricht gegeben. Es war ein rundum reiches Jahr, in dem ich stets das beste Essen, die besten Zimmer und den Kontakt und die Geschichten der Menschen sehr intensiv genossen habe. Wenn ich Geld gehabt hätte, hätte ich dagegen einfach nur ein Jahr in einer kleinen Wohnung in der Stadt verbracht.

Ich habe erlebt, dass ein stimmiger Austausch möglich und für beide Seiten – auch ohne Geld – sehr bereichernd sein kann.

Es beschert mir bis heute das reiche und sichere Gefühl, dass man mit gesunder Wertschätzung für sich und andere Menschen sehr gut versorgt ist und immer einen Wert stiften kann, wenn man will und weiß, was man kann.

Nicole Rupp

Größter Fehler: Keine Beschäftigung mit Geldthemen!

Der einfachste, aber auch sicherlich größte Fehler ist es, sich nicht mit Geldthemen zu beschäftigen. Dies bestätigen PR-Berater Jan Manz und Birte Pampel von Geld mit Sinn e.V. Dabei ist es egal, ob man sich überhaupt nicht kümmert und das Thema komplett schleifen lässt oder ob man es an jemanden delegiert hat und dies nicht begleitet und laufend hinterfragt. Auch wenn man einen Berater oder Verwalter hat, der alles für einen macht, muss man an ihm dranbleiben.

> **Was war Ihr größter Fehler im Umgang mit Geld?**
>
> Mich zu wenig selbst damit beschäftigt zu haben.

Jan Manz

> **Was war Ihr größter Fehler im Umgang mit Geld?**
>
> Ich habe zu lange das Thema Geldanlage von mir weggeschoben und von anderen verwalten lassen. Dabei sind mir viele großartige Gelegenheiten entgangen, mit meinem Geld zukunftsweisende Entwicklungen anzuschieben.
>
> **Und was war Ihr größter Erfolg im Umgang mit Geld?**
>
> Eine Beratung zu finden, der ich über weite Strecken vertrauen kann – den Mut zu haben, eigene Vorschläge in die Beratung einzubringen.

Birte Pampel

Größter Fehler: Mangelnde Kostenkontrolle

Michael Gietl vom Family Office HVC Capital und ein befreundeter Wertpapierexperte, der nicht namentlich genannt werden möchte, sehen in einer mangelnden Kostenkontrolle beziehungsweise auch in einem überbordenden Ausgabenverhalten den größten Fehler der eigenen Finanzkarriere. Da ist es im Umkehrschluss nur konsequent, dass das Erlernen einer gewissen Ausgabendisziplin als Erfolg gesehen wird.

> Was war Ihr größter Fehler im Umgang mit Geld?
>
> Ich habe mehr ausgegeben, als ich hatte.
>
> Und was war Ihr größter Erfolg im Umgang mit Geld?
>
> Ich habe gelernt, zu sparen und nur das auszugeben, was ich auch wirklich besaß.

Michael Gietl

> Was war Ihr größter Fehler im Umgang mit Geld?
>
> In guten Zeiten zu viel ausgegeben zu haben, sodass in schlechten Zeiten kaum noch etwas da war ...
>
> Und was war Ihr größter Erfolg im Umgang mit Geld?
>
> Langfristig hoffe ich, bin mir aber auch sicher, das Investment in die eigene Firma.

N.N.

Größter Fehler: Frühe Verschuldung

Das Ergebnis aus zu großen Kosten und zu geringen Einnahmen sind Schulden, deren Bedienung und Abzahlung erneut finanzielle Ressourcen bindet. Besonders gefährdet sind dabei junge Menschen, da sie noch nicht über ein ausreichendes Einkommen verfügen können. Dies bestätigen uns Alexander Artopé von Smava und der selbstständige Finanzexperte Thomas Vogl:

Was war Ihr größter Fehler im Umgang mit Geld?

Mein Dispokredit als Student. Aber damals alternativlos ;-)

Und was war Ihr größter Erfolg im Umgang mit Geld?

Ein Unternehmen zu gründen.

Alexander Artopé

Was war Ihr größter Fehler im Umgang mit Geld?

Dass ich mit 18 Jahren als Auszubildender den Dispokredit meiner Bank genutzt habe.

Und was war Ihr größter Erfolg im Umgang mit Geld?

Dass ich später erkannt habe, dass Schulden immer in eine Abhängigkeit führen.

Thomas Vogl

Größter Erfolg:
Unabhängigkeit und Autarkie

In eine sehr ähnliche Richtung geht der Themenkreis wirtschaftliche Selbstständigkeit beziehungsweise Unabhängigkeit. Hier wollen wir besonders auf die Antwort des Immobilienexperten Günter Flory hinweisen, der es als Erfolgsgeschichte ansieht, dass er sich »wirtschaftlich unabhängig« machen konnte und auch seinen Kunden auf dem Weg dahin helfen kann. Wirklich von niemandem abhängig zu sein, dieses für sich alleine entscheiden zu können und vor allen Dingen keinen Ballast mit sich herumtragen zu müssen, diese Freiheit ist ein Wert für sich.

Beneidenswert, wenn man dieses Stadium erreichen kann. Wobei das nicht automatisch bedeutet, dass es sich um eine Menge Geld handeln muss, die man dazu braucht. Vielmehr geht es auch hier um Kontrolle der Kosten, Einsetzen der Finanzen für das Wesentliche und Sinnvolle und natürlich Optimierung der Einnahmen. All das im Rahmen einer rechtlich sicheren, nachhaltigen und so weit wie möglich krisenfesten Struktur.

Was war Ihr größter Fehler im Umgang mit Geld?

Zu viel Geld für vermeintliche Imagesteigerung investiert zu haben. Werbung war für mich oft unnütz und nicht zielgerichtet genug.

Und was war Ihr größter Erfolg im Umgang mit Geld?

Die größten Erfolge waren für mich wohl, als ich Selbstständigen den Weg in die Freiheit ebnete, sie also aus den Fängen der Banken befreien konnte. Und dass sie jetzt über ihr Vermögen selbst verfügen und entscheiden können!

M. Schmidt Ackermann, Finanzmakler

Was war Ihr größter Fehler im Umgang mit Geld?

Mein größter Fehler im Umgang mit Geld war, Vereinbarungen mit Arbeitgebern oder mit Geschäftspartnern (ehemaligen Schulfreunden) nicht juristisch sauber und schriftlich zu fixieren und von allen Vertragsparteien unterschreiben zu lassen. Früher galt der Handschlag! Da viele Menschen heute keinen Charakter und kein Rückgrat mehr haben, wenn es um Geld, vor allem um Zahlungen geht, sind wasserdichte Verträge extrem wichtig! Im Nachhinein kann ich nur sagen: Wie naiv war ich denn?

Und was war Ihr größter Erfolg im Umgang mit Geld?

Nach vielen Jahren der Berufstätigkeit habe ich mir angewöhnt, alle Käufe bar (ich meine wirklich bar!) zu bezahlen. Somit sind die monatlichen Rechnungen/Belastungen regelmäßig sehr gering.

Als im Verlauf der aktuellen Finanz-, Kranken-, Wirtschaftskrise eine Mitarbeiterin ganz betroffen und verstört zu mir ins Büro kam und fragte, inwieweit ihr Arbeitsplatz von der Krise betroffen sei, konnte ich ihr entgegnen, dass (im Februar) bereits alle Kosten und Löhne bis zum Jahresende auf dem Konto sind und somit alle Arbeitsplätze sicher!

Diese Unabhängigkeit bringt eine tiefe innere Zufriedenheit und Ruhe sowie eine extrem große Gelassenheit mit sich.

Der nächste (noch größere) Erfolg im Umgang mit Geld wird sein, dass wir wirtschaftlich absolut unabhängig sind (also von unserem Vermögen und den Einnahmen hieraus leben können).

Günter Flory

Größter Erfolg: Langfristigkeit

Die eben beschriebene Unabhängigkeit und Autarkie erreicht man nicht von heute auf morgen. Das braucht Zeit. Man darf mit sich und seiner Umwelt nicht zu ungeduldig werden.

Auch Stefan Lettmeier, Vorstand der V-Bank, sieht ein frühzeitiges Kümmern um die Altersvorsorge als notwendige Aktivität. Was können wir daraus lernen? Je eher wir uns dieses Themas annehmen, desto besser. Wobei auch klar ist, dass es eine Menge Themen gibt, um die wir uns wohl zu kümmern haben. Keine Frage. Aber lieber kümmern wir uns ein bisschen darum als gar nicht.

Was war Ihr größter Fehler im Umgang mit Geld?

Mein größter Fehler war, mich nicht frühzeitig genug um die Altersvorsorge gekümmert zu haben.

Und was war Ihr größter Erfolg im Umgang mit Geld?

Aktienanlage in Werte, die ich persönliche kenne, von deren Produkten ich selbst überzeugt bin und deren Geschäftsidee ich verstehe.

Stefan Lettmeier

Das sieht beispielsweise auch Christoph Kirsch von Allianz Worldwide Care so, der seinen Finanzerfolg in der Langfristigkeit und in der Ausdauer für seine Rentenplanung sieht.

Was war Ihr größter Fehler im Umgang mit Geld?

Herdentrieb bei der Dotcom-Blase.

Und was war Ihr größter Erfolg im Umgang mit Geld?

Langfristigkeit und Ausdauer in der Rentenplanung. Trend Südamerika in 2002.

Christoph Kirsch

Den Investmentexperten Christoph Kanzler, Geschäftsführer von Dimensional Funds Investors, schätzen wir als einen sehr erfahrenen Wertpapierkenner. Umso erstaunlicher ist es, dass er mit Optionsscheinen, deren Konstrukt er sicherlich kannte und verstand, sein Geld verlor. Sehr wahrscheinlich war die Wette einfach zu riskant – bei einer offensichtlich tollen möglichen Performance. Das Risiko ist dabei natürlich hoch und die Verlustwahrscheinlichkeit enorm. Oft kann man das nicht machen – außer man hat tiefe Taschen. Wir empfehlen Ihnen, es mit der positiven Erfahrung von Christoph Kanzler zu halten und einen nachhaltigen Ansatz zu wählen.

> **Was war Ihr größter Fehler im Umgang mit Geld?**
>
> Handel mit Optionsscheinen – habe damit viel Geld verloren.
>
> **Und was war Ihr größter Erfolg im Umgang mit Geld?**
>
> Umstellung meiner Anlagestrategien auf einen langfristigen disziplinierten Ansatz.

Christoph Kanzler

Größter Fehler: Zu viel Emotionen

Wir nehmen es als einen klaren Aufruf zur Rationalität, was Wolfgang Menguser von der Vontobel Europe AG und Claudia Neubauer von der Novethos Financial Partners GmbH schreiben.

> **Was war Ihr größter Fehler im Umgang mit Geld?**
>
> Emotionen statt Kopf ...
>
> **Und was war Ihr größter Erfolg im Umgang mit Geld?**
>
> Kopf statt Emotionen ...

Wolfgang Menguser

Was war Ihr größter Fehler im Umgang mit Geld?

Die nicht vollständige Trennung von Emotion und Vermögen.

Und was war Ihr größter Erfolg im Umgang mit Geld?

Immer wenn ich mich konsequent um den Werterhalt meines Vermögens – auch gegen vermeintliche Widerstände – gekümmert habe.

Claudia Neubauer

Eine ähnliche Erfahrung wie Wolfgang Menguser hat wohl auch Vermögensverwalter Stefan Mayerhofer gemacht:

Was war Ihr größter Fehler im Umgang mit Geld?

Mich in meine Meinung verliebt zu haben.

Und was war Ihr größter Erfolg im Umgang mit Geld?

Diszipliniert und analytisch die Gewinner gefunden zu haben.

Stefan Mayerhofer

Größter Erfolg: Geld, das Sinn ergibt

Ein wesentlicher Aspekt für unsere Befragten ist der Sinn des Geldes. Denn: Geld alleine hat in sich nicht wirklich einen Sinn. Den bekommt es erst durch eine Zielsetzung beziehungsweise durch seinen Einsatz.

Viele der in dieser Befragung genannten Beispiele für Erfolg sind letztlich etwas, das man dank Geld umsetzen kann, und nicht der Betrag selbst. Geld selbst ist auch immer nur ein abgeleiteter Bedarf. Soll heißen: Die Kernmotivation für das Vermehren von Geld ist selten das Geld selbst. Vielmehr sind es konkrete Ziele, die wir damit realisieren wollen: der Traum vom Haus oder von einer Reise oder aber lebensnotwendige Ziele wie ein ausreichendes Polster für das Alter.

Was war Ihr größter Fehler im Umgang mit Geld?

Ich bin als Jugendlicher auf einen Betrüger in Ungarn hereingefallen, der mir auf der Straße Bargeld tauschen wollte.

Und was war Ihr größter Erfolg im Umgang mit Geld?

Dass ich erkannt habe, dass Geld nicht glücklich macht.

Prof. Dr. Rüdiger von Nitzsch, Universität Aachen

Ein beeindruckendes Beispiel gibt uns Blogger Boris Janek mit seinem Hinweis, dass die Spende an ein Hospiz für ihn der größte Erfolg in Sachen Geld war.

Was war Ihr größter Fehler im Umgang mit Geld?

Kann ich eigentlich gar nicht so leicht beantworten. Doch direkt nach meinem Studium, während meines ersten Jobs, habe ich das Geld mit vollen Händen zum Fenster rausgeschmissen und viel zu viel Geld in Kleidung investiert. Da hat das Verhältnis zwischen Konsum und Vorsorge nicht gestimmt. Allerdings, wie gesagt: Man muss machen, was einen glücklich macht, und Geld ist dabei nur ein Mittel zum Zweck.

Und was war Ihr größter Erfolg im Umgang mit Geld?

Ich habe in diesem Jahr 1000 Euro an das Hospiz gespendet, in dem meine Mutter verstorben ist. Das Geld ist mit Sicherheit bestens investiert.

Boris Janek

Dass Sinn wichtiger ist als der Geldbetrag selbst, zeigt uns Johannes Korten von der GLS Bank. Die Dimension »sinnstiftend« muss natürlich jeder für sich selbst definieren. Das ist aber auch gleichzeitig das Gute daran. Anders als bei einer reinen Performance-Messung nach Prozent kann es hierin keine einheitliche Betrachtungsweise geben.

Was war Ihr größter Fehler im Umgang mit Geld?

Ich habe während der Ausbildung einen Fondssparvertrag für mein späteres Studium abgeschlossen. Die Kurse waren, als ich das Geld dann brauchte, im Keller und ich habe mir ein dickes blaues Auge geholt. Seitdem bin ich deutlich nachhaltiger und konservativer in meiner Geldanlage geworden.

Und was war Ihr größter Erfolg im Umgang mit Geld?

Der größte Erfolg ist, dass mein Vermögen mittlerweile komplett sinnstiftend angelegt ist. Hohe Renditen/Zinsen sind für mich kein Erfolgskriterium.

Johannes Korten

Was war Ihr größter Fehler im Umgang mit Geld?

Zu schnell zu investieren.

Und was war Ihr größter Erfolg im Umgang mit Geld?

Davon leben zu können und es sinnvoll zu investieren.

Florian Schweitzer, b-to-v Partners AG

Was war Ihr größter Fehler im Umgang mit Geld?

Zu einseitig ausgerichtet gewesen zu sein in der Geldanlage.

Und was war Ihr größter Erfolg im Umgang mit Geld?

Auf nachhaltige Themen gesetzt zu haben.

Volker Weber, Bankenberater

Auf der anderen Seite zeigt uns Geldcoach Michael Simperl, dass es eine wichtige und sinnhafte Vorgehensweise ist, die Verbindung von persönlichen und finanziellen Zielen zu knüpfen. Diese Verbindung kann man allerdings auch nur schaffen, wenn man sich nicht immer vom Mainstream beeinflussen lässt, sondern sich eigene Ziele setzt und diese konsequent angeht.

Was war Ihr größter Fehler im Umgang mit Geld?

Unreflektiertes »trendorientiertes« Investieren (Internetaktienfonds kurz vor Ausbruch der Dotcom-Krise).

Und was war Ihr größter Erfolg im Umgang mit Geld?

Sämtliche Investitionen, die dazu beitragen, meine wahren Bedürfnisse zu leben, zu wachsen und mich weiter zu entfalten. Zum Beispiel in eine fundierte Coachingausbildung.

Michael Simperl

Größter Fehler: Falsches Vertrauen

Für uns Autoren überraschend häufig kam das Thema »Vertrauen« als Antwort. Mehrheitlich wurde es im Kontext mit Missbrauch und Enttäuschung genannt und damit als Fehler gesehen. Das ist natürlich grundsätzlich tragisch, denn ganz ohne Vertrauen werden wir auch in Geldthemen nicht so richtig auskommen. Letztlich geht es also darum, wie wir Vertrauen haben können und was es zu tun gilt, damit es nicht missbraucht beziehungsweise ein Missbrauch möglichst unwahrscheinlich wird. Ganz nach dem alten Leitsatz: »Vertrauen ist gut, Kontrolle ist besser.«

Der junge Internetunternehmer Robert Schmiedler hat interessanterweise eine sehr ähnliche Antwort wie der doch etwas ältere Franz Obermeyr, früherer Bankvorstand und heute Partner beim Vermögensverwalter Feri.

Was war Ihr größter Fehler im Umgang mit Geld?

Ich habe eine Gesellschaft mit einem alten Freund und Arbeitskollegen gegründet. Jeder hielt die Hälfte der Gesellschaft – am Ende stellte sich heraus, dass er gemessen an seiner Leistung nicht einmal ein Viertel der Gesellschaft wert gewesen wäre. Ich musste ihm die Anteile der Gesellschaft teuer abkaufen.

Und was war Ihr größter Erfolg im Umgang mit Geld?

Die Investition in iPAYst.

Robert Schmiedler

Was war Ihr größter Fehler im Umgang mit Geld?

Zu unkritisches Vertrauen in persönliche Freunde/Berater (keine ausreichende Trennung von Urteil zur Kompetenz und persönlicher Sympathie).

Und was war Ihr größter Erfolg im Umgang mit Geld?

Mein Einstieg bei Feri.

Franz Obermeyr

Denn dass man vertrauen können muss, auch in Geldthemen, ist klar. Der Top-Personalexperte Horst Bröcker von Egon Zehnder sieht diese Notwendigkeit, denn es ist nahezu unmöglich, alles selbst zu wissen und dementsprechend auch selbst entscheiden zu können.

> **Was war Ihr größter Fehler im Umgang mit Geld?**
>
> Anlagen zu tätigen, deren Kern ich nicht verstand.
>
> **Und was war Ihr größter Erfolg im Umgang mit Geld?**
>
> Langer Atem und den RICHTIGEN Leuten zu vertrauen, denn ich weiß es nicht besser.

Horst Bröcker

Größter Fehler: Vertrauen in eine Bank

Dabei gibt es sehr unterschiedliche Dimensionen des Vertrauensbruchs. Was bei dem einen die Fehlauskunft eines Experten ist, ist bei dem anderen schlicht und einfach die Fehlberatung zu einem gewissen Produkt. Der Kunde vertraut darauf, dass der Bankexperte eine korrekte und gut geprüfte Aussage trifft, nicht zuletzt weil es sein Job ist und er dafür eine Menge Geld bekommt.

Vermögensverwalter Andreas Grünewald nennt das Vertrauen in eine Bankaussage seinen größten Fehler, während sein größter Erfolg im Mut zum antizyklischen Handeln lag. Der Bankpartner hat einen Informationsvorsprung und stellt sich als neutraler und professioneller Experte dar. Darauf vertrauend erwartet man positive wie kritische Aussagen zu einer Anlage. Die Enttäuschung tritt ein, wenn man hinterher feststellen muss, dass es doch nur ein reines Verkaufsgespräch war. Dass die Bank sich womöglich von einem Problem getrennt hat, das man nun als Kunde auf dem eigenen Tisch liegen hat.

Was war Ihr größter Fehler im Umgang mit Geld?

Auf Aussagen von Emittenten beziehungsweise Analysen von Konsortialbanken zu vertrauen.

Und was war Ihr größter Erfolg im Umgang mit Geld?

Unmittelbar nach dem Börsencrash 1987 erstmalig in Aktien sowie 2003 erstmalig in Gold zu investieren – somit war jedes Mal das sehr antizyklische Verhalten erfolgreich.

Andreas Grünewald

Wie Vermögensverwalter Grünewald spricht auch Dirk Littig, Gründer und CEO von bankless24, das Thema Wertpapieremissionen durch eine Bank an. Offenbar waren die damaligen Emissionen nicht alle als nachhaltiges Investment zu sehen, was dem damaligen Bankmitarbeiter Littig sowie den Kunden der Bank wohl Verluste brachte.

Was war Ihr größter Fehler im Umgang mit Geld?

Ich weiß nicht, ob es ein Fehler war: Zu Zeiten des Neuen Marktes habe ich im Dienste einer Bank Unternehmen an die Börse begleitet. Ich habe damals auch selbst Aktien dieser Unternehmen gezeichnet – nicht immer mit nachhaltigem Erfolg.

Und was war Ihr größter Erfolg im Umgang mit Geld?

Ganz klar war mein größter Erfolg im Umgang mit Geld, bankless24 mit sehr wenig Geld zu starten. Hoffen wir mal, dass dieser Erfolg nachhaltig ist.

Dirk Littig

Der erfolgreiche Unternehmer Dirk Rösing nennt ebenfalls das Vertrauen in eine Großbank als seinen größten Fehler.

Was war Ihr größter Fehler im Umgang mit Geld?

Vertrauen in eine Großbank.

Und was war Ihr größter Erfolg im Umgang mit Geld?

Da investieren, wo ich nah dran bin.

Dirk Rösing

Einschlägige Erfahrungen mit Bankberatern hat auch Blogger Lothar Lochmaier gemacht. Er erinnert uns noch einmal daran, wie wichtig es ist, unabhängig zu sein, die eigene Selbstständigkeit anzustreben und aufrechtzuerhalten.

Was war Ihr größter Fehler im Umgang mit Geld?

Dass ich auch mal irgendwann einem Bankberater vertraut habe, ist aber Gott sei Dank schon länger her, habe die Lektion gelernt.

Und was war Ihr größter Erfolg im Umgang mit Geld?

Dass ich nie Kredite gebraucht habe, ich hasse externe Abhängigkeiten, also immer mehr eingenommen als ausgegeben, so wie meine Oma und meine Eltern es mir schon beigebracht haben.

Lothar Lochmaier

Auch die Autoren können dazu etwas aus dem Nähkästchen ziehen. Ein sehr guter Freund war für den Vertrieb eines Immobilienentwicklers zuständig. Die Immobilien befanden sich alle im Osten des erweiterten Deutschland und brachten eine hervorragende Rendite mit sich – neben unglaublichen Steuervorteilen. Eines Tages kam die Anfrage, ob man im kleinen Kreis in einen ausgewählten Altbau in Berlin-Köpenick investieren wolle. Kleiner Kreis bedeutete: die Macher des Immobilienentwicklers selbst und nur die besten Kunden des Hauses, darunter namhafte Künstler,

Schauspieler etc. Gesagt, getan. Skeptisch muss man werden, wenn man lange nichts mehr von der Sache hört. Und es war sehr still. Bis die kreditgebende Bank eines Tages ein Schreiben an alle Investoren versendete mit der Bitte um einen nicht unwesentlichen Nachschuss.

Man versuchte dann, mit den »Freunden« Kontakt aufzunehmen, die das Objekt damals vermittelt hatten. Leider war niemand zu erreichen. Und niemand stand unterstützend zur Verfügung. Es stellte sich heraus (hätte man auch vorher feststellen können und müssen), dass das Objekt zu hoch finanziert und die Mieteinnahmen zu optimistisch geschätzt waren. Einer der Vermittler saß schon wegen anderer Rechtsverletzungen im Gefängnis. Und der gute Freund, der diese Immobilie als todsicheren Tipp angepriesen hatte, war nicht mehr in München, sondern betreibt jetzt eine Bar auf Mallorca. Der Schaden: sechsstellig. Hat sich der »Freund« wenigstens entschuldigt? Nein.

Über den Aspekt des Vertrauens hinaus sagt uns dies, dass auch die Motivation, Steuern zu sparen, für Anlageentscheidungen kontraproduktiv sein kann. So haben Tausende von Gutverdienern in den letzten Jahrzehnten den Weg um das Finanzamt herum gesucht. Nichts Illegales – der Gesetzgeber war es höchstpersönlich, der diese Wege eröffnet hat –, aber in Sachen Anlage reichlich dämlich.

Denn den Steuervorteil hat in der Regel der Vertrieb im Schulterschluss mit dem Initiator für sich vereinnahmt, vorfinanziert durch den Anleger und im Laufe der Zeit zurückgezahlt durch den Staat. Genauso wie in der US-Subprime-Krise, nur in der Reihenfolge andersherum.

Für viele ging die Rechnung nicht auf. Nicht nur, dass es zu Nachschüssen kam, nein, das Finanzamt hat den Steuervorteil aufgrund mangelnder gewerblicher Ausrichtung nicht anerkannt. Somit war das Investment nicht nur wirtschaftlich ein Flop, auch der Steuervorteil musste zurückgezahlt werden. Doppelt gekniffen.

Größter Erfolg: Meine Frau

Was war Ihr größter Fehler im Umgang mit Geld?

Investition in einen Penny-Stock einer Goldmine.

Und was war Ihr größter Erfolg im Umgang mit Geld?

Meine Frau zu heiraten.

Charly Suter

Von Charly Suter von der Schweizer PostFinance lernen wir, dass der größte finanzielle Erfolg nicht zwingend direkt mit Geld zu tun haben muss. Eine Heirat hat eine Menge an finanziellen Konsequenzen. Die sich verändernden Steuersätze sind nur ein Punkt von sehr vielen. Gleichzeitig hat der Volksmund aber auch Sprichwörter parat wie: »Was man heiratet, muss man nicht arbeiten!«

Dieses Sprichwort war Anlass für die bereits erwähnte Umfrage, die wir im Vorfeld des Buches auf »Hey Crowd« eher etwas launig gestartet haben. Denn weil nicht nur das Finanzielle selbst eine wichtige Geldentscheidung ist, sondern viele andere Dinge und Umstände darum herum ebenfalls eine Rolle spielen, haben wir der Community über die Smartphone-App »Hey Crowd« die Frage gestellt, welches die wichtigste finanzielle Entscheidung war. [8]

Mehr als 1000 Antworten gingen ein. 16 Prozent gaben an, dass der jeweilige Lebenspartner die wichtigste Entscheidung war – genauso viele sagten, dass es die Berufswahl war. Nur 4 Prozent waren übrigens der Meinung, dass die eigene Bank eine Rolle bei der wichtigen finanziellen Entscheidung gespielt habe!

Die Nutzer, die »nichts von alledem« angekreuzt hatten, hatten dann die Möglichkeit, eine andere wichtige Entscheidung anzuge-

---

8 http://heycrowd.com/?id=58394-what-was-your-most-important-financial-decision

ben. Hier wurde einmal das Lesen des »richtigen Buches« und mehrfach die »eigene Immobilie« genannt.

What was your most imprtant financial decision?

1042 Votes

	My Wife/Husband	16 %
	My Bank/bank Advisor	4 %
	My Profession/Job	16 %
	None of that ...	62 %

Dass der Lebenspartner nicht immer eine gute Entscheidung sein kann, steht außer Frage. Ralf-Dieter Brunowsky, Ex-Chefredakteur von *Capital*, Wirtschaftspublizist und Kommunikationsberater, verweist offen auf seinen größten Fehler, nämlich eine zu teure Unterhaltsvereinbarung.

> **Was war Ihr größter Fehler im Umgang mit Geld?**
>
> Eine zu teure Unterhaltsvereinbarung nach Trennung.
>
> **Und was war Ihr größter Erfolg im Umgang mit Geld?**
>
> Ein hoher Bonus für die Auszeichnung als »Unternehmer des Jahres« bei Bertelsmann. Und ein hoher Börsengewinn während des New-Economy-Hypes.

Dieter Brunowsky

Die größten Erfolge und Fehler rund um die Immobilie

Eine Immobilie ist für die Mehrheit der Menschen die wichtigste finanzielle Entscheidung ihres Lebens. Die meisten erwerben nur einmal im Leben eine Immobilie. Dieser Erwerb hat dann jahrzehntelange Auswirkungen auf die Finanzen. Schließlich gibt es Wohnungen und Häuser nicht für ein paar Euro.

Wenn man also im Zusammenhang mit einer Immobilie einen Fehler macht, dann ist das ein richtig großer, richtig lange anhaltender Fehler. Die Möglichkeit zur Korrektur ist nicht immer gegeben.

Was war Ihr größter Fehler im Umgang mit Geld?

Der Kauf eines Hauses in Flughafennähe und späterer Ausflugschneise.

Und was war Ihr größter Erfolg im Umgang mit Geld?

Der Kauf eines Einfamilienhauses zum richtigen Zeitpunkt und das Wagnis unternehmerischer Beteiligung.

Dr. Olaf Scheer, Bankenberater

Ob man das mit der Einflugschneise nicht hätten wissen können?

Buchautor und Videoblogger Jörg Birkelbach wiederum zeigt uns, dass man vor dem Erwerb einer Immobilie zumindest schon einmal die Finanzierung stehen haben sollte. Übrigens: Rund um die Immobilie gibt es einiges an Förderprogrammen durch den Staat. Viele davon können aber nur beansprucht werden, wenn man sie rechtzeitig im Kaufprozess angeht – manches Mal ist es nach Vertragsabschluss zu spät.

> **Was war Ihr größter Fehler im Umgang mit Geld?**
>
> Der Erwerb einer ETW, ohne bereits Mieter und Finanzierung zu haben ;)
>
> **Und was war Ihr größter Erfolg im Umgang mit Geld?**
>
> Nicht zu spekulieren, sondern nachhaltig anzulegen! Immer den Zusammenhang zwischen Rendite, Risiko und Liquidität in Einklang zu halten.

Jörg Birkelbach

Die größten Erfolge und Fehler rund um die Börse

Den größten Teil der Antworten unserer Experten und auch den größten Teil der Beiträge in den Communitys nahm die Börse ein. Kaum ein anderes Themenfeld, in dem es mehr Fehler und Erfolge gab. Woran liegt das? Woran liegt es, dass wir mit Aktien, Fonds und Co. so viel Erfolg und auch Misserfolg haben können? Versuchen wir eine Näherung:

 Die Verfügbarkeit ist hoch. Depot eröffnen, Geld einzahlen – und schon geht's los. Man füllt dann noch die Risikoaufklärung aus und sieht dies eher als lästiges Übel. Den Inhalt kennen wir ohnehin, mindestens genauso gut wie die Sicherheitsaufklärung zu Beginn eines Fluges, weswegen wir die Bemühungen des Kabinenpersonals mit intensivem Zeitungsstudium beantworten.

 Es geht schnell los. Kaum ist das Geld auf dem Konto, schon kann man handeln. Kaufen, verkaufen. Über das Internet oder das Smartphone. Alles machbar. Diese Entwicklung haben wir mit der Gründung der DAB als erstem Discount-Broker auf dem europäischen Festland in Gang gesetzt. Und sie wurde durch das Internet beschleunigt.

Man bekommt einiges an Informationen und glaubt sich schnell gut informiert.

 Jeder kann mitreden, jeder ist ein Experte. Doch werden meist nur die Erfolgsgeschichten erzählt. Misserfolge und Reinfälle werden gerne verschwiegen.

 Die Aktie an und für sich bietet täglich neuen Gesprächsstoff, alleine schon durch die stets transparente Wert- und Kursentwicklung. Damit unterscheidet sie sich klar von Immobilien und Versicherungen und nimmt im Kontext der Finanzinstrumente eine besondere Rolle ein. (Stellt sich die Frage, wie man die anderen Asset-Klassen ähnlich in den Mittelpunkt der Betrachtung rücken kann.)

 Dank der transparenten und vor allen Dingen laufenden Kurserstellung wissen wir stets, ob wir gut oder schlecht investiert sind. Dies würde uns – wie gesagt – bei allen unseren Finanzthemen gut helfen, wäre es dort ebenso.

 Der Gedanke, dass man schnell und einfach ein Monatsgehalt an Gewinn machen kann, ist sehr verlockend.

 Letztlich ist es Nervenkitzel und Spiel pur. Manchem sind der volkswirtschaftliche Hintergrund der Börse und ihre Grundidee der Kapitalbeschaffung für Unternehmen komplett abhandengekommen. Mancher zockt nur noch. Dies kommt vor allen Dingen uns Männern (hormonell bedingt) sehr entgegen.

Kein Wunder also, dass die Börse einen großen Platz bei Erfolgen und Misserfolgen einnimmt. Beginnen wir mit den grundsätzlichen Fehlern: Wir halten uns für schlauer, wir schätzen die Risiken falsch ein und wir sind gierig. Diese Kombination ist in aller Regel tödlich.

Was war Ihr größter Fehler im Umgang mit Geld?

Ich habe einmal schlauer sein wollen als der Markt und mein Geld an den Terminmärkten verzockt. Das würde ich nie wieder tun!

Und was war Ihr größter Erfolg im Umgang mit Geld?

Verschiedene Investments, die ich nicht getätigt habe und die sich im Nachhinein als »Illusionslieblinge« der Börse entpuppt haben.

Karl Matthäus Schmidt, quirin bank

Das sollte uns wirklich zu denken geben. Auf der anderen Seite eröffnet uns Schmidt eine neue Perspektive, indem er auf entgangene Geschäfte hinweist, auf Geschäfte, die der Mainstream eingegangen ist und die dann im besten Sinne des Herdentriebs nicht aufgegangen sind. Diese Standhaftigkeit, etwas nicht zu machen, sollten wir uns unbedingt aneignen, wenn es um Börsenthemen geht.

Eine ähnliche Erfahrung teilt uns Internetunternehmer Sebastian Diemer mit. Auch er dachte, er wäre schlauer als der Markt.

Was war Ihr größter Fehler im Umgang mit Geld?

Zu glauben, dass man den Markt schlagen kann.

Und was war Ihr größter Erfolg im Umgang mit Geld?

Eine Facebook-Call-Option mit +248 Prozent in 2 Tagen zum IPO. Die Story hatte ich nie gekauft – dass es so gut kam, war natürlich mehr Glück als Verstand.

Sebastian Diemer

Sein größter Erfolg wiederum dürfte eine einmalige, kaum wiederholbare Gelegenheit gewesen sein.

Um eine Anlage wie diese zu machen, braucht man die richtigen Nerven. Wenn man die nicht hat, sollte man sich unbedingt von derartigen Geschäften fernhalten. Dies meint wohl auch die Journalistin und frühere Chefredakteurin von *Börse Online*, Stephanie Burgmaier, wenn sie von einer falschen Einschätzung der eigenen Risikofreude spricht.

Was war Ihr größter Fehler im Umgang mit Geld?

Falsche Einschätzung der eigenen Risikofreude.

Und was war Ihr größter Erfolg im Umgang mit Geld?

Die frühe Erfahrung, dass Geldanlage Spaß macht und sich auch noch lohnt.

Stephanie Burgmaier

Und ja, das Thema Geldanlage kann verdammt viel Spaß machen. Diese Erkenntnis ist die ideale Ausgangslage für eine erfolgreiche Beschäftigung mit Geld.

Das Thema Risiko betrachtet auch Andreas Raschdorf, Wertpapierprofi und Investmentbanker. Er spricht vom bewussten Risiko, so wie wir es auch im Coachingteil dieses Buches getan haben. Bei der sogenannten Risk-Return-Betrachtung geht man bewusst eine gewisse Portion Risiko ein und erwartet, passend dazu, eine gewisse Rendite, also den »Return«.

Was war Ihr größter Fehler im Umgang mit Geld?

»Heiße Tipps«, »Gier frisst Hirn« und »Nichts fürs Finanzamt« brachten mich eigentlich immer auf die Verliererstraße.

Und was war Ihr größter Erfolg im Umgang mit Geld?

Eigentlich immer, wenn ich bewusst Risiken eingegangen bin. Meine kurzfristigen Immobilienfinanzierungen lassen mich heute nachts noch lachen, ebenso Kapitalanlagen in die wichtigsten Märkte.

Andreas Raschdorf

Gier ist oft der Grund für Misserfolg bei Finanzanlagen. Das beschränkt sich nicht allein auf die Börse. Es betrifft auch die Geldanlage auf das Hochzinskonto einer ominösen Bank, deren Einlagensicherung alles andere als gewiss ist. Dazu gehört auch das Reinfallen auf ein dubioses Angebot mit unglaublichen Zinsen (Genussscheine sind da ein gern genommenes Instrument). Wobei Volker Meinel als absoluter Wertpapierexperte zumindest ein bisschen Gier voraussetzt, um zum Erfolg zu kommen.

Was war Ihr größter Fehler im Umgang mit Geld?

Zu viel Gier ...

Und was war Ihr größter Erfolg im Umgang mit Geld?

Viel Gier. Und das muss kein Widerspruch zum Obigen sein ...

Volker Meinel

Wie wichtig der richtige Einstiegs- und Ausstiegsmoment ist, den man allerdings nur erahnen kann, sehen wir an den Antworten von Jens Röhrborn und Gerhard Huber. Beide sind Top-Entscheider und in wirtschaftlichen Dingen extrem erfahren. Dennoch tun sie sich mit dem richtigen Timing durchaus schwer.

Was war Ihr größter Fehler im Umgang mit Geld?

Das richtige Ausstiegsfenster zu verpassen und mich zu wenig selbst zu kümmern und mich auf andere zu verlassen.

Und was war Ihr größter Erfolg im Umgang mit Geld?

Direktes Investment in ein Startup auf dem sicheren Weg zur Profitabilität.

Jens Röhrborn

Was war Ihr größter Fehler im Umgang mit Geld?

Privat: Wie die meisten Menschen bin ich ein schlechter Verkäufer von Aktien, man sitzt dann viel zu lange auf unrealisierten Verlusten.

Und was war Ihr größter Erfolg im Umgang mit Geld?

Investitionen in meine eigenen Firmen.

Gerhard Huber

Dabei ist gerade das Verkaufen ein höchst wichtiger Punkt. Die Mehrheit der deutschen Aktionäre hat teilweise blutrote Spuren im Depot. Verlust? Egal, die Aktie kommt wieder! Selten so gelacht.

Die beste Unterstützung, um Ein- und Ausstiegsmomente nicht zu verpassen, sind sogenannte Stop-Limits. Damit kann man negative Entwicklungen in ihrer Auswirkung begrenzen. Notwendige Voraussetzung hierzu ist allerdings, dass man sich mit seinen Aktien beschäftigt und dazu eine Meinung bildet, also eine Idee aufbaut, zu welchem Preis man eine Aktie kaufen möchte. Gleiches gilt dann für den Ausstieg. Setzt man einmal diese Limits, wird eine Position automatisch glattgestellt (verkauft), wenn dieses Limit erreicht ist. Verluste werden so begrenzt, Gewinne tatsächlich eingefahren. Insofern können wir die Aussage von Robert Koch, Vertriebsleiter der Volksbank Süd-Ost-Steiermark, sehr gut nachvollziehen.

Was war Ihr größter Fehler im Umgang mit Geld?

Stop-Limits nicht mit Konsequenz gesetzt zu haben.

Und was war Ihr größter Erfolg im Umgang mit Geld?

Diesen Fehler (siehe vorige Frage) beseitigt zu haben.

Robert Koch

Anhand der Darstellungen von PR-Berater und Startup-Finanzierer Johannes Axnix aus Wien müssen wir erkennen, dass die Formulierung »besonders zukunftssicher« auch von denjenigen missbraucht wird, die eben genau das Gegenteil anbieten. Wie der EQ, also die emotionale Intelligenz, in Gelddingen angewendet werden kann, ist eine weitere spannende Frage.

Was war Ihr größter Fehler im Umgang mit Geld?

Kauf von Einzelwerten ohne ausreichende Auseinandersetzung mit Branche, Markt etc.

Und was war Ihr größter Erfolg im Umgang mit Geld?

EQ zum Einsatz zu bringen ... und zum Beispiel die Finger von »besonders zukunftssicheren Investments« zu lassen.

Johannes Axnix

Wahrscheinlich ist die Lösung eine gute Mischung aus Marktverständnis, nachhaltigen Überlegungen und gesundem Misstrauen bei allzu positiven Versprechungen. Denn wie wir gleich lesen werden: Die Gesetze des Marktes werden wir nicht aushebeln. Außerordentliche Renditeversprechen sollten uns argwöhnisch machen. Renditen, die angeblich bei voller Sicherheit massiv von den zentralen Marktzinsen abweichen, sollten wir hinterfragen. Wesentlich dabei könnte sein: Wenn dieses Angebot wirklich ernst gemeint ist, warum erhalte ausgerechnet ich die Möglichkeit, daran teilzuhaben? Warum nicht andere? Denn bislang war niemand so gut zu mir und hat mir etwas ohne Gegenleistung geschenkt. Oder aber: Wenn jemand tolle Zinsen in Aussicht stellt, warum holt er sich nicht selbst Geld auf der Bank (wo es ja deutlich billiger ist), um die Transaktion vollständig alleine zu machen?

Was war Ihr größter Fehler im Umgang mit Geld?

Der Glaube, dass die Gesetze des Marktes sich radikal ändern – in der Zeit des E-Hypes.

Und was war Ihr größter Erfolg im Umgang mit Geld?

Buy-and-forget-Strategie – solide Investments wählen und liegen lassen, auch eine gute Dividendenrendite ist ein Anlageerfolg.

Dr. Johannes Bussmann, Bankenberater

Zu Zeiten des Neuen Marktes hatte man häufig in die Unternehmen investiert, die das höchste Marketingbudget hatten, aber lange noch keinen Gewinn auswiesen. Das Learning für Johannes Bussmann war wohl das, was Börsen-Altvater André Kostolany immer propagierte: Aktien kaufen, liegen lassen und nach 20 Jahren wieder ins Depot schauen. Was nicht immer der richtige Tipp sein muss, denn die Telekom-Aktien von Blogger Dirk Elsner werden sich auch in 20 Jahren nicht erholt haben, so unsere Meinung.

Was war Ihr größter Fehler im Umgang mit Geld?

Mein größter Fehler ist immer noch, dass ich zu wenig meiner Intuition vertraue, wenn der Herdentrieb bei Finanzanlagen in eine andere Richtung weist. Konkret: der Nichtverkauf meiner Telekom-Aktien im März 2000.

Und was war Ihr größter Erfolg im Umgang mit Geld?

Dazu gehört der Erfolg beim rechtzeitigen Kauf beziehungsweise Verkauf verschiedener Aktien.

Dirk Elsner

Seit Kostolany haben sich die Börsenzeiten geändert. Nur mit der aktiven Beschäftigung mit seinen Investments kann man heute gewährleisten, dass man einigermaßen optimale Einstiegs- und Ausstiegspunkte findet.

Was war Ihr größter Fehler im Umgang mit Geld?

Aktien eines einzigen Unternehmens gekauft und einfach gehalten.

Und was war Ihr größter Erfolg im Umgang mit Geld?

In ein Portfolio aus ETFs investiert.

Professor Thomas Otter

Exchange Traded Funds, kurz ETFs, werden wiederholt erwähnt. Diese Fonds bilden die unterschiedlichsten Märkte und Indizes ab und sind von den Kosten her äußerst effizient. Damit kann man perfekt auf eine generelle Marktentwicklung setzen. Auch gibt es Internetplattformen, die einen sehr guten Überblick über das Angebot bieten. Natürlich muss man auch für ein Investment in ETFs einen guten Zeitpunkt erwischen, denn wenn man an der Spitze einer Kursentwicklung einsteigt und ab diesem Zeitpunkt mit dem Markt nach unten fährt, wird sich auch ein ETF dieser Entwicklung nicht entziehen können. Der große Vorteil ist aber, dass man in eine Reihe von Werten investiert und nicht nur in einen einzelnen. Letzteres scheint bei Thomas Otter, Professor für Marketing an der Goethe-Universität in Frankfurt, dann auch danebengegangen zu sein.

Das Thema Börse wollen wir mit dem Online-Marketingexperten Walter Schönzart abschließen. In seiner Antwort erdet er uns wunderbar und erinnert uns daran, dass es in Sachen Geld keine Geschenke gibt.

Was war Ihr größter Fehler im Umgang mit Geld?

Zu glauben, Technologiewerte würden mich reich machen. Im Jahr 2001.

Und was war Ihr größter Erfolg im Umgang mit Geld?

Gelernt zu haben, dass es definitiv »no free lunch« gibt – und es keinen Sinn hat, darauf zu hoffen. Auch finanzieller Erfolg ist schlichtweg das Ergebnis von harter Arbeit und ständiger Horizonterweiterung.

Walter Schönzart

Dann wollen wir mal unser aller Horizont noch erweitern und beleuchten am Schluss unserer Fehler- und Erfolgsanalyse den Themenkreis unseres Geldsystems an und für sich.

Größter Fehler und Erfolg: Unser Geldsystem

Was war Ihr größter Fehler im Umgang mit Geld?

Die kriminelle Energie zu unterschätzen, mit der das spätestens seit 2007/8 endgültig bankrotte Geldsystem nunmehr seit fünf Jahren unter Bruch aller demokratischen und rechtsstaatlichen Regeln und wider alle wirtschaftliche Vernunft permanent »gerettet« wird. Dies gilt insbesondere – aber nicht nur – für den Euro.

Und was war Ihr größter Erfolg im Umgang mit Geld?

Die frühe Erkenntnis, dass Papiergeld und alle Papieranlagen ohne glaubhafte Sachwertdeckung real gesehen sichere Geldvernichtungsmaschinen sind, die ganz am Ende nicht nur inflationär Vermögen vernichten, sondern dann sogar in Form einer Währungsreform aufhören werden.

Peter Boehringer

Die Antwort von Peter Boehringer, Blogger und Edelmetallexperte, und der damit angeschnittene Punkt ist gegenwärtig sicherlich eines der heißesten Themen – und wird es auch noch die nächsten Jahre bleiben. Wie lange, das hängt davon ab, welche Form von Krise der Bewältigung der aktuellen Krise nachfolgt. Dass die kommt, ist sicher. Denn die Staatsschulden sind zu hoch und nehmen den Ländern die Luft zum Atmen. Dem Euro wiederum entziehen wir jedwede Glaubwürdigkeit durch das Aushöhlen sämtlicher Prinzipien einer stabilen Währung.

Was machen wir aber nun damit? Was können wir aus dieser Erkenntnis mitnehmen? Eine Antwort mag sein, dass man sich sicherlich nicht auf die Aussagen einer Regierung alleine verlassen sollte. Aber tut dies jemand? Eine weitere Antwort könnte lauten, dass man sein Geld auf keinen Fall nahezu unverzinst nur auf einem Sparbuch liegen lassen sollte. Auch Festgeld hat auf einmal ein Risiko. Wer hätte das gedacht?

Kernerkenntnis muss ein konstruktives, aber stetes Misstrauen sein, Aussagen der Politik zu hinterfragen und sich Gedanken zu machen, was geschieht, wenn das Undenkbare eintritt. Glauben wir, dass die deutsche Regierung uns Bürger vor einer knallharten Maßnahme wie einer temporären Bankenschließung nach dem Vorbild Zyperns rechtzeitig warnen würde? Sicherlich nicht! Es gibt nichts Unwahrscheinliches. Es wäre unser größter Fehler, darauf nicht vorbereitet zu sein.

Fehlertyp 5:
Der erfolgreiche Durchstarter

Dieser Typus hat lange Zeiten der Entbehrung hinter sich. Er kommt aus einer kinderreichen Familie oder aus einem Umfeld, das durch bescheidene Lebensumstände gekennzeichnet ist. Seine Motivation ist, es einmal besser zu haben. Er hat eine Ausbildung in Windeseile und mit großem Erfolg beendet, nebenbei gejobbt. Die ersten Berufsjahre waren von harter Arbeit und diversen Weiterbildungen geprägt. Er kann sich durchsetzen, verbissen kämpfen und, wenn es sein muss, andere links liegen lassen. Irgendwann stellt er fest, dass er es geschafft hat. Er hat es allen bewiesen. Seine beginnende materielle Unabhängigkeit nutzt er für den Erwerb der Insignien des neuen Standes, dem er nun angehört. Auch seinen Eltern und Geschwistern greift er unter die Arme. Er genießt sein Leben in vollen Zügen und macht einen Karriereschritt nach dem anderen. Nur sein Geld scheint ihm durch die Finger zu rinnen.

Muster heute: Er ist geprägt von der Einsicht, dass er alles schaffen kann. Und das stimmt sogar. Stagnation ist Rückschritt. Und zurück will er nicht. Jede Handlung in beruflicher und privater Hinsicht muss den Befreiungsschlag immer wieder erneuern. Es ist, als würde man sich kneifen, um sicherzugehen, dass man nicht träumt. Echte Freunde sind rar. Sein privates Umfeld hat das Gefühl, in einem seltsamen Konkurrenzverhältnis zu ihm zu stehen. Außerdem leben alle anderen bescheidener.

Finanzen heute: Er hat gut verdient in den letzten Jahren – nichts ist geblieben. Immer größer werdende Neuwagen, die er von Anfang an finanziert hat, und die diversen Einrichtungen für die immer größer werdenden Wohnungen (die alten hat er gebraucht verscherbelt) haben Unsummen gekostet. Er hat Kredite, die er bedienen muss. Sein Traum, ein Pferd, verursacht hohe Kosten. Er selbst kann sich aus beruflichen Gründen selten darum kümmern. Seine Familie erhält nach wie vor großzügige Geschenke. Als er eine Immobilie erwerben möchte, stellt er erschrocken fest, dass er nicht mal über das notwendige Eigenkapital verfügt.

Auswirkungen später: Er kommt auf keinen grünen Zweig. Wann immer er mehr Geld zur Verfügung hat, nutzt er diese gewonnene Freiheit durch ein Mehr an Konsum. Gleichzeitig zieht er einen Wechsel auf die Zukunft. Sein Glaube daran, fortgesetzt mehr erreichen zu können, bleibt ungebrochen. Er bestätigt ihn weiter in der Annahme, dass er irgendwann in die schwarzen Zahlen kommt. Was er nicht sieht: Die fortgesetzte Selbstbestätigung mit der gleichzeitigen Versorgerrolle für die Familie beraubt ihn unmerklich aller finanziellen Ressourcen. Sein persönliches und berufliches Wachstum wird ihn irgendwann auspowern. Die laufende Angst vor dem Rückschritt lässt ihn im betrieblichen Umfeld immer weniger konstruktiv erscheinen. Irgendwann wird ihm das den ersten Karriereknick bescheren. Wenn er so weitermacht wie bisher, muss er sich später extrem einschränken, weil Kreditbelastung und Einkommen wie eine offene Schere auseinanderlaufen.

Gegenmaßnahmen heute: Zunächst muss sich der Durchstarter seiner Bedürfnisse und Ängste bewusst werden. Wenn er versteht, dass ein Mehr an Prestige und die damals wie heute nicht wirklich gelebten Träume (siehe Pferd) nichts bringen außer finanziellen Verpflichtungen, wird er bei entsprechendem Handeln schlagartig feststellen, wie rasch er sich entschulden kann. Sinnvoller in

Bezug auf die Familie wäre ein Sparplan, um mögliche finanzielle Härten in der Zukunft besser abfangen zu können, statt sie heute mit Geschenken zu verwöhnen und das Bild der nicht versiegenden Quelle zu nähren. Dann klappt das auch mit der Immobilie. Am besten eine, die er vermietet, um auch sein Einkommen zu optimieren (sofortige steuerliche Absetzbarkeit der Finanzierungskosten; später zusätzliches passives Einkommen aus Miete).

www.kuemmerdichumdeingeld.de/clip10

via D
e

Nur wenn man keine Ahnung hat, was man eigentlich
mit dem eigenen Geld machen möchte, braucht man
entweder ganz viel oder keine Zeit. Mit einer klaren
Strategie jedoch kann man einen schnellen Einstieg ins
Thema finden.

KAPITEL 11

BESCHÄFTIGUNG MIT GELD: 15 MINUTEN PRO WOCHE REICHEN?!

»Hat nicht nur mit Geld zu tun. Oft ist der Planungshorizont zu kurz oder es fehlt einfach ein systematischer Überblick.«

Professor Thomas Otter, Professor für Marketing, Goethe Uni, Frankfurt, auf die Frage: *»Was sind aus Ihrer Sicht die größten Fehler der Menschen im Umgang mit Geld?«*

Jede Reise beginnt mit dem ersten Schritt, sagt Laotse. Die Reise in die Welt der Finanzen führt scheinbar erst einmal in einen Dschungel aus Fachbegriffen, merkwürdigen Ansichten und Ansätzen sowie zu Eingeborenen mit tadellosen Anzügen und sauberem Haarschnitt.

Haben Sie darauf wirklich Lust? Das Problem ist, dass uns keiner diese Frage stellt. Nur die wenigsten Menschen können es sich überhaupt leisten, auf Geldthemen und die Beschäftigung damit keine Lust zu haben. Wir *müssen* uns damit beschäftigen. Wir müssen uns einen Weg durch diesen Dschungel schlagen. Und wir müssen diesen Weg so früh als möglich beginnen.

Gesetzt den Fall, Sie sind jemand, der sich bislang noch nie so richtig mit den eigenen Finanzen beschäftigt hat, welches wäre denn der erste Schritt? Nun, die Lektüre dieses Buches ist sicherlich Bestandteil davon. Doch was kommt dann?

Genau bei dieser Fragestellung wollen wir Ihnen helfen. Wir wollen Sie hier nicht nur von der Notwendigkeit überzeugen, dass eine Beschäftigung mit Geld das Wichtigste nach Gesundheit und Familie ist. Das sollte mittlerweile klar sein. Wir wollen darüber hinaus, dass Sie sich einen Plan machen, wie Sie sich diesem Thema annähern können.

Eine Viertelstunde ist immer drin

Dabei haben wir uns ein ehrgeiziges Ziel gesetzt: Wir wollen, dass Sie pro Woche mit 15 Minuten Finanzbeschäftigung beginnen. Das ist nicht viel. 15 Minuten sind immer drin. Wenn Sie den richtigen technologieorientierten Bankpartner haben, dann können Sie diese 15 Minuten beispielsweise unterwegs auf dem Weg zur Arbeit finden. Wenn Sie eine eher herkömmliche Bankverbindung haben, dann eben daheim. Egal wo, 15 Minuten müssen möglich sein. Das ist das Zeitmanagement.

Überlegen Sie mal, wofür Sie alles in der Woche Zeit aufbringen. Themen, die vielleicht ganz interessant sind, aber bei Weitem nicht so wichtig. Eine alte Regel des Zeitmanagements sagt: Zeit hat man immer, es ist nur die Frage, wofür. Sobald wir uns also diese Viertelstunde emotional aus der Wochenzeit herausgeschnitten haben, kommt die nächste wichtige Frage: Was mache ich in diesen 15 Minuten?

Auch diese Frage haben wir im Vorfeld in diversen Communitys und unseren Experten gestellt. Sie bieten eine Fülle von Anregungen, wie Sie Ihre ersten 15 Minuten pro Woche nutzen können. Da wie so oft der Appetit beim Essen kommt, sind wir uns sicher, dass es dann von alleine mehr wird. Die Herausforderung besteht nur darin, diese erste kleine Schwelle zu übertreten.

Das müssen Sie tun

Für eine große Anzahl unserer Experten war es wichtig, dass Sie in den ersten 15 Minuten Ihrer Geldbeschäftigung zuallererst mal einen Überblick über Ihre Finanzen bekommen. Das bedeutet, dass Sie ganz banal über Ihre Kontobewegungen Bescheid wissen. Was kommt rein, was geht raus? Wenn Sie da auf dem Laufenden sind, haben Sie einen ersten großen Schritt getan. Auch hier spielt die Technik eine Rolle: Haben Sie einen modernen Partner, dann können Sie das Konto auch in der U-Bahn über eine App checken. Haben Sie einen klassischen Partner, dann eben von zu Hause aus. Oder haben Sie am Ende gar keinen Online-Zugang? Dann aber hopp!

Neben der Überprüfung der Geldein- und -ausgänge muss natürlich eine zentrale Frage geklärt werden: Geht mehr rein als raus? Dann hätten Sie etwas Geld übrig, um es für weitere Zwecke zu nutzen. Oder geht mehr raus als rein? Dann wäre es dringend nötig, im Rahmen eines Haushaltsbuches (auch das gibt es als App) die Kosten zu analysieren und schnellstmöglichst zu reduzieren. Natürlich können Sie auch ein Haushaltsbuch führen, wenn Sie mit dem Ihnen zur Verfügung stehenden Geld auskommen. Das hat sogar Sinn, denn häufig kann man so Optimierungspotenzial feststellen und das Ausgabeverhalten verändern. Auch auf die Gefahr hin, dass wir uns wiederholen: Sie werden jeden Cent brauchen. Wenn nicht jetzt, dann auf jeden Fall zu einem späteren Zeitpunkt in Ihrem Leben! Wenn nicht für Sie, dann für Ihre Eltern, die womöglich Pflege brauchen, oder für Ihre Kinder, denen Sie eine gute Ausbildung gewährleisten wollen – denn nur mit einer guten Ausbildung haben sie den Schlüssel für die Zukunft in der Hand.

Was die Experten raten

Beginnen wir mit den wesentlichen Notwendigkeiten in der Auseinandersetzung mit Finanzen – der Fragestellung: »Habe ich genug zum Leben?« Sowie: »Kenne ich meine Zahlen und stimmen meine Zahlen?« Das ist der Einstieg. Sobald man diese Basis nach erfolgreicher Arbeit hinter sich gelassen hat, kann man sich weiteren Dingen widmen, wie etwa den langfristigeren Zielen der Altersvorsorge beziehungsweise den komplexeren Themen wie einer Wertpapieranlage.

Bevor wir zu den rein faktenorientierten Antworten kommen, wollen wir mit Geldcoach Nicole Rupp einer gänzlich anderen Sichtweise Platz einräumen – weil es ein emotionaler Einstieg ist. Für sie geht es in erster Linie nicht um Kosten und Einnahmen, sondern um Sie selbst. Sie sagt: »15 Minuten reichen völlig, um sich auf sich selbst und die eigenen Werte zu besinnen: Wer bin ich? Was macht mich wirklich reich? Die Antworten liefern immer wieder wertvolle Orientierungshilfe für den eigenen Umgang mit Geld – sowohl beim Einnehmen wie auch bei allen sinnvollen Investitionsmöglichkeiten.« Die ersten Prioritäten:

 Stimmen meine Zahlen?

 Mehr Einnahmen als Kosten

 Konsumkredite vermeiden

Widmen wir uns nun der einfachen persönlichen Faktenlage. Der Open-Source-Evangelist und Web-2.0-Experte Thomas Uhl bringt es knackig auf den Punkt: »Schauen, dass die Einnahmen die Ausgaben übertreffen.« Nur unter Reduktion der festen wiederkehrenden Kosten haben wir die Chance, finanzielle Entscheidungen zu treffen, sprich: uns finanziell frei zu bewegen, also Autarkie, Selbstständigkeit und Unabhängigkeit zu schaffen und damit der Knechtschaft der Kreditbedienung und Zinszahlung zu entgehen. Schauen Sie sich unseren Staatshaushalt als ein Negativbeispiel an. Unsere Politik hat aufgrund der enormen Verschuldung und des damit einhergehenden Schuldendienstes in Milliardenhöhe überhaupt nicht mehr die Chance, den Haushalt strukturell zu verändern. Einer der Gründe, weswegen Sie sich hoffentlich besser um Ihr Geld kümmern werden.

Wolfram Böhm von der Kapitalmarktberatung Previs AG wird etwas detaillierter: »Zu checken, ob der Geldeingang wie geplant war und die Ausgaben nicht aus dem Ruder gelaufen sind. Falls es hier negative Abweichungen gab: Woran lag es? Wie kann ich gegensteuern? Sind die Pläne für die nächsten Monate noch realistisch, und falls nicht, welche Anpassungen muss ich vornehmen?«

Besonders der Hinweis auf einen Plan in Sachen Ausgaben und Einnahmen gefällt uns. Denn nur wenn man einen kurzfristigen Plan hat, kann man auch wissen, wo es Abweichungen gibt. Also, erste Frage: Was ist Ihr Finanzplan für den nächsten Monat? Welche Kosten fallen an? Was davon ist unvermeidbar, was vermeidbar? Was von den unvermeidbaren Kosten kann gesenkt werden?

Immobilienexperte Günther Flory mahnt unverblümt, auf unnötigen Konsum zu verzichten: »Alle Einnahmen saldieren. Alle Ausgaben (wirklich alle Ausgaben, auch Versicherungen, Pkw-Kosten pro Kilometer etc.) kalkulieren, planen und gegebenenfalls Ausgaben mit minderer Priorität auf eine spätere Zeit verschieben oder gar streichen. Wichtigster Kernsatz: Konsum als solcher macht nicht glücklich!«

Stellt sich natürlich eine Frage: Sollte man feststellen, dass man am Ende des Geldes immer noch Monat übrig hat, was kann man konkret tun? Wir haben in diesem Buch schon über diverse Geld-Communitys gesprochen. Warum also nicht dort die eigene Frage zur Kostenreduktion einstellen? Wenn's nichts hilft, was ist verloren? Oder suchen Sie nach Spartipps im Internet. Alleine in der Fidor-Bank-Community gibt es Tausende.

Lesen, lesen, lesen! Wissen und Informationen sammeln

Für viele unserer Experten ist Lesen und Weiterbildung eines der Themen, die man über die Woche verteilt leicht erledigen kann. Geldcoach Christoph Kirsch würde beispielsweise in diesen 15 Minuten pro Woche »Zeitung lesen und über Trends und Märkte nachdenken«. Kapitalmarktexperte Christoph Kanzler sieht es ähnlich: »Nutzen Sie die Zeit, um sich zu bilden, um zu einem informierten Anleger zu werden.« Bankenberater Volker Weber unterstreicht die Wichtigkeit einer regelmäßigen Lektüre, geht aber noch einen Schritt weiter und fordert uns auf, selbst zu überlegen, was die eine oder andere tagesaktuelle Entwicklung an Konsequenzen für unsere Geldthemen mit sich bringt: »Natürlich sollte man sich ein wenig für die Themen der Zeit interessieren und die Informationen daraufhin überprüfen, ob sie Auswirkungen auf Wirtschaft und Zinsen haben könnten. Man wird feststellen, dass man damit immer weiter in die Finanzthemen hineinkommt und bald ein Gespür für wichtige Informationen entwickelt. Alles Weitere ergibt sich.«

Okay, nun sollen Sie also auch noch lesen. Einen Anfang haben Sie ja mit diesem Buch gemacht. Nehmen Sie sich ab sofort den Wirtschaftsteil Ihrer Zeitung zur Brust und lesen Sie die Artikel, die Ihnen interessant erscheinen. Besorgen Sie sich eine Wochenzeitung und lesen Sie den Wirtschaftsteil. Oder kaufen Sie sich eine gut gemachte Finanzzeitung wie beispielsweise *Euro am Sonntag*. Lesen Sie die Zeitschrift *Finanztest*. Gehen Sie in den nächsten Bahnhofsbuchhandel und blättern Sie mal all die Finanzblätter durch. Oder schauen Sie sich die dazugehörenden Webseiten an. Dank Netz können Sie sich auch zu Hause einen Überblick verschaffen. Fragen Sie im Web konkret nach den Zeitungen, Magazinen und auch Büchern, die man lesen sollte. Auch so kommen Sie zu Anregungen.

Haben Sie überhaupt einen Plan?

Nachdem wir es nun (hoffentlich) geschafft haben, unsere Kosten kennenzulernen und in den Griff zu bekommen, nachdem wir es geschafft haben, uns einen wöchentlichen Überblick zu verschaffen, geht es darum, nach vorne zu schauen. Wir kommen auf die Eingangsfragen von Nicole Rupp zurück: »Was macht mich glücklich? Welches sind meine Werte? Wo will ich hin?« Die Antworten auf diese Fragen sowie die Anforderungen an meine Lebensumstände müssen sich in einer gewissen Langfristplanung wiederfinden.

Natürlich ist diese untrennbar mit dem Lebensalter verbunden, sie ist abhängig von der Ausbildung, dem Familienstand und vielen anderen Dingen, die unmittelbar mit Ihnen, Ihren Möglichkeiten und Ihren familiären Verhältnissen zu tun haben. Daraus sind konkrete Ziele abzuleiten. Businesscoach Michael Bennhausen würde dementsprechend die wöchentlichen 15 Minuten damit verbringen, sich immer wieder konstruktiv die Frage zu stellen: »Bin ich auf dem richtigen Weg, mein gesetztes finanzielles Ziel zu erreichen?« und nach – hoffentlich zufriedenstellenden – Antworten zu suchen.

Florian Schweitzer, Gründer des Investorennetzwerks Brains-to-Venture, rät, den »Zehn-Jahres-Plan im Blick zu haben«. Internet- und Bankenunternehmer Gerhard Huber ermahnt, die »langfristige Versorgung im Alter« auf keinen Fall aus den Augen zu verlieren. Ein wichtiger Punkt, wie wir gleich sehen werden.

Welche Themen muss ein Langfristziel berücksichtigen?

Im Allgemeinen zeichnen sich die folgenden wesentlichen Trends ab, für die wir hier keine finalen Antworten haben (wie auch?), sondern die es neben den persönlichen und familiären Themen zu berücksichtigen gilt:

 Die deutsche Bevölkerung wird älter und nimmt ab. Man muss weder Verschwörungstheoretiker noch Mathematikgenie sein, um zu erkennen, dass das gegenwärtige deutsche Rentensystem so nicht funktionieren wird. Laut Statistik kommen heute auf 100 Beitragszahler 60 Rentner. Im Jahr 2030 geht man davon aus, dass auf 100 Beitragszahler rund 100 Rentner entfallen. Je nachdem, wie alt Sie sind, wird Sie dies unterschiedlich treffen: Wenn Sie schon älter sind, wird es Sie schlimm treffen, denn die Renten werden real sinken. Wenn Sie noch jünger sind, wird es Sie ganz schlimm treffen. Denn Sie müssen noch Ihr ganzes Leben einzahlen und dürften nahezu nichts rausbekommen. Wenn Sie sich mal ein Bild davon machen wollen, was Sie heute an Geld anlegen müssen, damit Sie in Zukunft eine wie auch immer geartete Rente bekommen, können Sie dies auf *www.zinsen-berechnen.de* tun. Wobei Sie sich bei dem aktuellen Zinsniveau die Rechnung sparen können. Die Inflation frisst die magere Performance.

 Bei Ihrer Langfristplanung sollten Sie auch daran denken, dass der deutsche Staat in Zukunft eher weniger als mehr Geld für Sie zur Verfügung haben wird. Die Sozialleistungen werden trotz steigender Steuereinnahmen an allen Ecken und Enden gekürzt. Auf diese Entwicklung kann man sich nur mit zusätzlichem Sparen vorbereiten.

Zusätzlich will der Staat mehr Geld von Ihnen. Die individuelle Steuerlast wird steigen. Der Umbau der Systeme, der irgendwann erfolgen muss, kostet Geld. Geld, das aufgrund der expansiven Schuldenpolitik der letzten 40 Jahre nicht vorhanden ist.

 Die medizinische Versorgung wird mit zunehmendem Alter kostenintensiver. Schon heute klagen wir über eine Zwei-Klassen-Medizin, die den kaufkraftstarken Patienten eine Fülle von Möglichkeiten bietet, während der einfache Mann in den Mühlen einer interessengetriebenen Gesundheitspolitik sein Dasein im Wartezimmer fristet. Dies betrifft einen selbst. Dies betrifft aber natürlich auch unsere Lieben, etwa die Eltern, für die wir natürlich sorgen müssen, sollte dies notwendig sein. Und: Solange alle gesund sind und trotz des Alters fit, gilt es, strukturelle Vorsorge für die Zukunft zu treffen. Auch wenn es kein leichtes Thema für alle Beteiligten ist, so muss man doch die wichtigen Dinge geregelt haben. Ein Testament gehört ebenso dazu wie eine Patientenverfügung. Speziell zu Letzterer ist die Rechtsprechung sehr komplex. Nehmen Sie an dieser Stelle nur mit, dass Sie sich diesen Punkten widmen müssen. Sie sind lebensnotwendig, für Sie ebenso wie für Ihre Eltern beziehungsweise Ihre Kinder. Lassen Sie das Undenkbare eintreten. Ohne eine vorher gefasste und festgelegte Vorgehensweise sind Sie als Angehöriger im Ernstfall handlungsunfähig. Die 15 Minuten pro Woche sind für diese Themen hervorragend investiert!

 Eine profunde Ausbildung der Kinder wird ebenfalls kostenintensiver werden. Schon heute müsste eigentlich ein Elternteil zu Hause bleiben, möchte man die Kinder optimal durch die Zeiten eines G8-Gymnasiums bringen. Unser Bildungssystem bietet zwar viele Alternativen, ist aber unter dem Strich komplett irrwitzig, weil es je nach Bundesland differiert und eines gemeinsam hat: In allen zuständigen Ministerien sitzen Bürokraten, die sich keine Gedanken über die Umsetzung ihrer Vorgaben machen. Nicht umsonst flüchten viele Eltern, die es sich leisten können, zu privaten Anbietern. Damit kommen dann zur entgangenen Arbeitszeit eines Elterteils noch die zusätzlichen Schulkosten. Für die Mehrheit unter uns unfinanzierbar. Und nach der Schule geht es ja erst richtig los. Wer in Zukunft einen gut bezahlten Job bekommen will – diese Jobs wird es ohne Zweifel geben –, der muss eine Reihe von Praktika, Auslandsaufenthalten, Studien vorweisen können. All das gibt es nicht umsonst. Bei Ihrer Langfristplanung – zugegeben, 15 Minuten pro Woche sind da eher zu wenig – müssen Sie auch diese Dinge im Blick haben.

Gehen Sie noch einmal Schritt für Schritt vor:

 Sie haben sich in einem ersten Schritt einen Überblick über Ihre Zahlen erarbeitet.

 Sie haben versucht, unnötige Ausgaben zu vermeiden.

 Sie versuchen, Kredite grundsätzlich zu meiden. Das gilt vor allen Dingen für teure Überziehungskredite. Und Sie finanzieren auf keinen Fall Konsum gegen Kredit.

 Natürlich können und müssen Sie sich laufend Gedanken machen, wie Sie Ihr Einkommen optimieren.

 Sie haben es so hoffentlich geschafft, mehr Einnahmen als Ausgaben zu verzeichnen.

 Gegebenenfalls haben Sie sich zur weiteren Kontrolle eine Haushaltsbuch-App oder -Software geholt, damit Sie auf Knopfdruck einen Überblick haben – auch unterwegs, beispielsweise in der U-Bahn.

Nachdem Sie also Ihren finanziellen Alltag unter Kontrolle gebracht haben, denken Sie nun etwas weiter. Sie haben sich Gedanken über Ihr Leben gemacht und daraus Ihre Ziele abgeleitet, wie wir es auch im Rahmen der Kompetenz strategisches Denken beschrieben haben. Daraus wiederum leiten Sie Ihre langfristigen Maßnahmen ab – auch die finanziellen. Dabei berücksichtigen Sie, was um Sie herum geschieht, und bilden sich dazu eine Meinung. Egal, wie die aussehen mag, Sie werden Geld auf die Seite legen müssen.

Richtig anlegen und investieren!

An diesem Punkt müssen Sie sich Gedanken machen, was Sie mit dem Geld tun, das Sie auf die Seite gelegt haben. Denn es nur auf die Seite zu legen ist definitiv ein Fehler. Es falsch einzusetzen auch. Davon sollten wir uns aber nun nicht bange machen lassen, denn auch hierfür haben wir eine Reihe von Tipps und Themen, mit denen Sie erneut 15 Minuten pro Woche verbringen können.

Andreas Raschdorf, selbst ein absoluter Wertpapier-Fan, empfiehlt: »Machen Sie Kapitalanlage zu Ihrem Hobby. Am Anfang brauchen Sie wohl mehr als 15 Minuten, später weniger. Seien Sie geizig bei Krediten und Versicherungen. Brauche ich das wirklich? Und bedenken Sie stets bei Sicherheitsversprechen: Versicherungen werden Wege finden, nicht zu bezahlen. Sicherheit bei Kapitalanlagen ist per se zu teuer und killt Ihren Vermögensaufbau. Sehen Sie sich nur an, was bei Riester rauskommt.« Gute Argumente. Gerade der Hinweis in Richtung Versicherung ist wertvoll.

Robert Koch von der Volksbank Süd-Ost-Steiermark liefert sogar einen kleinen Leitfaden für die ersten Wochen: »**1. Woche**: Überblick über die eigenen Finanzen verschaffen. **2. Woche**: Generelle Informationen (Euro, Weltwirtschaft …) einholen. **3. Woche**: Informationen über Veranlagungsmöglichkeiten je nach eigener Einstellung eruieren. **Danach**: Handeln (investieren, kaufen, verkaufen).« Das ist zwar etwas flott, aber grundsätzlich genau die richtige Vorgehensweise. Das Tempo freilich ist dabei jedem selbst überlassen.

DR. JOHANNES BUSSMANN, BANKENBERATER

Wenn Sie sich bitte vorstellen ...
Dr. Johannes Bussmann, Partner bei Booz & Company.

Beraten beziehungsweise betreuen Sie aktuell Banken beziehungsweise Finanzdienstleister?
Mein Team und ich beraten Finanzdienstleister in strategischen Fragestellungen, u.a. auch zu Veränderungen der Beziehung zwischen Kunde und Bank durch Digitalization und Social Media.

Woran erkenne ich – aus Sicht des Unternehmensberaters – einen guten beziehungsweise einen schlechten Finanzdienstleister?
Eine gute Bank hat eine Strategie und ein Geschäftsmodell, das auf ihren Stärken aufbaut. Sie weiß, wo sie gut ist und wodurch sie sich differenzieren kann. Sie hat ihr Geschäftsmodell, d.h. Zielkunden, Produkt- und Serviceangebot, Zugangswege/ Kanäle, Pricing und ihre Kommunikation bewusst gewählt und besitzt ein effizientes Operating Model zur bestwirtschaftlichen Bereitstellung von Services und Leistungen. Eine gute Bank erfüllt alle regulatorischen Anforderungen und hat eine ausreichende Kapitalisierung. Damit ist sie für ihre Zielkunden ein präferierter Anbieter und für ihre Gesellschafter ein profitables Investment.

Woran erkenne ich – aus Sicht des Kunden – einen guten beziehungsweise einen schlechten Finanzdienstleister?
Eine gute Bank ist kundenorientiert aufgestellt. Sie versteht ihre Kunden und deren Bedürfnisse. Eine gute Bank betreut und berät den Kunden gesamthaft, wenn dieser das wünscht. Sie erkennt auch, wenn der Kunde keine Beratung haben möchte, wenn er weiß, was er will, und nur ein Produkt kaufen oder einen Service in Anspruch nehmen möchte, wie z.B. Brokerage. Eine gute Bank hat alternative Zugangswege für

den Kunden und bietet ihm den für ihn bequemsten Zugangsweg für seine Kommunikation und seine Transaktionen mit der Bank. Eine gute Bank hat faire, wettbewerbsfähige Konditionen und Preise.

Was raten Sie den Lesern des Buches: Welche Fragen sollten sie stellen, wenn sie einen Finanzdienstleister auswählen?
Der Kunde sollte seinen Finanzdienstleister daraufhin prüfen, ob er den Kunden versteht und ob der Kunde den Finanzdienstleister versteht. Versteht der Kundenberater die Wünsche des Kunden, Risikobereitschaft, Anlagehorizont, Finanzierungsbedarf, Einkommens- und Vermögenssituation? Hat der Kundenbetreuer die passenden Produkte und Services? Versteht der Kunde das Angebot und warum es für ihn gut ist und passt?

Wenn dann der Kunde auch noch versteht, woran die Bank verdient und dass der Kundenbetreuer im Interesse des Kunden handelt und ihn berät, dann ist das für eine vertrauensvolle Bank-Kunde-Beziehung sehr förderlich.

Wie lauten Ihre Top-5-Handlungsanweisungen beziehungsweise Tipps an die Finanzdienstleister für die weitere positive Entwicklung im Retail-Segment?
Banken/Kundenberater müssen ihre Kunden verstehen.

Banken müssen die gewünschten Kanäle des Kunden bedienen – voll integriert.

Digitalisierung wird die Bank der Zukunft prägen – Banken müssen sich jetzt darauf einstellen und auch über Social Media ihre Kunden erreichen.

Die Kunden-Community weiß künftig mehr als manche Kundenberater – Empfehlungen unter Kunden gewinnen an Bedeutung.

Mit Verlagerung auf digitale Kanäle wird sich die Rolle der Filialen in der Kundenbetreuung verändern – Banken müssen ihre Filialkonzepte und den Filial-Footprint anpassen.

Hätten Sie nur 15 Minuten pro Woche Zeit für Ihre Geldthemen, was würden Sie tun?
Informationen zu Marktentwicklungen durch den Wirtschaftsteil einer guten Tageszeitung sowie ergänzend über ein wöchentliches Wirtschaftsmagazin einholen.

Welches ist die gegenwärtig interessanteste Finanz-App?
Handelsblatt! Da kann ich jederzeit aktuelle Marktentwicklungen sehen. Sonst auch jede meiner Banken-Apps, die mittlerweile alle sehr guten Research bieten – von ING-DiBa über Sparkassen, Volksbanken bis zu Deutsche Bank – ich nutze sie alle regelmäßig.

Welches ist das interessanteste Finanzangebot im Netz?
Das Angebot der ING-DiBa.

Was wollen Sie ansonsten noch loswerden?
Banken müssen alles tun, um das Vertrauen ihrer Kunden zurückzugewinnen. Dazu müssen sie ehrlich mit ihren Kunden umgehen, diese offen und gut informieren sowie faire Konditionen für Produkte und Services anbieten.

www.kuemmerdichumdeingeld.de/clip11

Die ersten Kunden einer Bank haben sich schon auf die Reise gemacht: Vom Kunden ohne Macht und Lobby hin zum mündigen und kritischen Kunden mit Mit-Mach-Banker!

KAPITEL 12

10 REGELN FÜR EIN NEUES SELBST-VERSTÄNDNIS ALS BANKKUNDE

»Lasst euch nicht mit den Krümeln abspeisen, sondern verlangt die Torte. Es ist euer Geld und eure Rendite!«

Andreas Raschdorf, Kapitalmarktexperte und Geschäftsführer der ChrisAndrews Financial Partners GmbH, auf die abschließende Frage: »Und was Sie sonst noch loswerden wollten ...«

An dieser Stelle wollen wir explizit auf die Fidor-Bank und ihr Konzept eingehen. Würden wir behaupten, das sei nicht als Werbung für die Bank zu verstehen, wäre das natürlich nicht die Wahrheit. Dennoch zeigen dieses Unternehmen und insbesondere die Community, die es erst lebendig macht, die Möglichkeiten, die es abseits der ausgetretenen Pfade der Großbanken gibt. Und was der Einzelne davon hat.

Kurz gesagt vernetzt die Fidor-Bank ihre Kunden im Web, damit sie dort ihr Wissen und ihre Erfahrungen teilen und sich so gegenseitig unterstützen können. Im Sommer 2012 hat die Bank eine erste Broschüre ins Netz gestellt. An und für sich kein wirklich bewegendes Ereignis. Bei näherem Hinsehen entdeckt man dann aber doch das Besondere: Dieses sogenannte »1. Fidor Bank Moneyfest« wurde gemeinsam mit den Nutzern – bei anderen Banken heißen sie Kunden – der Fidor-Bank-Community geschrieben. Die Forderungen und Gebote der Nutzer sind so allgemeingültig, dass sie von allen Kunden einer Bank angewendet werden können. Deswegen wollen wir hier die zehn Grundregeln dokumentieren.

Regel 1:

Reden Sie über Geld

Die Aussage »Über Geld spricht man nicht« wurde von denjenigen geschaffen, die nicht wollen, dass wir das tun – letztlich, um Transparenz zu verhindern. Natürlich muss man nicht die intimsten privaten Geheimnisse kundtun. Aber man kann sich von anderen anhören, warum etwas gut oder schlecht gelaufen ist und mit wem man sich am besten darüber unterhalten kann. Man kann aus den Fehlern und Erfahrungen anderer lernen. Das Internet ist die effizienteste und transparenteste Plattform dafür.

Regel 2:

Zahlen Sie nicht länger für Entscheidungen, die Sie selbst besser treffen

Sie misstrauen dem herkömmlichen Bankensystem mehr und mehr? Sie haben recht! Es versucht, das Maximum aus der Kundenbeziehung herauszuholen – mittels hoher Transaktionsprovisionen, unvorteilhafter, komplexer Anlageprodukte und komplizierter Abrechnungssysteme, die Hand in Hand gehen mit einem zunehmend aggressiven Vertrieb. Ein moderner Bankkunde entscheidet aber selbst, was seinem persönlichen Finanzstatus guttut und was nicht.

Regel 3:

Zahlen Sie nicht länger für eine Beratung, die Sie nicht brauchen

Vor einer Kaufentscheidung checken Sie die Einträge in Bewertungsportalen im Internet. Nur bei Geldthemen verlassen Sie sich noch auf die Meinung eines Bankangestellten und verzichten auf die Nutzung der Erfahrungen, welche die Masse im Netz teilt. Warum?

Natürlich kann ein derartiger Community-Austausch kein Ersatz für eine gute Beratung bei komplexen Themen sein. Ein solcher Austausch mit der Community hilft Ihnen aber möglicherweise, in einem Beratungsgespräch die richtigen Fragen zu stellen beziehungsweise von vornherein zu erkennen, welche Produkte sinnvoll sind und welche weniger. Im Netz will Ihnen niemand etwas verkaufen (wenn doch, fliegt er schnell auf).

Das heißt im Umkehrschluss: Zahlen Sie für die Beratung, die Sie brauchen. Und Sie werden zu gewissen Themen immer Beratung brauchen. Aber zahlen Sie nur für die Beratung (Stichwort Honorarberatung), nicht für den damit verbundenen Verkauf. Honorarberatung mag Ihnen vielleicht teuer erscheinen, unterm Strich kommt sie billiger.

Regel 4:

Zahlen Sie nicht länger für ein Produktsortiment, das keine Grenzen kennt

Mehr als eine halbe Million Zertifikate, Fonds und Derivate können alleine in Deutschland erworben werden. Dieses Überangebot bedient womöglich Zocker, vor allem aber jene, die es auf den Markt bringen. Versicherungen stehen dem nicht nach und schaffen einen Tarifdschungel, der nur noch von ausgewiesenen Experten durchdrungen werden kann. Manches davon mag sinnvoll sein. Vieles ist jedoch nur entstanden, um durch neue und künstliche Komplexitäten neue Ertragsquellen zu eröffnen. Transparenz? Fehlanzeige. Kundenintegration? Dito.

Wie auch an anderer Stelle formuliert, sollte man sich nur auf Produkte fokussieren, die man tatsächlich versteht. Wer sich nicht sicher ist, kann entsprechende Fragen an die Geld-Community seiner Wahl stellen.

Idealerweise kauft der Kunde nicht nur die Produkte einer Bank, sondern gestaltet diese Produkte und ihre Preise sogar mit. Geht nicht, sagen Sie? Kennen Sie nur nicht! Die Fidor-Bank hat als erste Bank der Welt die Preisgestaltung für ein Produkt (Zinsen eines Girokontos) von der Anzahl der »Likes« im eigenen Facebook-Account abhängig gemacht. Der nächste Schritt der Entwicklung sieht vor, dass der Preis des Überziehungszinses davon beeinflusst wird.

Regel 5:

Zahlen Sie nicht länger für einen Aufwand, den Sie nicht verursachen

Klingt logisch, ist aber keineswegs immer Realität. Schauen Sie sich an, was die Dienstleister Ihrer Wahl an Aufwand verursachen, und überlegen Sie sich, ob Sie deswegen als Kunde ein besseres

Leben haben. Denn den Aufwand subventionieren Sie als Kunde schließlich mit:

 Gibt es teure oder gar sinnlose Werbekampagnen? Oder gibt es ein Kunden-Bonusprogramm?

 Betreibt die Bank irgendeine Form des Sponsorings? Und sind Sie der Meinung, dass dies Sinn ergibt? Was könnte dieses Sponsoring kosten? Wem nutzt es?

 Wie wirkt die Verwaltung des Hauses auf Sie: kundenfern oder fokussiert auf das, was Kunden wünschen und brauchen?

 Wissen Sie etwas über Gehaltsstrukturen? Entsprechen diese der Aufgabe der Bank und den Moralvorstellungen der Gesellschaft?

 Ist der Vertrieb des Hauses auf Beratung oder Verkauf ausgerichtet? Besonders wichtig: Nach welchen Methoden wird der Vertrieb entlohnt? Eine Kernfrage, die Sie jedem Mitarbeiter eines Finanzdienstleisters stellen sollten: Wonach werden Sie bezahlt?

Das User-Moneyfest lenkt den Blick auf weitere Kosten- und Aufwandsarten, die wir als Kunden im Blick haben sollten:

Filialsysteme sind sinnvoll für Kunden, die mit dem Internet nichts anfangen können. Sollten Sie aber ein Online-Banker sein, achten Sie darauf, dass Sie kein teures Filialsystem direkt oder indirekt über Ihre Gebühren mitfinanzieren.

Der Verwaltungsapparat eines Finanzdienstleisters ist so komplex wie die Geschäfte, die eine Bank betreibt. Heerscharen von hoch bezahlten Managern basteln an Strategien und Konzepten, erfinden neue Produkte und managen sie, sitzen in Handelsräumen und großen IT-Abteilungen, feilen an Expansionsstrategien, jonglieren mit Milliardenrisiken in ihren Kreditabteilungen, beschäftigen Unternehmensberater und führen dazu ein Meeting nach dem anderen durch.

Übrigens: Anders als das Management in Großbanken wird das der Fidor-Bank AG nie in den Gehaltsranglisten deutscher Medien zu finden sein. Denn es ist auch wesentlicher Shareholder der Bank. Dies gewährleistet gemeinsame Interessen.

Ein wichtiger Punkt, auf den wir kurz eingehen wollen. Früher waren Banken häufig Unternehmen, die den Betreibern gehörten. Grundsätzlich verfolgt der persönlich haftende Eigentümer einer Bank eine andere Risikopolitik als ein angestellter Manager. Des Managers größtes Risiko ist die Höhe der Abfindung im Fall, dass seine Strategie misslingt. Den Preis des Versagens zahlt er nicht. Bestes Beispiel sind die Investmentbanker um Stefan Jentsch zu Zeiten der Dresdner Kleinwort Benson. Sie verursachten einen dreistelligen Millionenverlust, der durch den Staat aufgefangen wurde (via Commerzbank), während die Manager ihren Bonus erstritten. Wir wünschen uns, dass Menschen wie Stefan Jentsch nicht vergessen werden. Ihr besonderes »Verdienst« um den Finanzstandort Deutschland sollte man immer im Hinterkopf haben. Ein persönlich haftender Eigentümer kann so nicht vorgehen. Er muss Angst haben, dass er sich damit um sein gesamtes Vermögen bringt.

Diesen Punkt aufgreifend geht es im Moneyfest weiter: »Besonders kostspielig können strategische ›Ausflüge‹ werden: Akquisitionen und extravagante Konzepte enden nicht selten wenig erfolgreich. Wer zahlt die Rechnung? Die Kunden!«

Ebenfalls von den Kunden einer Bank wird der Schaden bezahlt, der durch eine zu expansive Kreditpolitik entsteht. Dieser ging in der jüngeren deutschen Geschichte teilweise in die Milliarden, da sich Banken – manchmal getrieben durch die Politik – ermuntert oder auch gezwungen fühlten, mittels Kreditvergabe Industriepolitik zu betreiben.

Und von den Incentive-Reisen der Finanzbranche wollen wir gar nicht erst anfangen.

Regel 6:

Zahlen Sie nicht länger für einen Verwaltungsapparat, wenn Sie nur eine Internetverbindung brauchen

Sie haben im Netz alles, was Sie brauchen, ob zu Hause am PC oder übers Smartphone. Und Sie bekommen weit mehr, als Ihnen eine Filiale jemals bieten kann. Das Netz ermöglicht kostengünstige Arbeitsabläufe, schnell abrufbare Produkte und Leistungen. Die Bank kann damit rund um die Uhr zur Verfügung stehen.

Wichtiger als die prozessuale Sicht der Dinge ist der Austausch über das Internet. Der Bank und ihrem Management kann man laufend über die Schulter schauen. Es entsteht eine fortwährende Transparenz und langfristige Nachvollziehbarkeit. Man kann mit der Bank und ihren Vertretern beinahe jederzeit direkt in Kontakt treten.

Regel 7:

Zahlen Sie nicht länger für eine Dienstleistung, die Sie nachts nicht ruhig schlafen lässt

Wer die Sicherheitsbedürfnisse der Kunden ernst nehmen möchte, darf sich nicht auf Fragestellungen der Internetsicherheit reduzieren. Natürlich ist das ein wesentliches Thema. Und natürlich muss man unbedingt auf die eigenen Daten und Zugänge sowie die eigenen Endgeräte aufpassen.

Aber: Deutlich mehr Kundengeld wird offline durch fehlerhafte Beratung oder betrügerische Aktivitäten vernichtet als durch das Hacken von Kreditkartenkonten.

Regel 8:

Zahlen Sie nicht länger für eine Bank, die den Dialog mit den Kunden scheut

Das Internet wäre eine perfekte Plattform für einen Dienstleister wie eine Bank, um zuzuhören. Es wird nur viel zu wenig getan. Im User-Moneyfest wird dieser Ansatz wie folgt beschrieben: »Unser Ohr – die Social-Media-Kanäle: Unser wichtigster Kanal ist unsere eigene Fidor-Bank-Community. Zudem bewegen wir uns auf den populären Plattformen Facebook, Twitter, XING, YouTube und Google+.«

Es geht hier auch um Geschwindigkeit: Eine schnelle Reaktion auf Anfragen ist in allen Social-Media-Kanälen wichtiger denn je. Es geht um Transparenz, Mitbestimmung und messbare Qualität: In der Fidor-Bank-Community werden nicht nur Konkurrenzprodukte, sondern auch die eigenen Produkte bewertet.

Regel 9:

Zahlen Sie nicht länger für Komplexität, wenn es auch einfach geht

Wieso muss ich ein extra Konto aufmachen, wenn ich eine Fremdwährung kaufen möchte? Wieso kann ich nicht einfach und schnell über mein Konto Zusatzangebote Dritter nutzen, die nicht zur Bank gehören, aber durch die Bank integriert wurden? Wieso kann ich über mein Konto kein Internetpayment machen und muss dafür fremde Anbieter wie PayPal nutzen statt meiner vertrauten Hausbank? Wieso kann ich nicht Edelmetalle einfach so über mein Konto kaufen und dort den Bestand dann auch einsehen? Wieso kann ich nicht Freunden Geld über mein Konto leihen, wenn sie es brauchen, und es darüber auch wieder einfordern? Sie sehen, es gäbe so viele Sachen, die man über ein Konto erledigen könnte. Das Girokonto, so wie wir es heute erleben, ist nicht der Weisheit letzter Schluss und darf auch nicht das Ende einer Entwicklung sein.

Regel 10:

Zahlen Sie nicht länger für eine Bank, die das Internet für eine vorübergehende Erscheinung hält

Man kann über das Web und die passenden Plattformen ein deutliches Mehr an Nutzen erreichen. Diese Einstellung zieht sich wie ein roter Faden durch dieses Buch. Das Netz wird das Retail-Banking nachhaltig und weiter verändern, so wie es auch die Medienwelt, die Musikwelt und vieles mehr verändert hat. Wenn Ihre Bank gegenüber dieser Entwicklung zurückhaltend agiert, dann sollte sie das gut begründen können. So oder so, es ist eine strategische Fragestellung mit maximaler Wichtigkeit. Insofern sollten Sie Ihr Geld nur bei einem Partner haben, der dazu eine ausgefeilte Strategie hat.

Fehlertyp 6: Geld ist schmutzig

Er hat im Gymnasium Socken gestrickt und seine klassenkämpferische Einstellung sowie seine Sicht auf Geld und dessen Verteilung in der Bevölkerung nicht sonderlich entwickelt. Viele dieser Idealisten wachen doch noch auf und finden Geld dann ganz klasse.

Ein von uns zum Thema Glaubenssätze befragter Managementcoach drückt es so aus: »Es gibt unendlich viele negative Gefühle gegenüber Geld: Schuld, Scham, Angst vor Neid, Angst vor Verlust – Geld wird abgewertet als ›schmutzig‹ oder mit negativen Glaubenssätzen belegt (›verdirbt den Charakter‹).«

Die meisten Personen, die diesem Muster entsprechen, haben früh eine signifikant negative Erfahrung gemacht, die sie mit Geld in Verbindung bringen. Die Ehe der Eltern wurde geschieden, das Unternehmen des Vaters ging in die Insolvenz, das Haus der Eltern wurde zwangsversteigert, die Familie konnte sich aus materiellen Gründen einen Traum nicht erfüllen oder, oder, oder. Auch eigene wiederholt als problemhaft empfundene Situationen mit Geld können die Einstellung prägen, Geld sei schmutzig.

Der Typus zeigt sich im Konsumverhalten meist sehr vernunftgesteuert. Er kauft, was er braucht, und das ist wenig. Ein Smartphone benötigt man nicht zur mobilen Kommunikation, es reicht ein einfaches Handy. Das Auto darf ein gebrauchter Koreaner sein, am Leib prangen keine Marken. Männer reparieren, bis nichts mehr geht. Ihre Kinder verzweifeln schon vor der Pubertät an ihnen. Materiell sind sie komplette Außenseiter, entwickeln aber eine gesunde Einstellung zum Konsum und sind in der Lage, sich über den kleinen Luxus zu freuen. Oder aber sie brechen später genervt aus.

Muster heute: Geld zu besitzen löst Schuldgefühle aus. Die Bereitschaft, zu spenden und Bedürftigen zu helfen, ist groß. Für sich selbst ist das Nötigste in durchschnittlicher Qualität in Ordnung. Bei allem, was angeschafft wird, wird geprüft, ob es gebraucht zu bekommen ist. In den Müll wandert nur, was irreparabel nicht mehr funktioniert. Auf eBay tritt dieser Typus selten als Verkäufer auf, denn er kommt kaum in die Situation, Dinge zu besitzen, die er nicht braucht.

Finanzen heute: Sofern der Glaubenssatz nicht durch eigene finanzielle Fehltritte verursacht ist, hat der »Geld ist schmutzig«-Typus keine Schulden. Aber auch nichts auf der hohen Kante. Sein Problem ist die Einnahmenseite. Es motiviert ihn nicht, Geld über das hinaus zu verdienen, was er braucht, denn Geld ist ja schlecht. Er engagiert sich neben dem Job lieber ehrenamtlich und findet darin seine Bestätigung und Anerkennung in seinem Umfeld.

Auswirkungen später: So bescheiden sein Leben heute ist, so bescheiden wird es weiter verlaufen. Er wird von der gesetzlichen Rente leben. Situationen, in denen er Geld braucht, ist er hilflos ausgeliefert und muss im Rahmen seiner Möglichkeiten auf einen Kredit zurückgreifen.

Gegenmaßnahmen heute: Er wird nie ein Leben in Saus und Braus führen wollen. Dennoch, wenn er ein bescheidenes Vermögen aufbauen will, muss er sein Verhalten gründlich überdenken.

NICOLE RUPP, SINNSUCHERIN IM UMGANG MIT GELD

Wenn Sie sich bitte vorstellen ...
Nicole Rupp, Geldcoach mit eigener Marke geldbeziehung®, Referentin und Autorin (u.a. *Wer spart, verliert! Glück und Geld ins Leben holen*). Verheiratet, zwei Kinder.

Bitte beschreiben Sie sich und Ihre Unternehmensidee.
Ich bin Diplom-Betriebswirtin und systemischer Coach und habe 2002 meine eigene Marke geldbeziehung® ins Leben gerufen. Ich begleite Menschen dabei, eine gesunde Beziehung zu Geld zu entwickeln. Und das Thema »Geld in Beziehungen« zu erleichtern.

Geld ist hochgradig emotional besetzt und tabuisiert. Wir haben meist nicht gelernt, offen und ehrlich über Geld und unsere wahren Wünsche zu sprechen. So kompensieren wir viel mit Geld, machen uns mehr Stress, als wir bräuchten, verlieren wertvolle Lebenszeit auf dem Weg zu mehr Geld, streiten um Geld oder Erbe und Ähnliches.

Ziel meiner Arbeit ist eine gute Beziehung zu Geld – das heißt positive Gedanken, Gefühle und Verhaltensmuster. Daraus entstehen mehr Freude, Leichtigkeit und Erfolg mit Geld, beim Einnehmen, Ausgeben, Anlegen, Investieren, Vermehren, Vererben – eben in jeder Beziehung!

Welches war das auslösende Moment für Ihre Unternehmensidee?
Als Finanzberaterin fand ich es markant, dass gleiche Finanzprodukte bei unterschiedlichen Menschen zu völlig unterschiedlichen Ergebnissen führen. Manche schienen einfach ein Händchen dafür zu haben, während andere konsequent im ungünstigsten Moment kauften und verkauften. Es war auffal-

lend, wie fatal die Auswirkungen waren, wenn nicht aus Überzeugung, sondern aus beziehungsweise trotz Angst, Gier, Geiz u.Ä. gehandelt wurde.

Inzwischen begleite ich seit über einem Jahrzehnt erfolgreich Menschen in allen emotionalen Belangen mit Geld und bei jeder konkreten finanziellen Herausforderung oder Zielsetzung, das heißt auch bei Existenzgründung, Geschäftsausbau, Erbe, Geldkonflikten in Beziehungen, Verkauf, Investitionen. Eben überall, wo mehr Glück UND Geld Sinn hat.

Warum, glauben Sie, brauchen die Menschen Ihr Konzept?
Indem wir unsere Gedanken, Gefühle und Motive zum Thema Geld kennen und positiv besetzen, tragen wir zu positiven Entwicklungen, finanziellem und persönlichem Wachstum bei. Wir erleben mehr Gelassenheit, Geld und Erfüllung. Auch wachsen wir als Gemeinschaft, wenn wir mit Geld im gesunden Austausch miteinander sind. Und nicht zuletzt treffen wir mit jedem Euro täglich mehrfach eine Wahl. Solange wir uns nicht gerne mit Geld beschäftigen, können wir den eigenen Einfluss nicht nutzen. Mit einem wertschätzenden Umgang mit Geld nehmen wir dagegen aktiv Einfluss und können Geld zum Wohle von Mensch und Natur einsetzen.

Wenn dem so ist, warum fokussieren Sie Ihr Geschäftsmodell auf das Internet?
Via Internet biete ich E-Mail-Kurse mit individueller Begleitung an. So kann sich jeder entspannt von zu Hause oder vom Büro aus zeitlich völlig flexibel und genau auf seine persönliche Situation bezogen weiterentwickeln. Ich stehe begleitend über mehrere Wochen zur Verfügung. Dadurch können zeitnah schneller und effizienter die gewünschten Erfolge vermehrt werden. Bei Wochenendseminaren werden in kurzer Zeit zwar viele Erkenntnisse gewonnen, doch bis zur Umsetzung im Alltag geht vieles wieder unter. In der Begleitung bin ich eingebunden und erlebe das direkt mit. Und kann mich natürlich auch über jeden Erfolg gleich mitfreuen!

Hätten Sie nur 15 Minuten pro Woche Zeit für Ihre Geldthemen, was würden Sie tun?
15 Minuten reichen völlig, um sich auf sich und die eigenen Werte zu besinnen: Wer bin ich? Was macht mich wirklich reich?

Die Antworten liefern immer wieder wertvolle Orientierungshilfe für den eigenen Umgang mit Geld – sowohl beim Einnehmen wie auch bei allen sinnvollen Investitionsmöglichkeiten.

Was wollen Sie ansonsten noch loswerden?
Bei Geld wird zu viel über Geld gesprochen anstatt über die Wirkung, die es hat – für Menschen und unsere Natur. Wenn wir mehr über Wirkung sprechen und wie es uns wirklich berührt, dann treffen wir andere, liebevollere Entscheidungen, auch mit Geld.

»Wenn wir Geld wieder mit Verstand & Herzen bewegen, gewinnen wir an Menschlichkeit, Nächstenliebe und Reichtum, den wir uns dadurch selbst erschaffen.«

www.kuemmerdichumdeingeld.de/clip12

Worauf müssen Sie achten, wenn Sie auf der Suche nach einer neuen Bank sind, und welche Fragen müssen Sie Ihrer Bank stellen, um zu wissen, ob Sie mit dieser Bank eine gemeinsame Zukunft haben? Achtung! Ein Bank- und Kontowechsel kann Ihre Finanzen schlagartig verbessern.

KAPITEL 13

VOM UMGANG MIT DER EIGENEN BANK

»Zuviel Geld einer einzelnen Bank anvertrauen.«

Ralf-Dieter Brunowsky, Ex-Chefredakteur von *Capital*, Wirtschaftspublizist, Kommunikationsberater, auf die Frage: *»Was sind die größten Fehler der Bankkunden im Umgang mit ihrer Bank?«*

Versprochen wird Ihnen viel. Wenn Sie der Werbung der Finanzdienstleister Glauben schenken, leben Sie in einer idealen Welt. Nur kann das in Sachen Geld besonders tückisch sein. Denn das Geld der Kunden ist etwas Besonderes und für die gesamte Volkswirtschaft Wichtiges. In der Werbung gibt es allerorten nur glückliche Menschen. Natürlich gibt es auch nur glückliche Unternehmer, die optimal finanziert ihre Märkte erobern. Es gibt nur innovative und kundenorientierte Banken. Es gibt Banken, die wissen, wie das Banking heute geht. Es gibt Banken, die wissen, dass der Beginn von allem Vertrauen sei. Es gibt Banken, die in bewegenden Spots darüber nachdenken, wie man besseres Banking anbieten kann, und dabei aus dem dreißigsten Stock ihres Hochhauses blicken. Und es gibt Banken, die uns immer nur die allerbesten Top-Konditionen anbieten.

Über die Werbekommunikation können Sie nicht erkennen, ob Sie einen guten oder schlechten Partner in Sachen Finanzdienstleistung vor sich haben. Keine Bank scheint ein Produkt oder ein Angebot im Köcher zu haben, das sie nachhaltig unterscheidbar von anderen macht. Blickt man dagegen in die Medien, dann übertrumpfen sich die Banken eher mit Skandalmeldungen und Hiobsbotschaften.

Im 2011er-Ranking der internationalen Top-Marken führt Coca-Cola vor IBM und Microsoft . Die bestplatzierte europäische Finanzdienstleistungsmarke ist die AXA mit Platz 53. Beste deutsche Finanzdienstleistungsmarke ist die Allianz auf Platz 67, dann kommt die Santander auf Platz 68. Eine deutsche Bank suchen Sie unter den Top-100-Marken des Jahres 2011 vergeblich.

Also wieder Fehlanzeigen, auch hier findet sich kein positiver Ausreißer in der deutschen Bankenlandschaft.

Eine Möglichkeit, die wahre Qualität eines Dienstleisters zu analysieren, ist der sogenannte »Net Promoter Score«, entwickelt von der Unternehmensberatung Bain & Company. »Der NPS wird durch die Differenz zwischen Promotoren und Detraktoren des betreffenden Unternehmens berechnet.« Die Kernfrage dabei ist: »Würden Sie das Unternehmen X oder die Marke Y einem Freund oder Kollegen weiterempfehlen?« Als Promotoren werden dabei die Kunden bezeichnet, die mit 9 oder 10 antworten – also mit den Höchstwerten im Sinne von »Ja«. Detraktoren antworten mit Werten von 0 bis 6. Indifferent sind die Kunden, die mit 7 und 8 antworten.

Dabei ergaben sich für 2012 folgende Erkenntnisse für Finanzdienstleister, die in der Studie »Was Bankkunden wirklich wollen« veröffentlicht wurden: [9]

Die Kundenloyalität im Bankensektor ist im Branchenvergleich auf sehr niedrigem Niveau. Versicherungen sind etwas besser angesehen, sogar die Telekom/Festnetz schlägt sich besser. Am besten kommt die Automobilindustrie weg.

Die Kundenloyalität unterscheidet sich zwischen den einzelnen Instituten deutlich. Grundsätzlich besser werden Direktbanken, Sparkassen und Genossenschaftsbanken angesehen. Großbanken kommen am schlechtesten weg. Im Fazit der Studie steht: »Die Kunden sind mit ihrer Bank äußerst unzufrieden. In keiner anderen Branche gibt es so schlechte NPS-Werte wie bei den Finanzdienstleistern.«

Neben dieser und anderen Studien, die wohl eher einer Fachwelt vorbehalten sind, haben Sie natürlich die Möglichkeit, auf Testberichte beispielsweise in *Finanztest* zurückzugreifen. Zu beachten ist dabei, inwiefern die Testbedingungen mit Ihren Lebensbedingungen übereinstimmen, ansonsten vergleichen Sie Äpfel mit Birnen.

Sehr individuelle Bewertungen erhält man auf vielen Internetportalen. Diese sind natürlich alles andere als strukturell sauber und wissenschaftlich aufbereitet. Dennoch bekommt man einen Überblick über die Stimmungslage. Zu beachten ist dabei jedoch, dass Sie im Netz immer eher die Beschwerdeführer lesen. Lobeshymnen sind ausgesprochen selten.

Bewertungsplattformen, die man hierzu nutzen kann, sind ciao. com, trustpilot.de und auch die Fidor-Bank-Community. Diese individuellen Meinungen runden das öffentliche Bild eines Anbieters

---

9 www.bain.de/images/Studie_Banking_ES.pdf

sehr gut ab. Auch kann man die Bewertenden fragen, wie sie zu ihrem jeweiligen Urteil gekommen sind.

Nun haben wir einige Verfahren erarbeitet, wie Sie einen guten von einem schlechten Partner unterscheiden können. Wie immer wollen wir uns aber auch zu dieser Fragestellung auf keinen Fall auf unsere eigene Meinung verlassen. Erstens sind wir dabei nicht ganz objektiv, zweitens bewertet jeder die Dinge unterschiedlich und drittens wollen wir ein generell verwendbares Vorgehen ableiten.

Also steigen wir in gewohnter Weise in die Diskussion mit unserer Community ein. Hierzu haben wir den unterschiedlichsten Gruppen unserer Experten Fragen gestellt, durch deren Beantwortung wir das Thema einkreisen und so für Sie zu einem praktikablen Vorgehen kommen.

Was Banker im Umgang mit einer Bank raten

Grobe Linie aller Expertenaussagen ist es, dass Sie sich kritisch und konstruktiv mit der eigenen Bank auseinandersetzen sollen. Informieren Sie sich, kaufen Sie nicht, was Sie nicht verstehen, berücksichtigen Sie aber die Rollenverteilung zwischen Bank und Kunden.

Grundsätzlich sollte man davon ausgehen, dass der Mitarbeiter der Bank eine gute Dienstleistung erbringen möchte und die Bank nicht per se schlecht ist. Das A und O ist aber, dass Sie Ihre Hausaufgabe als mündiger Kunde erledigt haben: Interesse und Information.

Das sagen die Banker dazu:

Kaufe nie ein Produkt, das du nicht verstehst. Hinterfrage immer die Vorschläge deines Beraters. Geh nie davon aus, dass der Berater in deinem Interesse handelt, außer du bist bei einem Honorarberater.

Karl Matthäus Schmidt, quirin bank

Generell gut informiert in Beratungsgespräche gehen, nur Angebote annehmen und abschließen, die der Berater einfach erklären kann und die man als Kundin oder Kunde wirklich versteht. Und trotz aller Widrigkeiten immer auch das Kleingedruckte in Verträgen lesen.

Johannes Korten, GLS Bank

Über die eigenen Ziele klarwerden und dann verschiedene Angebote zur eigenen Bedarfslage einholen.

Jürgen Kaup, BHF Bank

Ich rate zu einem fairen und partnerschaftlichen Umgang. Natürlich darf über Gebühren diskutiert werden, aber auch Banken müssen Geld verdienen und können nicht jede Dienstleistung kostenlos anbieten. Vorsicht beziehungsweise gesundes Misstrauen ist in jedem Fall bei Lockangeboten geboten, insbesondere wenn diese deutlich attraktiver erscheinen, als der Markt es eigentlich hergeben würde, wie z.B. bei einigen (ausländischen) Tagesgeldanbietern.

Michael Bußhaus, COO OnVista Bank

Banken sind nicht per se schlecht. Auch deren Mitarbeiter nicht. Sie können Partner sein, die aufgrund ihrer Erfahrung und Kompetenz persönlich für ihre Kunden da sind und sie beraten. Dieser Rollenverteilung sollten sich beide Seiten bewusst sein – und sie mit aller Kraft ausüben: der Berater, der die individuellen Anforderungen und Erwartungen des Kunden herausfinden und versuchen muss, diese zu bedienen. Und der Kunde, der genau darüber offen Auskunft geben und sich anvertrauen muss, um seine Forderungen und Ansprüche an den Dienstleister »Bank« unmissverständlich und klar zum Ausdruck zu bringen.

Walter Schönzart, DZ Bank

Vernünftige Erwartungen an Rendite in Kombination mit Risiko. Und wie meist im Leben trägt eine positive persönliche Beziehung zwischen Kunde und Banker zu gegenseitigem Respekt, verbesserter Transparenz und letztlich Glaubwürdigkeit bei.

Wolfgang Strobel, UniCredit

Kunden sollten aktiver und kritischer sein. Durch ihr Verhalten können sie steuern, tun es aber in der Regel nicht. So wird reklamiert via Social Media, Leserbriefe oder Stammtisch. Gehandelt wird aber nicht.

Bei Finanzanlagen sollte der Kunde sich zudem weniger von der reinen Gier leiten lassen – dies ist jedoch verständlicherweise schwierig.

Charly Suter, PostFinance

Sich umfassend informieren. Vor allem auch über das Thema Mitgliedschaft und den Beratungsansatz der Bank. Die Volksbanken Raiffeisenbanken kümmern sich um den ganzen Kunden und empfehlen in der Regel nicht die kurzfristige Rendite. Und über eine Mitgliedschaft kann man den Weg der Bank mitbestimmen. Natürlich spielen auch das Online-Banking und das Internet eine immer größere Rolle. Auch hier sollten Sie darauf achten, was die Bank konkret bietet. Sprechen Sie in erster Linie mit einem Berater Ihres Vertrauens und fragen Sie nach, wenn Sie etwas nicht verstehen.

Boris Janek, VR-Banken

Woran erkenne ich als Kunde eine gute beziehungsweise eine schlechte Bank? Das haben wir Unternehmensberater und Hochschulprofessoren gefragt:

Eine gute Bank ist kundenorientiert aufgestellt. Sie versteht ihre Kunden und deren Bedürfnisse. Eine gute Bank betreut und berät den Kunden gesamthaft, wenn dieser das wünscht.

Sie erkennt auch, wenn der Kunde keine Beratung haben möchte, wenn er weiß, was er will, und nur ein Produkt kaufen oder einen Service in Anspruch nehmen möchte, wie z.B. Brokerage. Eine gute Bank hat alternative Zugangswege für den Kunden und bietet ihm den für ihn bequemsten Zugangsweg für seine Kommunikation und seine Transaktionen mit der Bank. Eine gute Bank hat faire, wettbewerbsfähige Konditionen und Preise.

Dr. Johannes Bussmann, Booz & Company

Eine ganzheitliche Beratungsphilosophie sollte die Grundlage der Beziehung zwischen Kunde und Bank sein. Die richtige Beratung entscheidet, die Bedeutung eines breiten Produktangebotes wird häufig überschätzt.

Eine stabile Berater-Kunde-Beziehung mit hoher Kontinuität gehört auch aus Kundensicht zu einer guten Bank.

Innovative Vertriebskanäle sollten ebenfalls nicht fehlen. Eine gute und verlässliche Servicekultur für das Tagesgeschäft rundet das Angebot einer guten Kundenbank im Privatkundengeschäft ab.

Dr. Olaf Scheer, Bankenberater

Die sogenannte »ganzheitliche Beratungsphilosophie« ist eine Experten-Begrifflichkeit, mit der Sie als Kunde womöglich gar nicht so viel anfangen können. Diese »Ganzheitlichkeit« bedeutet, dass man Sie und all Ihre Themen in Gänze wahrnimmt. Ganzheitlich bedeutet nicht, dass man Ihnen ein Produkt verkauft und Sie dann wissen lässt, dass es alle anderen Produkte a) nicht und b) nicht für Sie gibt. Diesen ganzheitlichen Ansatz finden Sie in aller Regel in gehobeneren Bankenkreisen, beispielsweise im sogenannten »Private Banking« oder, noch eins höher, im »Wealth Management«.

Daran, dass sie unflexibel und nicht kundenorientiert ist, in ihrem, nicht in meinem Sinne bzw. Interesse berät und handelt.

Horst Bröcker, Egon Zehnder

Kundenorientiert bedeutet, dass die Bank das macht, was in erster Linie dem Kunden nutzt. Das Problem an einer nicht kundenorientierten Beratung ist, dass man sie oft erst erkennt, wenn es zu spät und der Schaden schon eingetreten ist. Denn solange der Schaden nicht spürbar ist, gehen Sie als Kunde davon aus, dass alles okay sei. Also, woran erkennt man eine »nicht kundenorientierte« Betreuung? Die Öffentlichkeitsexperten Jan Manz und Johannes Axnix haben sich auf die negativen Merkmale eines Finanzdienstleisters konzentriert:

Schlechte Dienstleister: besonders positive Bewerbung von Veranlagungsprodukten, die der Berater aber scheinbar selbst nicht gekauft hat ... sonst wäre er ja bereits »Privatier«.

Johannes Axnix, PR-Berater

Banken, die sich nur melden, wenn es ein Problem gibt, das vom Kunden verursacht wird.

Beratungsgespräche, deren Inhalt und Führung nur Vertriebsinteressen der Bank folgen.

Veraltete Technik, die oftmals auch je Sparte/Geschäftsbereich unterschiedlich ist.

Fehlende Angebote für das Kundenverhalten des Jahres 2013 (Mobile, Web-Angebote).

Jan Manz, PR-Berater

Das ist natürlich ein Bauchgefühl. Bringt der Berater dem Kunden Wertschätzung entgegen? Wie wird die Informationsphase vor dem Produktangebot gestaltet, sehr produktspezifisch oder eher allgemein.

Der Kunde sollte sich die Frage stellen, ob sich der Berater aufgrund seiner Fragen ein Bild vom Kunden machen kann, nur dann ist eine individuelle Beratung möglich.

Volker Weber, Bankenberater

Nicht jeder Kunde braucht die gleiche Ansprache. Der eine Kunde benötigt eine Filiale, für den anderen genügt das Angebot. Ebenso unterschiedlich ist das Angebot selbst, das für manche Kunden sehr komplex sein sollte und für andere sehr einfach, um die spezifischen Bedürfnisse zu befriedigen.

Prof. Dr. Matthias Fischer, TH-Nürnberg

Zeit für die Beratung, gute Bewertungen im Internet, Dialogfähigkeit, Strukturierung von Risiken, Produkte für jede Lebenslage, ein hoher Grad an Self-Service-Readiness (im Retail-
Banking).

Prof. Nils Hafner, Institut für Finanzdienstleistungen Zug IFZ

Das Vertrauenskapital ist das Wichtigste, was dieser Dienstleister mitbringen muss, und dies wird über die Erfahrungen in der
Vergangenheit mit diesem Dienstleister geprägt. Das erklärt
auch den Erfolg der Volksbanken mit ihren einfachen Produkten
und Strukturen.

Prof. Harald Meisner, Rheinische Fachhochschule Köln

Ich habe mit ihm bereits gute Geschäfte gemacht.

Ein Freund hat mit ihm bereits gute Geschäfte gemacht.

Er hat menschliche Berater (ggf. online), die erreichbar sind,
und keine Telefonmaschinen (»Wenn Sie das Problem X haben,
drücken Sie bitte die 1«).

Er hat Werte (Nachhaltigkeit, Regionalität, Wirtschaftsförde-
rung, gesellschaftliche Verantwortung ...) und lebt diese auch –
so gut wie möglich.

Wenn ein Fehler passiert, wird nicht verschleiert oder ein schnelles Bauernopfer gesucht.

Prof. Dr. Robert Holzapfel, Hochschule München

Nachdem wir Berater und Wissenschaft gefragt haben, anhand
welcher Kriterien Sie eine gute oder eine schlechte Bank erkennen können, wollen wir erneut die Praxis zu Wort kommen lassen.
Richten wir uns also an die Banker, Bankgründer und Bankmana-
ger. An sie haben wir die Frage gestellt:

Wie gewährleisten Sie, dass bei einer Beratung die Interessen der Kunden im Vordergrund stehen?

Auch hier gilt: Wenn Sie beim Lesen der Antworten Abweichungen zum Schlechten sehen, sollten Sie sich Gedanken machen. Wenn Sie auf der Suche nach einer neuen Bankverbindung sind, dann können Ihnen diese Beschreibungen als Muster dienen. Auch sind es Versprechen, an denen Sie die jeweiligen Häuser messen können, sollten Sie dort Kunde sein, denn immerhin sind es die Gründer, Vorstände und Entscheidungsträger, die hier zu Wort kommen.

Als Honorarberaterbank sind wir im klassischen Private-Banking-Geschäft tätig. Durch unser Geschäftsmodell – 100 Prozent Beratung, 0 Prozent Provision – stellen wir sicher, dass die Interessen des Kunden im Vordergrund stehen. Dieser erhält gegen ein transparentes Honorar eine faire und unabhängige Beratung, die ausschließlich seine Interessen verfolgt

Karl Matthäus Schmidt, quirin bank

Volksbanken Raiffeisenbanken schauen nicht auf die kurzfristige Renditemöglichkeit, sondern auf die langfristige finanzielle Entwicklung. Im Gespräch mit dem Kunden werden dessen Interessen und Wünsche regelmäßig abgefragt, es wird immer ein individueller Finanzplan erstellt.

Boris Janek, VR-Banken

Wir machen mit unseren Kundinnen und Kunden, so sie nicht schon mit glasklaren Vorstellungen zu uns kommen, eine ganzheitliche Situationsanalyse und stimmen die Angebote individuell darauf ab. Unsere Beraterinnen und Berater haben dabei keine individuellen Zielvorgaben, Abschlüsse werden auch nicht provisioniert oder mit Boni vergolten.

Johannes Korten, GLS Bank

Seitens PostFinance werden Retail-Kunden aus dem B2B wie auch B2C beraten. Je nach Segment persönlich vor Ort beim Kunden oder via Telefon. Durch die Ausgewogenheit der Ziele in Verbindung mit einer tieferen Bonuskomponente als marktüblich wird sichergestellt, dass die Berater sich nicht auf den reinen Abschluss zwecks Bonusoptimierung fokussieren.

Charly Suter, PostFinance CH

Bei schwierigen Fragen ja, z.B. Eigenheimfinanzierung. Bei Geldanlagefragen lediglich online. Die Interessen der Kunden werden durch Transparenz (z.B. zu Gebühren), Einfachheit (soweit das bei Fonds geht) und attraktive Konditionen gewahrt.

Martin Krebs, ING-DiBa

Privatkunden sind das Fundament jeder erfolgreichen Filialbank. Wir messen permanent die Zufriedenheit unserer Kunden und reagieren gezielt auf Anregungen und Kritik. Wichtig scheint mir persönlich das Ziel erhöhter Transparenz bzgl. Renditeerwartungen, Risikobeurteilungen, Gebührenkomponenten, um das Miteinander von Kunden und Banker wieder auf eine Ebene des gemeinsamen Vertrauens zu führen und dort zu stabilisieren. Vergessen wir nicht, dass der ganz große Teil der Mitarbeiter in Banken nicht die krisenverursachenden Probleme zu verantworten hat, sondern sich täglich um die Erfüllung unserer Kundenwünsche persönlich sorgt.

Wolfgang Strobel, HVB Group

Ich bin froh, dass ich immer im beratungsfreien beziehungsweise Execution-only-Bankgeschäft gearbeitet habe und noch immer arbeite. Letztendlich ist der Kunde heute durch das Internet viel umfangreicher und besser informiert und weiß so mehr als die vermeintlichen »Berater«. Natürlich ist es so, dass viele Kunden gerne einen Tipp haben möchten oder den fachlichen Austausch suchen, aber die konkrete Handlungsentscheidung treffen sie dann besser selber.

Michael B. Bußhaus, Onvista Bank

Damit Sie in Zukunft nicht ganz unbedarft in den Dialog mit Ihrer aktuellen oder zukünftigen Bank treten, wollen wir Ihnen erste Gedanken für einen Gesprächsleitfaden an die Hand geben. Auch hierzu die Frage an unsere Experten-Community:

Welche Fragen sollten Menschen stellen, wenn sie einen Finanzdienstleister auswählen?

Profund und umfassend – die Antwort von Berater Olaf Scheer auf unsere Frage:

Wie stellen Sie sicher, dass Sie meine finanzielle Situation richtig erfassen und mich wirklich ganzheitlich zu den Themenbereichen Absicherung, Vorsorge, Finanzierung und Anlage beraten?

Sorgen Sie für eine kontinuierliche Berater-Kunde-Beziehung?

Wie gut ist Ihr digitales Beratungs- und Serviceangebot und wodurch hebt es sich vom Wettbewerb ab?

Wie bringen Sie meine Kundeninteressen und Ihre Bankinteressen in eine für beide Seiten gute Balance?

Dr. Olaf Scheer, Bankenberater

Wie hoch ist der Anteil an den Kosten, der für die Bank abfällt?

Welche Varianten des Angebots gibt es? Was sind die drei wichtigsten Vor-/Nachteile?

Wann und wie sind Sie erreichbar?

Jan Manz, PR-Berater

Welche Anlagestrategie fahren Sie persönlich?

Wie erfolgreich sind Sie damit?

Johannes Axnix, Startup-Finanzierer

Der Kunde sollte seinen Finanzdienstleister daraufhin prüfen, ob er den Kunden versteht und ob der Kunde den Finanzdienstleister versteht. Versteht der Kundenberater die Wünsche des Kunden, Risikobereitschaft, Anlagehorizont, Finanzierungsbedarf, Einkommens- und Vermögenssituation? Hat der Kundenbetreuer die passenden Produkte und Services? Versteht der Kunde das Angebot und warum es für ihn gut ist und passt?

Wenn dann der Kunde auch noch versteht, woran die Bank verdient und dass der Kundenbetreuer im Interesse des Kunden handelt und ihn berät, dann ist das für eine vertrauensvolle Bank-Kunde-Beziehung sehr förderlich.

Dr. Johannes Bussmann, Bankenberater

Finanzberatung ist hoch individuell. Von daher muss der Kunde ein besonderes Vertrauensverhältnis aufbauen und auch bereit sein, persönliche Sachverhalte, wie Finanzstatus, familiäre Verhältnisse oder Ziele und Zukunftspläne, mit seinem Berater zu teilen. Von daher muss der Kunden der ihm gegenüber sitzenden Person dieses Vertrauen entgegenbringen. Gibt es da ein Störgefühl, es nicht der richtige Berater.

Fragen an den Finanzdienstleister sollten dazu dienen, herauszufinden, ob dieses Vertrauensverhältnis aufgebaut werden kann.

Volker Weber, Bankenberater

Wir wollen zum Abschluss dieser Betrachtungsweise noch einen kleinen Zusatzpunkt aufgreifen. Er soll uns helfen, den Prozess einmal vom Ende her zu denken. Die Fragestellung dazu ist: Wie sieht Banking in Zukunft aus?

Daraus lässt sich ableiten, welche Anforderungen Sie an eine Bank in Zukunft stellen müssen oder können. Denn die Entscheidung bezüglich Ihres Bankpartners bezieht sich ja nicht nur auf das Hier und Jetzt.

Daher haben wir unserer Experten-Community folgende Frage gestellt:

Wie lauten Ihre Top-Handlungsanweisungen beziehungsweise Tipps an die Banken für die zukünftige Entwicklung im Kundengeschäft?

Zuhören
Verstehen/Einfühlen/Menschlichkeit
Zuerst die Bedürfnisse des Kunden berücksichtigen
Nur das empfehlen, was man selbst auch kaufen würde
Ehrlichkeit/Offenheit/Transparenz

M. Arlamowski, PR-Beraterin

Stellt den Kunden in den Vordergrund.

Versteht euer Geschäft wirklich.

Baut Vertrauensbeziehungen auf und keine Transaktionszirkel.

Horst Bröcker, Personalberater

Denken Sie vom Kunden und Markt zu Ihnen als Bank und nicht, wie üblich, andersherum – wir können von Steve Jobs lernen!

Seien Sie bei der Entwicklung der Vertriebskanäle innovativ: Nutzen Sie die Digitalisierung als Chance und sehen Sie sie nicht als Bedrohung. Überschätzen Sie nicht die Bedeutung der Filiale als Ankerpunkt für den Vertrieb in der Zukunft!

Leben und nutzen Sie Ihr Kundenpotenzial. In der kundenorientierten Vertriebsaktivität liegt der Schlüssel zum Erfolg, nicht in der Administration.

Seien Sie mutig bei der Entrümpelung des Produktangebots und der internen Vorschriften und Kontrollen trotz aller Regulation.

Steuern Sie Ihre Vertriebsmannschaft über Aktivitäten und Kundenzufriedenheit und nicht nur über Erträge und Ergebnisse.

Dr. Olaf Scheer, Bankenberater

Banken/Kundenberater müssen ihre Kunden verstehen.

Banken müssen die gewünschten Kanäle des Kunden bedienen – voll integriert.

Digitalisierung wird die Bank der Zukunft prägen – Banken müssen sich jetzt darauf einstellen und auch über Social Media ihre Kunden erreichen.

Die Kunden-Community weiß künftig mehr als manche Kundenberater – Empfehlungen unter Kunden gewinnen an Bedeutung.

Mit Verlagerung auf digitale Kanäle wird sich die Rolle der Filialen in der Kundenbetreuung verändern – Banken müssen ihre Filialkonzepte und den Filial-Footprint anpassen.

Dr. Johannes Bussmann, Bankenberater

Der Kunde ist ein Individuum, da passt kein Standardangebot.

Der Kunde will beraten, nicht bevormundet werden.

Kundeninteresse vor Provisionsinteresse.

Der Außenauftritt sollte auch zum Charakter der Bank passen.

Transparenz schafft Vertrauen.

Volker Weber, Bankenberater

Greifen Sie diese Forderungen auf und konfrontieren Sie die Vertreter der Bank Ihrer Wahl damit. Lassen Sie sich erläutern, wie die Bank diese Forderungen jetzt und in Zukunft zu erfüllen gedenkt. Als Kunde einer Bank haben Sie ein Recht, mit Ihrem Dienstleister über diese Punkte zu diskutieren. Seien Sie also nicht schüchtern!

Wir haben auch die wissenschaftlichen Vertreter unserer Experten-Community nach den Zukunftsaussichten in Sachen Bank und Banking gefragt. Wann hat man schon einmal die Gelegenheit, sich von den Spitzenvertretern internationaler Universitäten hierzu ein paar Punkte mitteilen zu lassen?

Wie muss Banking aussehen, um fit für die Zukunft zu sein?

Dazu eine Auswahl der Antworten:

> Retail-Banking sollte den Nutzer in den Mittelpunkt stellen, ihn über das Leistungs- und Risikoprofil der Produkte aufklären und den eigenverantwortlichen Kunden führen.
>
> Zu dieser Produktpalette gehören durchaus anspruchsvollere Wertpapiere wie Zertifikate für die risikobereite Kundschaft.
>
> Die Nutzer sollten wie bei Fidor voneinander profitieren – der Erfahrungsaustausch ist mit das Wichtigste.

Prof. Harald Meisner, Rheinische Fachhochschule Köln

> Das Banking muss sich vielleicht von seinem Wunsch nach »Finanzinnovationen« trennen, von denen sich einige als Blase entpuppt haben. Dann bleibt allerdings wahrscheinlich »nur« althergebrachtes, langweiliges, aber klassisches Banking mit einem hohen realistischen Maßstab an die Realwirtschaft (Vertrauenswürdigkeit, Bonität, Kreditwürdigkeit, Sinnhaftigkeit einer Finanzierung etc.). Nur wird das nicht kommen – es sei denn durch gesetzlichen Zwang –, weil dadurch nicht so viel Wachstum zu generieren ist.
>
> Schön wäre eine Regionalisierung als Gegentrend zur Globalisierung (so wie ich den Bäcker, den Metzger und den Bauern vor Ort durch meinen Lebensmittelkonsum fördere, wünschte ich mir auch regional bezogene Finanzprodukte).

Prof. Dr. Robert Holzapfel, Hochschule München

Die strategische Positionierung entwickelt sich von der Multika-
nalbank zur Direktbank mit Filialen. Hierdurch wird der langfristige strategische Fokus auf den digitalen Vertriebsweg gesetzt.

Prof. Dr. Matthias Fischer, TH Nürnberg

Preiswert und digital.

Prof. M. Rudolf, WHU, Otto Beisheim School of Management

Retail-Banking muss neue Wege gehen. Das gilt vor allem für
den Zahlungsverkehr. Unternehmen wie die Deutsche Bank
haben längst erkannt, dass zukünftige Konkurrenz eher von
Unternehmen wie Google, Microsoft und Apple droht. Diese
Unternehmen verfügen über eine hohe Kundenkenntnis und Zugang zu über 400 Millionen Kreditkarten. Auf der anderen Seite
wird gerade im Kredit-, aber auch im Anlagebereich eine hohe
Kostentransparenz vorherrschen, da Kunden mehr und mehr
Konditionen vergleichen und in Beziehung zu realen Dienstleistungen setzen.

Prof. Nils Hafner, Institut für Finanzdienstleistungen Zug IFZ

Bei der Auswahl eines Bankpartners, bei der Beurteilung einer
Bank in »gut« oder »weniger gut« spielen all diese Punkte eine
wesentliche Rolle. Binden Sie sich nie an einen Partner, der keine
Idee oder Vision bezüglich seiner eigenen Zukunft hat.

Sollte Ihre Bank also von all den hier beschriebenen Komponenten
nahezu keine erfüllen, geben Sie dieser Bank in puncto »Zukunfts-
fitness« eine Sechs und drehen Sie ihr den Rücken zu. Auch von
Ihnen verlangt man, dass Sie mit der Zeit gehen. Wie sollen Sie das
aber bewerkstelligen, wenn ausgerechnet Ihre Bank – ein wesentlicher Partner – noch im Gestern lebt?

So kommen Sie zu einem Urteil

Mit den Diskussionspunkten zu den oben gestellten Fragen ergibt sich ein Bewertungsraster. Um also einen Finanzdienstleister zu beurteilen, sollten Sie auf die folgenden Kriterien achten und die dazu passenden Fragen stellen.

Natürlich ist das Preisgefüge wichtig. Hierzu finden Sie unzählige Vergleichsseiten und Vergleichsrechner. Aber Vorsicht: Achten Sie bitte darauf, dass diese Seiten seriös arbeiten. Sie müssen wissen, dass Vergleichsseiten ihr Geld durch die Vermittlung von Kunden gewinnen. Dies ist nichts Unlauteres, nur zahlen manche Banken mehr für einen Kunden als andere. Dies kann zur Folge haben, dass womöglich ein weniger gutes Angebot ganz vorne im Vergleich steht. Achten Sie also darauf, wie die jeweilige Vergleichsseite damit umgeht. www.biallo.de beispielsweise hat einen Hinweis »Nur Angebot mit Direktkontakt«. Dies bedeutet, dass man dann nur die Angebote der Banken sieht, mit denen Biallo einen Kontakt und damit eine Vertriebsvereinbarung hat. Klickt man auf das Feld und entfernt den voreingestellten Haken, dann sieht man alle Angebote.

Der Preis ist nicht alles! Wer eine Bank nur auf den Preis reduziert, darf sich nicht wundern, wenn er eine gute Lockvogelkondition genannt bekommt, die dann nur wenigen Kunden vorbehalten ist. Ein Thema, das bei Kunden von Direktbanken oft unterschätzt wird.

Wer Betreuung und Beratung sucht, sollte auch bereit sein, dafür zu bezahlen. Wer nicht dazu bereit ist, darf sich nicht wundern, wenn er über intransparente Preismodelle mit einem Vielfachen zur Kasse gebeten wird. Achten Sie darauf, dass Sie vorzugsweise das Modell der Honorarberatung wählen, denn dann bekommen Sie auch Beratung, die nicht immer zwingend in einer Transaktion enden muss. Fragen Sie Ihre/-n Betreuer/-in, nach welcher Methode sie/er entlohnt wird. Diese darf Ihren Interessen nicht entgegenstehen. Bei der Honorarberatung ist dies gegeben.

Fragen Sie nach der generellen Strategie der Bank. Welche Rolle spielt darin der einfache Kunde? Wie langfristig ist diese Rolle dort verankert? Fragen Sie nach der Bilanz und Gewinn-und-Verlust-Rechnung der Bank. Fragen Sie, wie die Bank ihr Geld verdient. Welche Rolle spielen das Handelsergebnis sowie das Investment-Banking? Achten Sie auf einen möglichst geringen Anteil dieser beiden Erlösbestandteile.

Lassen Sie sich erläutern, wie die Bank Ihre persönliche Finanz-situation erfasst und auch verstehen möchte. Fragen Sie den Be-treuer, wie lange er auf dieser Position bleiben wird. Manche Ban-ken wechseln diese Posten regelmäßig nach zwei Jahren aus, und Sie beginnen von vorne.

Fragen Sie den Betreuer, was seine Dienstleistung von der anderer Banken unterscheidet. Fragen Sie ihn auch, warum Sie sich nicht selbst um die Dinge kümmern und dies bei einer beratungsfrei-en Bank erledigen sollten. Fragen Sie, welche Expertenteams im Hintergrund arbeiten und wie man diese kontaktieren kann, wenn man eine schwierigere Frage hat.

Fragen Sie den Berater, wonach sich die Produktauswahl be-stimmt, die den Kunden angeboten wird. Steuert dies eine kun-denferne Zentrale und sind es nur hauseigene Produkte? Oder ist der Vertrieb unabhängig in seiner Auswahl und nur dem Kunden verpflichtet?

Schauen Sie sich an, wie gut das Online- und Mobile-Angebot ist. Hat sich die Bank da etwas wirklich Gutes einfallen lassen oder wird das übliche Allerlei angeboten? Wie sicherheitsorientiert ist Ihre Bank in diesen Dingen? Ist die Sicherheitstechnologie eher ein Hindernis oder auch einfach einzusetzen?

Wenn Sie auf der Suche nach einem neuen Bankpartner sind, dann nehmen Sie die hier genannten Punkte, machen Sie sich auf die Suche, hören Sie sich um und probieren Sie aus. Wenn die Posi-tivschilderungen auf Ihre Bank zutreffen, dann bleiben Sie dort und tun Sie alles, um diese Beziehung zu intensivieren. Zeigen Sie dieser Bank auch, dass Sie sich über die gute Beziehung sehr be-wusst sind, und arbeiten Sie mit ihr gemeinsam daran.

Sollten Sie sich in der Beziehung zu Ihrer Bank passiv verhalten und sich damit auch alles gefallen lassen, dann ist die Bank nicht gefordert und wird früher oder später in Sachen Service einschlafen. Klar, denn wenn sich der Kunde mit einfachen und teuren Dienstleistungen zufrieden gibt, warum etwas ändern?

Bankwechsel ganz einfach

Die meisten Menschen haben Angst davor, die Bank zu wechseln. Oder sie sind zu bequem. Um Ihnen zu zeigen, wie einfach das eigentlich geht, haben wir hierzu ein eigenes Kapitel eingeschoben. Denn es kann sich richtig lohnen – durch günstigere Kreditbedingungen oder höhere Guthabenzinsen. Für den Konto- oder Depotwechsel selbst, also das Auflösen des alten und das Eröffnen des neuen Kontos, darf eine Bank keine Gebühren verlangen.

Nachdem Sie Ihr neues Konto eröffnet haben, sollten Sie das alte und das neue Girokonto einige Wochen parallel laufen lassen. So sparen Sie sich unnötige Gebühren, denn es ist immer möglich, dass noch Beträge von dem alten Konto abgebucht werden oder dass womöglich Ihre Information über die neue Bankverbindung an manchen Stellen verspätet bearbeitet wird.

Erst wenn Sie folgende Punkte Schritt für Schritt durchgegangen sind, sollten Sie Ihr altes Konto kündigen:

 Daueraufträge. Zuallererst sollten Sie sich vor dem Kontowechsel eine Übersicht Ihrer Daueraufträge ausdrucken (lassen). Diese können Sie dann bequem kündigen und bei der neuen Bank anlegen. Ein Brief an die Bank genügt in den meisten Fällen für die Kündigung. Sie erhalten eine Aufstellung aber üblicherweise auch online oder an Überweisungsautomaten in Filialen. Beachten Sie, dass viele Banken eine gewisse Vorlaufzeit für die Bearbeitung beziehungsweise Löschung von Daueraufträgen benötigen. Damit noch alle Daueraufträge rechtzeitig bei Ihrer alten Bank gelöscht werden, empfehlen wir, den Auftrag dafür spätestens eine Woche vor Ausführung des letzten Dauerauftrags zu erteilen und einen festen Termin für die Löschung im Auftrag festzulegen.

 Lastschriften. Böse Überraschungen gibt es regelmäßig bei einem Wechsel des Girokontos durch vergessene Lastschriften, für die Sie die Erlaubnis erteilt haben. Oft werden Lastschriften nur einmal im Jahr abgebucht; schnell können hier Aufträge vergessen werden. Da eine Lastschrift-Rückbuchung meist hohe Folgekosten – wie Gebühren für nicht abgezogene Lastschrift oder Mahngebühren – nach sich zieht, lohnt ein genauer Blick auf die Kontoauszüge des letzten Jahres.

 Von Altlasten befreien – so sparen Sie gleich doppelt. Die sorgfältige Kontrolle der Lastschriften kann sich rechnen: Zahlen Sie eventuell immer noch regelmäßig Beiträge an ein Fitness-Studio, obwohl Sie seit Jahren keinen Turnschuh mehr anhatten? Und lohnt es sich wirklich, bei diesem Stromanbieter zu bleiben? Misten Sie mal richtig aus. Am Ende sparen Sie durch Ihren Kontowechsel mehr als nur die Kontogebühren.

 Geldkarte entladen. Entladen Sie Ihren Geldkarten-Chip noch vor dem Kontowechsel. Entwerten Sie danach Ihre Karten durch Zerschneiden und schicken Sie sie mit der Kündigung Ihres alten Kontos an Ihre alte Bank.

 Dispokredit beantragen. Bei einigen Banken erhalten Sie automatisch mit der Kontoeröffnung einen Dispokredit eingeräumt. Wenn Ihnen der eingeräumte Kreditrahmen nicht ausreicht, können Sie mit unserem Musteranschreiben ein höheres Limit beantragen.

 Gläubiger informieren. Um alle Gläubiger über Ihre neue Bankverbindung zu informieren, reicht in der Regel ein formloses Schreiben. In unserer Kontowechsel-Checkliste haben wir für Sie alle Stellen aufgelistet, die Sie über Ihre neue Bankverbindung informieren sollten. Dazu zählen unter anderem der Arbeitgeber oder Versicherungen, aber auch Abos, Kabelfernsehbetreiber, das Finanzamt oder der Steuerberater. Bei vielen Unternehmen und Einrichtungen können Kontodaten online geändert werden. Einige akzeptieren die Änderung nur, wenn sie auf einem eigenen Änderungsvordruck per Post eingereicht wird.

Auf der Webseite *http://www.modern-banking.de/kontowechsel. htm* finden sich neben nützlichen Hinweisen zum Kontowechsel auch pdf-Formulare und Vordrucke, mit deren Hilfe Sie die unterschiedlichsten Adressen über Ihren Kontowechsel informieren können. Sie sehen, kaum googelt man ein bisschen, erhält man ungeahnte Unterstützung. Die Ausrede, dass ein Bank- und Kontowechsel so kompliziert und aufwendig sei, zählt also nicht mehr.

www.kuemmerdichumdeingeld.de/clip13

Am Beispiel einer virtuellen Eurodiskussion demonstrieren wir, wie man über die Unterhaltung mit einer Community zur Meinungsbildung und zur Umsetzung einer
eigenen Strategie kommt.

KAPITEL 14

FALLBEISPIEL EUROKRISE: LERNEN MIT DER COMMUNITY

»Märkte sind wichtig – Titel kennt sowieso keiner.«

Christoph Kirsch, Allianz World Care, auf die abschließende Frage: *»Und was Sie sonst noch loswerden wollten ...«*

Die Eurokrise ist das bestimmende Thema unserer Tage. Sie wird auch noch länger anhalten. Anzeichen, dass sie bald überwunden ist, gibt es in der Regel nur kurz vor Wahlen. Danach geht die Krise unvermittelt weiter.

Viele Menschen haben die Diskussionen darum mittlerweile gründlich satt. Zu komplex ist die gesamte Fragestellung, zu schwierig sind die einzelnen Themen. Nur wenige unter uns haben so gründlich Volkswirtschaft studiert, dass sie die Gesamtzusammenhänge vollständig erfassen können. Abgesehen davon konnte auch eine Wissenschaft wie die Volkswirtschaft diese Krise nicht verhindern. Nicht umsonst steht sie nun in der Kritik, denn alle gängigen Modelle scheinen zu versagen.

Wir sind Zeuge, wie eine junge Währung durch ihre bislang größte Krise geht. Das Schlimme daran: Diese Krise hat einen offenen Ausgang. Niemand kann seriös das Szenario beschreiben, das für die nächsten Jahre Gültigkeit haben wird.

Manch einer denkt sich: Was geht mich das an? Ich kann eh nichts ändern, also kümmere ich mich auch nicht darum. Die Politiker werden das schon richten. Auch haben wir schlaue Köpfe in der Notenbank. Und: Es kann nicht sein, was nicht sein darf. Der Euro darf nicht in sich zusammenbrechen, also wird das schon auch nicht passieren.

Diese Denkweise ist sogar naheliegend. Die Politik hat alles unternommen, um viele Menschen in einen gewissen Eurofatalismus zu treiben. Sie nutzt diese Situation auch schamlos aus: Wiederholt darauf hinzuweisen, dass die Eurokrise eine Bankenkrise sei, macht die Aussage nicht besser. Man freut sich nur gemeinsam mit dem Wähler und den Mainstream-Medien, dass man einen Schuldigen gefunden hat. Ja, es mag sein, dass die Banken den Staaten Geld in Hülle und Fülle besorgt und damit die Schuldenmacherei erst ermöglicht haben. Es wäre aber sehr verkürzt dargestellt, würde man nun behaupten wollen, dass die Schulden der Staaten deswegen entstanden seien, weil die Banken die Staaten gezwungen haben, derart viel Geld aufzunehmen.

Um es mal in aller Oberflächlichkeit zusammenzufassen: 1950 lag die Gesamtverschuldung des Bundes bei umgerechnet rund 3,727

Milliarden Euro (Quelle: Deutsche Bundesbank). Das waren damals rund 3,57 Prozent des Bruttosozialprodukts und macht heute gerade mal die Maximalgrenze der Neuverschuldung gemäß den Maastricht-Kriterien aus.

Unter Helmut Schmidt als Kanzler und dem Finanzminister Hans Apel kam es bis 1978 zu umgerechnet 33,5 Milliarden Euro Neuverschuldung, dann mit Finanzminister Hans Matthöfer zu 56 Milliarden. Unter Helmut Kohl wurde dies trotz anders lautender Ankündigungen nicht anders. Finanzminister Stoltenberg häufte von 1982 bis 1989 rund 75 Milliarden neue Schulden an. Dann kam die deutsche Einheit und erhöhte den Schuldenstand auf 428 Milliarden. 1995 überstiegen die Schulden von Bund, Ländern und Gemeinden erstmals die Billionengrenze. 2002 verstieß Deutschland gegen die Maastricht-Kriterien. 2009 wurde die »Schuldenbremse« eingeführt, gültig ab 2016. Aufgrund der seit 2007 herrschenden Finanzkrise belief sich der Gesamtschuldenstand von Bund, Ländern und Gemeinden im September 2011 auf über 2 Billionen Euro. So sehen die Fakten aus.

Wir, die Autoren dieses Buches, haben eine sicherlich nicht unkritische Meinung zu all dem, was da so um den Euro herum geschieht. Da aber nicht wir die Währungsexperten sind, haben wir die Experten-Community gefragt. Wir wollen Ihnen damit vorleben, wie Sie vorgehen können, wenn Sie sich selbst nicht wirklich sicher sind, was eine gewisse Entwicklung betrifft.

Die Frage an die sehr heterogene Gruppe unserer Experten war:

Wie sehen Sie die zukünftige Entwicklung rund um Euro und Staatsschulden? Inwiefern ist dies relevant für mich als Einwohner dieses Landes?

Nachdem wir die Antworten gesichtet und sortiert haben, können wir eine generelle Stoßrichtung vorwegnehmen: So richtig glücklich ist wohl niemand. Es gibt keinen, der uns hier als Antwort beispielsweise »ist doch alles in Ordnung« gegeben hätte.

In der Form des kritischen Umgangs mit dem Eurothema gab es teilweise sehr klare Nuancen. Die explizite Rückkehr zur D-Mark fordert indes niemand. Zugegeben: Dies kann natürlich auch an der Auswahl der Befragten liegen. So ist es nicht verwunderlich, dass wir Christoph Kirsch von Allianz World Care und seine leicht resignativ klingende Antwort quasi als Motto voranstellen:

Der Euro ist alternativlos und leider sehr relevant.

Christoph Kirsch

Kommen wir zum ersten Cluster der Antwortenden. Der Grundtenor lautet: Ich weiß nicht, wie die Sache mit dem Euro ausgeht, bereite mich aber auf alle Möglichkeiten vor und gehe auf Nummer sicher.

Niemand kann die Zukunft prognostizieren. Die einzige Möglichkeit, sich gegen das Unbekannte in der Zukunft zu schützen, ist Diversifikation.

Christoph Kanzler, Kapitalmarktexperte

Die Entwicklung der Euro- und Staatsschuldenkrise ist für die Geldanlage sehr relevant. Inflationsängste führen zu einer vermehrten Anlage von Privatpersonen in Immobilien. Gleichzeitig verlieren in Zeiten eines sehr niedrigen Zinsniveaus die festverzinslichen Vorsorgeprodukte an Attraktivität.

Prof. Dr. Matthias Fischer, TH Nürnberg

Auf mittlere Dauer kann man wohl nicht mit erheblich steigenden Zinsen rechnen, da sich die Staaten inflationär entschulden müssen.

Es ist die Zeit der günstigen Baukredite. Jedoch Achtung, vielfach sind Grundstücke und Häuser bereits überteuert. Nicht immer ist die selbst genutzte Immobile die richtige Entscheidung. Mieten kann sogar günstiger sein, auch weil man flexibler bleibt, besonders wenn man mit dem Job ggf. mal umziehen muss.

M. Schmidt Ackermann, DZ Bank

Die Entwicklung des Euro kann meiner Ansicht nach nicht als gesichert betrachtet werden, seine Entwicklung zu anderen Währungen betrifft mich im täglichen Leben allerdings kaum, wenn ich nicht in andere Währungen konvertiere oder über Auslandsvermögen verfüge. Einnahmen und Ausgaben werden in Euro generiert, sodass der Außenwert der Währung wenig relevant ist.

Indirekte Auswirkung besteht über importierte Inflation oder Deflation bei entsprechend starken Wechselkursbewegungen.

Die eigenen Erwartungen für die Inflationsrate sollten in die Anlage des Vermögens einfließen. Wenn ich Inflation erwarte, muss ich mein Vermögen/Portfolio darauf ausrichten.

Staatsschulden und die eingeleiteten Konsolidierungsmaßnahmen führen dazu, dass der Staat sich immer mehr zurückzieht und eine stärkere Eigenverantwortung bei der Alters- und Gesundheitsvorsorge dringend gefordert ist.

Claudia Neubauer, Vermögensverwalterin

Einige Lektionen wurden gelernt, aber wachsam bleiben. Der Euro wird wohl (auch ziemlich im derzeitigen Umfang) erhalten bleiben. Physisches Gold als »Notfallgroschen« halten (max. 10 Prozent des Vermögens, nicht mehr als drei Jahreseinkommen/ -ausgaben).

Franz Obermeyr, Feri Trust GmbH

Eine weitere Gruppe der Antwortgebenden folgt eher dem Motto: Wir werden es nicht schaffen! Der Euro wird zwar bleiben, aber wir werden es teuer bezahlen!

Wir sehen in unserem Umfeld nur zwei »Lösungsmöglichkeiten« für die Staatsschulden:

eine Währungsreform, wie wir das im vergangenen Jahrhundert schon zweimal hatten, oder

einen jährlichen Kaufkraftverlust (ich nehme bewusst nicht das Wort Inflation in den Mund, weil dies durch das Statistische Landesamt immer in der Höhenangabe manipuliert wird) von persönlich 8 bis 15 Prozent (was wir ja größtenteils bei den Personen und Familien schon haben).

Geringe Änderungen in diesem fast undurchschaubaren Finanzgefüge können dazu beitragen, dass innerhalb weniger Stunden Börsenkurse crashen und die Lebensmittelläden plötzlich leere Regale haben.

Günter Flory, Immobilienexperte

Nachdem weder hinsichtlich Staatsschulden noch hinsichtlich Eurokrise wirklich nachhaltige Änderungen erfolgt sind, sehe ich die finanzielle Zukunft im Euroland eher negativ.

Relevant ist es, weil zum Beispiel die Inflation den jährlichen Reallohnzuwachs auffrisst.

Relevant ist es auch hinsichtlich Veranlagungen: Diversifikation in Gold, Immobilien, Aktien und Fremdwährungsanleihen ist angesagt.

Robert Koch, VR Bank Süd-Ost-Steiermark

Ich bewerte den unbeschränkten Kauf von europäischen Staats-anleihen durch die EZB sehr kritisch. Obwohl der Druck auf die Mitgliedsstaaten der EU bezüglich ihrer Haushaltspolitik zu-nimmt, hat ihnen Mario Draghi ein »Hintertürchen« aufgemacht, das absolut kontraproduktiv ist.

Prinzipiell denke ich, dass die Auswirkungen der Finanzkrise genau mit den Mitteln »bekämpft« werden, welche die Krise ausgelöst haben.

Am Ende wäre ein Schuldenschnitt für verschuldete Staaten besser und wirkungsvoller, weil er Spekulationen unterbinden und den betroffenen Bevölkerungen eine echte Chance für einen Neuanfang geben würde.

Thomas Vogl, Vermögensverwalter

Kritisch, aber mit einem guten Ende, so sieht es die dritte Gruppe: Wir werden es schaffen, müssen aber noch viele Hausaufgaben machen.

Der Euro wird überleben, obgleich sich einzelne Staaten an-strengen und ihre Haushalte in den Griff bekommen müssen.

Wolfgang Menguser, Vontobel

Den Euro wird's ewig geben. Genauso ewig wird es Skeptiker geben. Die Schulden werden wachsen, doch was soll's. Mehr Menschen werden auf Pump leben – das aber gar nicht mehr als so schlimm empfinden. Ein vernünftiger Umgang mit Kredit ist wichtig.

Volker Meinel, BNP

Das Thema Euro ist in den Medien sehr zugespitzt worden und letztendlich den falschen Erwartungen geschuldet, die in den letzten 15 Jahren mit dem Euro verknüpft waren. Eine gemeinsame Währung ohne gemeinsame Fiskalpolitik ist offenbar nicht durchführbar. Daher müssen die Konsolidierungsmaßnahmen jetzt mit einer größeren Härte durchgeführt werden, u.a. auf den Finanzmärkten mit der Konsequenz eines sehr niedrigen Zinsniveaus, was alle Sparer bei fast allen Produkten zu spüren bekommen.

Prof. Harald Meisner, Rheinische Fachhochschule Köln

Die Länder der Europäischen Union werden nicht umhinkommen, die Staatsschulden zu begrenzen, ohne gleichzeitig auf die notwendigsten Staatsausgaben zu verzichten. Die ständigen Proteste in Ländern wie Griechenland, Spanien und Portugal demonstrieren dies eindrücklich. Die Frage ist, inwieweit Deutschland in der Lage ist, überschuldete Länder zu unterstützen, ohne selbst in die Überschuldung zu kommen.

Mich überrascht das Anspruchsniveau der Mitgliedsstaaten der EU. Und ich stelle mir die Frage, inwieweit der Nutzen der ständigen Krisenbewältigung die Kosten tatsächlich noch übersteigt.

Prof. Nils Hafner, Institut für Finanzdienstleistungen Zug IFZ

Das Ende des Euro ist nicht eine Frage des »Ob«, sondern des »Wann« – so sieht es die letzte Gruppe.

Irgendwann kommt der Knall – aber wann? Im Moment haben die Apokalyptiker meines Erachtens kaum Chancen, aber die werden irgendwann recht bekommen. Die Schulden und der Zinseszins werden nicht mehr bezahlbar sein. Für unsere Nachkommen muss man sorgen! Diversifizierung vor allen Dingen in Währungen wird wichtig sein.

Uwe Zimmer, Vermögensverwalter

Bisher haben sich die Deutschen mit diesen Rettungspaketen nur sehr sehr teuer Zeit erkauft und werden mit den anderen Staaten ggf. untergehen oder die Schulden werden auf alle EU-Bürger aufgeteilt. Das bringt dann aber die gutmütigen und schläfrigen Deutschen auch mal auf die Straße, da es nicht sein kann, dass die einen am Strand sitzen, sich die Sonne auf den Pelz brennen lassen, Ouzo trinken und das Leben genießen, während die Deutschen arbeiten und die Gesamtrechnung bezahlen. Das wird (und ich hoffe, ich irre mich) zu massiven Spannungen in Europa und auch innerhalb Deutschlands führen. Die Staatsschulden kann keiner mehr abtragen, und ob der Euro überlebt, ist fraglich.

Wolfram Böhm, Previs AG

Sehr relevant. Der Euro könnte zusammenbrechen und dann steigt die Arbeitslosigkeit in Deutschland.

Prof. M. Rudolf, WHU, Otto Beisheim School of Management

Nicht nur im Euroraum, sondern auch in den USA und Japan werden vonseiten der Zentralbanken immer höhere Risiken eingegangen, welche die jeweiligen Währungssysteme in Gänze gefährden können. Es ist nur eine Frage der Zeit, bis das Vertrauen in diese drei Währungen verloren geht. Als Euro-Inländer bin ich davon natürlich extrem betroffen, da ich meine Vermögenspositionen im Hinblick auf diese Gefahr evaluieren und ggf. Absicherungen tätigen muss.

Prof. Dr. Rüdiger von Nitzsch, Universität Aachen

Aus währungstechnischer Sicht wird der Euro in der jetzigen Form scheitern. Die Staatsschulden sind mit den jetzigen Methoden (ESM etc.) nicht mehr rückzahlbar. Für jeden Einzelnen bedeutet diese Entwicklung Verlust seiner Ersparnisse, Geldentwertung und möglicherweise sozialen Abstieg. Mein Rat hierzu: Raus aus den Papierwährungen und Anlage in Sachwerte, wie etwa Immobilien, Gold, Silber und Rohstoffe.

Michael Gietl, HVC Capital

> Unvorhersehbar, das Finanzsystem scheint mir am Kippen zu sein. Wohin es kippt, lässt sich allerdings nicht prognostizieren. Die Kreditwirtschaft (u.a. mit Krediten an die Staaten) hat ihren realistischen Maßstab zugunsten von Wachstum aufgegeben. Die Auswirkungen auf unser Land können dramatisch sein, Vermögensverluste, Depression, Arbeitslosigkeit ...

Prof. Dr. Robert Holzapfel, Hochschule München

Die Diskussion unserer Experten-Community wollen wir mit dem Vermögensverwalter Andreas Grünewald beenden. Seine Antwort empfanden wir als besonders beeindruckend, da er – als Einziger – auch auf die Chancen der Gesamtentwicklung hinwies und sich dabei eben nicht nur auf den Euro allein fokussierte, ihm im globalen Kontext sogar nur eine untergeordnete Rolle zuweist:

Viele Staaten Europas sowie beispielsweise die USA und Japan sind überschuldet. Sprach man früher bei Staatsanleihen vom »risikolosen Zinssatz«, so sprechen wir heute bei einer Rendite selbst zehnjähriger Staatsanleihen von unter 1 Prozent (siehe Japan) beziehungsweise unter 2 Prozent (siehe USA und Deutschland) vom »zinslosen Risiko« und meiden entsprechend derartige Gläubigerpapiere. Vielmehr gilt es, auch unter dem Blickwinkel des Inflationsschutzes, möglichst breit diversifiziert in Sachwerte (siehe Immobilien, Aktien, Edelmetalle) zu investieren. Im Rahmen der Risikostreuung und insbesondere auch in Anbetracht der Staatsschuldenkrise ist zudem über ein Renminbi-Konto in China nachzudenken! Waren früher der US-Dollar und der Schweizer Franken die klassischen Sicherheitshäfen, dürfte dies zukünftig (auch) der Renminbi sein.

Die Welt ordnet sich neu – Asien entmachtet Amerika: Wir sollten die 80 Millionen Deutschen beziehungsweise die rund 500 Millionen Einwohner der Europäischen Union sowie die gut 300 Millionen Menschen in den USA nicht zu wichtig nehmen, sprich, uns von den (wirtschaftlichen) Problemen der westlichen Welt nicht den Blick auf die längerfristige Perspektive verstellen lassen! Die Welt umfasst eine Gesamtbevölkerung von gut 7 Milliarden Menschen, hierunter Hunderte von Millionen junger Menschen, die immer besser ausgebildet sind und erstmals in den Konsum hineinwachsen. Darüber hinaus nimmt die Anzahl der Millionäre insbesondere in Asien, Lateinamerika und Afrika im Laufe der nächsten Jahre weiter sprunghaft zu. Dies sowie eine steigende Weltbevölkerung (+1 Milliarde Menschen bis 2025), eine verstärkte Einbindung und Selbstständigkeit der Frauen in die Arbeitswelt und Wirtschaft (Womenomics) und ein insgesamt verbesserter Ausbildungsgrad stützen langfristig die Weltwirtschaft und somit auch die Aktien- und Rohstoffmärkte. Ein großes Plus für viele global agierende Unternehmen der westlichen Welt ist hierbei, dass die oben erwähnten Hunderte von Millionen junger Menschen sowie die wachsende Anzahl an Millionären in Asien, Lateinamerika und Afrika zumeist die westlichen Produkte als Statussymbol kaufen oder zukünftig kaufen möchten: von McDonald's und Coca-Cola über Adidas, Swatch und Apple sowie Louis Vuitton (LVMH) und Cartier (Richemont) bis hin zu Audi und BMW.

Andreas Grünewald

Die Antwort von Andreas Grünewald kann man noch besser bewerten, wenn man weiß, dass er als Vermögensverwalter schon viele Jahre für seine Kunden auch in China tätig ist und sich dort bestens auskennt.

Ziehen Sie Ihre eigenen Schlüsse«

Sie haben all die Beiträge unserer Experten-Community gelesen und denken sich: »Wie immer. Ich frage zehn Leute und bekomme elf Meinungen.« Was machen Sie nun aus diesen Meldungen und Meinungen?

Gehen Sie so vor, wie wir es Ihnen im Coachingkapitel beschrieben haben. Erarbeiten Sie sich als Erstes also eine gewisse Strategie. Sie erinnern sich? Ein gut ausgeprägtes strategisches Denken in Bezug auf Geld haben Sie, wenn Sie zukunftsorientiert an die Sache rangehen und sich in Bezug auf Ihre Finanzen vorstellen können, welches Langfristziel Sie damit verfolgen wollen, ohne dass Sie dies nun detailliert beschreiben müssten. Und: Auf Basis Ihrer derzeitigen finanziellen Situation könnten Sie sogar ein erstes Ziel für die kommenden zwölf Monate formulieren und erreichen. Los geht's!

Fassen Sie die Inhalte der Expertenbeiträge mit Ihrer eigenen grundsätzlichen Einstellung zu einem Gesamtbild zusammen. Die Meinungen über die künftige Entwicklung gehen doch deutlich auseinander. Von »Es wird weitergehen« bis »Der Euro wird zusammenbrechen« ist alles dabei. Es gibt also kein einheitliches Bild. Offenbar gibt es keinen Grund zur Entwarnung. Da Sie selbst wenig Optimismus verspüren, ist klar, dass Sie an dem Thema dranbleiben müssen. Das ist schon einmal eine erste, wirklich wesentliche Grundsatzentscheidung.

Nachdem Sie sich die Eckpunkte zu diesem Thema notiert haben, bilden Sie sich eine Meinung und leiten Sie daraus Ihre Strategie ab. Ein Formulierungsbeispiel: »Am meisten fürchte ich mich davor, dass der Euro zusammenbricht und ich dann mit leeren Händen dastehe, weil meine Euro-Ersparnisse nichts mehr wert sind, mein ganzes Geld als Tagesgeld und in Staatsanleihen angelegt wurde und ich dementsprechend keine Sachwerte habe. Dieses Szenario halte ich zwar nicht für übermäßig wahrscheinlich, aber ich kann es auch auf keinen Fall ausschließen.« Das mag ungenau klingen, aber für eine grundsätzlich strategische Aussage reicht das schon mal, denn eines ist klar: Nun sind Maßnahmen fällig.

Diese Maßnahmen lassen sich sehr schnell aus den Antworten unserer Experten-Community ableiten und mit dem Ziel Ihrer Überlegungen vereinen – ganz wie wir es in unserem Coachingteil besprochen hatten: »Ich möchte nicht negativ überrascht werden.« Bedeutet im Umkehrschluss: »Ich muss mich auf unterschiedliche Szenarien einstellen, kurz- wie langfristig.« Wieder eine wichtige Feststellung und Entscheidung: Es gibt nicht das eine Szenario, Sie müssen mehrere im Blick haben. Und es gibt nicht den einen Zeitpunkt, sondern kurz- und langfristige Überlegungen und Maßnahmen.

Nächste Frage: Wie kann man sich auf unterschiedliche Szenarien einstellen? Um hier eine geeignete Antwort zu bekommen, schauen Sie noch einmal in die Antworten der Experten. Dort ist immer wieder von Diversifikation die Rede. Das kommt vom lateinischen »diversificare« und bedeutet »verteilen«. Angewendet auf Ihre Geldthematik bedeutet es: Man soll nicht alle Eier in einen Korb legen. Den unterschiedlichen Szenarien werden Sie also nur mit unterschiedlichen Maßnahmen gerecht. Wieder eine wesentliche Erkenntnis.

Sie haben nun gelernt, dass man die Dinge verteilen muss. Auf was verteilen? Die am häufigsten genannten Begriffe in den Community-Antworten sind: Gold, Edelmetalle, Silber, Rohstoffe, Immobilien, Baukredit, Renmimbi, Fremdwährungsanleihen. Darüber hinaus lesen Sie, dass die Zinsen niedrig bleiben, faktisch trotz der offiziellen Meldungen eine Inflation besteht und dementsprechend eine festverzinsliche Langfristvorsorge wenig sinnvoll ist. Sie lesen, dass eine Immobilie zur Eigennutzung nicht immer das Gelbe vom Ei ist und man eine Immobilie auch zur Vermietung erwerben kann.

Hervorragend, denn damit dürften Sie so ziemlich den Kosmos der kurz- und mittelfristigen Maßnahmen beschrieben haben.

Bleibt die Frage, wann Sie nun was genau angehen. Das richtet sich natürlich nach drei wesentlichen Faktoren: Welche Mittel haben Sie kurzfristig zur Verfügung? Welche Anlagemöglichkeiten stehen kurzfristig zur Verfügung? Und wie ist das gegenwärtige Preisgefüge? Denn auch in diesen Zeiten erleben wir immer wieder größere Preisschwankungen, beispielsweise bei Gold.

Anhand der Expertenbeiträge und des jüngst beispielsweise auf Zypern Erlebten lässt sich für eurokritische Bürger ein Bündel an Kurzfristmaßnahmen ausmachen. Zypern zeigt uns, dass die Entwicklung sehr schnell gehen kann. Es zeigt uns auch, dass wir nicht jeder öffentlichen Äußerung der Politik unkritisch Glauben schenken sollten sowie dass die wesentlichen Entscheidungen über Nacht und am Wochenende getroffen werden. Die Bürger hatten keine Zeit, zu reagieren, und mussten notgedrungen akzeptieren, was geschah.

Welche Maßnahmen wären kurzfristig anzugehen? Erste Frage an Sie: Was gehört – aus Sicht der Expertenbeiträge – zur sofortigen Mindestausstattung für den ausgeprägten Euroskeptiker? Sie müssen einen gewissen Bargeldbestand zu Hause vorrätig haben, denn die Automaten spucken im Ernstfall nur wenig oder nichts aus. Wenn Sie einen Monat an Mindestausgaben in Cash vorhalten, dann sollte das reichen. Eine Woche sollte das Minimum sein.

Im nächsten Schritt kümmern Sie sich um einen Worst-Case-Vorrat an Edelmetall, ebenfalls für zu Hause (wissen wir, ob wir an unser Bankschließfach rankommen, wenn es den Ernstfall gibt?). Keine Barren! Silbermünzen sind die bessere Wahl, weil im extremen Krisenfall auch diese kleinen Einheiten sehr an Wert zulegen werden. Ein Barren, der heute schon viel Geld kostet, wird dann nicht helfen. Man kann nur schlecht ein Stück davon abhobeln. Egal, was Sie zu Hause aufbewahren: Bitte achten Sie darauf, dass dies sehr sicher geschieht, und informieren Sie möglichst nicht die ganze Nachbarschaft darüber.

Die Hardcore-Apokalyptiker haben neben den Bargeld- und Münzbeständen einen Krisengrundstock an lange haltbaren Lebensmitteln im Haus. Für manche ist das albern, andere fühlen sich damit einfach besser und dies ist Rechtfertigung genug.

Das klingt alles ziemlich gruselig. Aber gehen wir mal in die Mittel- bis Langfristbetrachtung: »Diversifikation« haben Sie in vielen Beiträgen gelesen. Die Mehrheit sieht eine gewisse Wahrscheinlichkeit für eine mehr oder weniger verborgene Inflation. Sachwerte wie Aktien, Immobilien und Edelmetalle sind also angesagt.

Aber wann soll man kaufen? Einige Expertenbeiträge sprachen bereits von einer Blase, also von einer gewissen Überteuerung des bestehenden Angebots, beispielsweise bei Immobilien. Nun, auch da hilft es nur, wenn Sie den Markt aufmerksam beobachten. Kein Markt entspricht dem anderen, eine Stadt wie München hat eine andere Zuwanderungsprognose als beispielsweise Dortmund und damit auch eine andere zukünftige Rendite- beziehungsweise Preisentwicklungserwartung bei Immobilien. So kann es durchaus sein, dass sich B-Lagen in einer Blase befinden, A-Lagen wiederum womöglich nicht. Neben der Diversifikation ist also Differenzierung notwendig.

Wir wissen inzwischen, dass wir nicht aus Panik handeln sollten und auch in nichts investieren, das wir nicht verstehen. Wenn Sie das Edelmetallzertifikat nicht verstehen und ein schlechtes Bauchgefühl dabei haben, unbedingt aber etwas in Sachen Edelmetalle machen wollen, dann kaufen Sie lieber eine Münze. Natürlich hat das eine gewisse steuerliche Auswirkung sowie Konsequenzen für die Handelbarkeit und Preisfeststellung.

Den optimalen Einstiegszeitpunkt für Aktien, Edelmetalle und auch Fremdwährungsangebote kennt man bekanntlich immer erst hinterher. Das Risiko des »falschen Zeitpunkts« kann man reduzieren, indem man statt einem Einmal-Investment einen Sparplan anlegt. Dies bieten Discount-Broker und -Banken an. Statt einmal 1000 oder 10 000 Euro investieren Sie monatlich 100 oder 200 Euro. Wenn der Preis gerade hoch ist, kaufen Sie so automatisch weniger als in vergleichsweise günstigen Zeiten. Dies nennt man »Cost Average Effect« und es bedeutet: Statt der extremen Spitzenpreise unten wie oben zahlen Sie auf lange Frist eher den Durchschnittspreis.

Machen Sie die Gegenprobe

Bevor Sie nun loslegen, checken Sie noch einmal Ihr Vorgehen: Ist es grundsätzlich falsch, was ich da mache? Lassen Sie uns also die Maßnahmen noch einmal überprüfen.

 Bargeldbestand für mindestens eine Woche. Damit kann man keinen Schaden anrichten. Das Geld erwirtschaftet zwar keine Zinsen, aber die sind ohnehin marginal.

 Geringer Edelmetallbestand zu Hause. Der Kaufpreis kann gerade recht hoch sein, ich kaufe also teuer. Ist es aber mein Ziel, hier eine Performance zu erzielen? Nein, mein Ziel ist, Sicherheit zu haben. Sollte ich der Meinung sein, dass es gegenwärtig zu teuer ist, schaue ich laufend auf die Wertentwicklungs-App auf meinem Smartphone und gehe dann eben nochmals zum Münzhändler. Einen Mindestsicherheitsbestand habe ich dann schnell.

 Lebensmittel. Na ja, ist kein Schaden, ein wenig mehr Vorrat zu Hause vorzuhalten, wenn ich dafür mein Sicherheitsgefühl steigern kann.

 Sparplan auf Edelmetalle beziehungsweise regelmäßiger Kauf von Edelmetallen. Meine Erwartungshaltung ist es nicht, damit kurzfristig Performance zu machen. Diese kann ich nur machen, wenn ich das Edelmetall verkaufe. Wenn bis dahin die Eurokrise aber nicht vorbei ist, habe ich erneut ein Problem: Was tun mit dem dann gewonnenen Geld? In Euro kann ich es nicht liegen lassen, denn es war meine Ausgangsthese, dass der Euro nicht sicher ist.

 Sparplan auf Aktienwerte. Ebenfalls eine gute langfristige Vorgehensweise. Ich sollte nur darauf achten, dass es nicht Geld ist, welches ich zu einem bestimmten Zeitpunkt unbedingt benötige. Es könnte sein, dass ich dann Kursverluste realisieren muss.

 Könnte ich das alles mal an die Kinder übergeben? Unbedingt ja! Je langfristiger man in diesen Dingen denkt, umso besser. Einen wirklichen »Fehler« kann man da also nicht machen.

 Immobilienerwerb. Die Summen, die hier im Spiel sind, lassen das Risiko natürlich größer werden (siehe das Kapitel mit den größten Fehlern und Erfolgen der Experten-Community). Auch haben Sie wahrscheinlich nicht täglich damit zu tun, sodass Sie die Fallstricke eines Immobilien-Investments nicht kennen. Umso wichtiger ist es, dass Sie sehr auf Ihr Bauchgefühl und einen Berater Ihres Vertrauens hören. Aber egal, wie sehr Sie diesem vertrauen: Informieren Sie sich umfassend. Noch schlimmer, als im Fall von Inflation und Krise keine Immobilie zu haben, ist es, sich jetzt auf die Schnelle eine überteuerte und schlechte Immobilie zu kaufen.

Sie sehen, das Thema Eurokrise kann durchaus eine positive Auswirkung haben. Sie beschäftigen sich auf einmal mit Ihrem Geld, weil Ihnen die politische Situation Sorgen bereitet. Sie diskutieren dies mit anderen Menschen. Sie leiten die geeignete Strategie und daraus kurzfristige wie langfristige Maßnahmen ab. Sie können den Sachverhalt generationenübergreifend betrachten. Sie überprüfen die Maßnahmen nach einem möglichen Fehlerpotenzial. Sie wenden die Vorgehens- und Verhaltensweisen an, die wir Ihnen im Coachingsegment unseres Buches beschrieben haben – und auf einmal ist eigentlich alles ganz klar, logisch und geradezu einfach. Natürlich liegen das Problem und die Herausforderung im Detail. Wer aber einen Plan, eine Strategie und ein klares Ziel hat und das in der Diskussion mit mehreren Beteiligten gecheckt hat, ist schon einmal ein großes Stück besser aufgestellt.

PETER BOEHRINGER, BLOGGER, FINANZEXPERTE UND WÄHRUNGSKRITIKER

Wenn Sie sich bitte vorstellen ...
Peter Boehringer, Wirtschaftsblogger mit von den Umständen erzwungenem gesellschaftskritischem Ansatz.

Ihre Webseite?
www.goldseitenblog.com/peter_boehringer

Welchen thematischen Schwerpunkt verfolgt Ihr Blog? Und warum?
Kritik unseres real existierenden Finanz- und Geldsystems. Aufgehängt wird jeder Artikel an einer aktuellen Fehlentwicklung oder deren Fehlkommentierung durch Mainstream-Medien. Meist enthalten die Blogartikel dann aber eine zeitlose marktwirtschaftliche Botschaft.

Die theoretische Basis des Blogs ist die Österreichische Schule der Nationalökonomie – eine Denkschule, die vom freien Markt als Ausdruck des freien Menschenwillens ausgeht und Staatseingriffe in diesen Menschenwillen nur im Rahmen eines machtarmen sogenannten »Minimalstaats« zulässt, welcher der natürliche Zustand jedes Gemein- und auch jedes Geldwesens wäre, wenn die manipulativen Machtpotentaten der Welt dies nicht seit vielen Jahrzehnten verhinderten. Die Folgen sind nicht nur in der Realwirtschaft zunehmend planwirtschaftlich, sondern inzwischen auch in der Gesellschaft eindeutig totalitär.

Wie ist die Stimmung im Netz gegenüber Banken und Versicherungen?
Schlecht – aber leider werden die wahren Gründe dafür von den meisten Menschen noch immer nicht verstanden: massenhafter Betrug von »oben« durch die Schöpfung von legalem »virtuellem Kredit-Falschgeld«, das aber real zinstragend,

inflationstreibend und damit für die Masse der Menschen ver-
armend ist.

**Wenn ich mir im Internet die Freiheit über meine Finanzen
erobern möchte, welche Tipps haben Sie?**
Glauben Sie den noch immer »meinungsführenden« Medi-
en NICHTS mehr. Und lesen Sie mit offenem Geist sowohl
die alltägliche Dokumentation der Verrücktheiten auf den
unabhängigen Internetseiten – deutschsprachig wohl www.
hartgeld.com oder www.goldseiten.de oder www.querschu-
esse.de – oder in Wirtschaftsforen im Internet, z.B. https://
community.fidor.de/.

Lesen Sie zudem ein wenig an Theorie zum gesunden Minimal-
staat mit gesundem Marktgeld (leicht geschrieben sind etwa
die Bücher von Roland Baader). Ihr Weltbild wird sich dann
schnell verändern. Eventuell werden sogar bisher nur intuitiv
gespürte Wahrheiten (die aber nicht zur BERICHTETEN Realität der Massenmedien passten) dabei erklärbar.

**Was sind aus Ihrer Sicht die größten Fehler im Umgang mit
Geld?**
Vertrauen auf »Experten«-Tipps im Mainstream sowie Ver-
trauen in die teuer und »professionell« verpackten Hochglanz-
Shows von Politik und Massenmedien, die inzwischen allesamt
Lobby- oder gar Propagandacharakter haben. Zudem Vertrau-
en in Geldwerte, die reine Papierversprechen sind.

**Wenn Sie nur 15 Minuten pro Woche Zeit für Ihre Geldthemen
hätten, was würden Sie tun?**
Die 15 Minuten über zwei Jahre zu dann 26 Stunden aggregie-
ren. Diese vier Arbeitstage voll nutzen für die o.g. Einarbeitung
in den Charakter unserer Betrugswelt. Dann in Sachwerte
investieren und zwei Jahre nicht ins Depot schauen. Nach zwei
Jahren Prozedere wiederholen – und vermutlich mit noch grö-
ßerer Überzeugung Sachwerte aufstocken.

Was wollen Sie ansonsten noch loswerden?
Falls vorhanden, sollten Sie nach Möglichkeit Schulden abbau-
en. Ggf. dazu Lebensversicherungen mit noch mehr als fünf

Jahren Restlaufzeit sowie Rentenversicherungen kündigen und zu Cash machen. Entsagen Sie dem klassischen Betrugssystem der rein papierbasierten Anlageformen, das selbst ohne Währungsreform (= Totalverlust) Ihr viel zu niedrig verzinstes Geldvermögen über die WAHRE Inflation in nur zehn Jahren real zu über 70 Prozent vernichtet!

www.kuemmerdichumdeingeld.de/clip14

Wer sich wirklich schon ins Wertpapiergeschäft wagen möchte, kann sich in diesem Kapitel erste Anregungen zum Aufbau eines Depots holen. Zu beachten: Vor allen Dingen bei Aktien & Co. empfiehlt sich der Austausch in Communitys.

KAPITEL 15

DER WEG, ES SELBST BESSER ZU MACHEN – WIE EIN INDIVIDUELLES WERTPAPIERDEPOT ENTSTEHT

»Machen Sie sich selbst schlau und vertrauen Sie nie einer einzigen Quelle. Hinterfragen Sie vor allem bei Geldanlagen die Verhältnisse zwischen Risiko und Rendite.«

Dirk Elsner, Unternehmensberater für Banken, Finanzblogger des Jahres 2012 www.blicklog.com und Kolumnist für *Wall Street Journal* zum Thema Bankenwandel, auf die Frage: »*Wenn ich mir im Internet die Freiheit über meine Finanzen erobern möchte, welche Tipps an die Menschen in diesem Land hätten Sie?*«

Möglicherweise werden Sie sich bei der Lektüre bislang gefragt haben: Gut, wenn Banken also kaum ordentliche Beratung liefern, Sparen kaum noch etwas bringt und angesichts der Bankenkrise sogar extrem verlustreich ausgehen kann und auch alles andere mit Risiken behaftet ist – was kann ich tun? Eine Möglichkeit kann sein, dass Sie ganz im Sinne von *Kümmer dich um dein Geld* beginnen, selbst zu managen, statt andere managen zu lassen, um die Chancen des Kapitalmarkts zu nutzen.

Im Kapitel zum Thema der Ergebnisorientierung sind wir bereits auf das Thema der Anlage in Fonds eingegangen und haben die Vorzüge einer bestimmten Anlagegattung, nämlich der Exchange Traded Funds, beschrieben. Das sind jene Fonds, die nicht von teuren Spezialisten gemanagt werden, die mal besser, mal schlechter als der zugrunde liegende Referenzindex abschneiden. Jetzt wäre es natürlich einfach zu sagen: Nehmen Sie solche Fonds und es wird sich schon alles zum Guten wenden.

Ganz so einfach ist es nicht, denn es gibt für Sie eine Menge zu beachten, wenn Sie nicht nach Art der polynesischen Segler in See stechen wollen. Wir sind auf die Suche gegangen nach einem Spezialisten, der in der Lage ist, normalen Menschen ohne Vorkenntnisse auf einfache Art und Weise zu erklären, wie man sein Depot so strukturiert, dass man bestmöglichst von der Funktionsweise der Kapitalmärkte profitiert und es besser macht als die sogenannten Geldspezialisten.

Fündig geworden sind wir mit Christoph R. Kanzler. Wir kennen uns. Er hat lange Zeit den Bereich institutionelle Kunden – andere Geldinstitute, Versicherungen, Investmentfonds etc. – bei der DAB betreut und maßgeblich zum Aufbau des Bereiches beigetragen. Danach hat er u.a. bei der quirin bank, der Credit Suisse und der Citibank gearbeitet. Heute ist er Leiter der deutschen Niederlassung Dimensional Fund Advisors Ltd.

Das Unternehmen ist führend in der Entwicklung von Portfolios für institutionelle Anleger. Die Fonds können von Privatpersonen nicht geordert werden. Er will und kann Ihnen hier also nichts verkaufen. Dennoch kennt er die Zusammenhänge in der Investmentfondsbranche wie kaum ein anderer.

Christoph Kanzler unterscheidet drei Gruppen von Investoren, seien es nun Groß- oder Kleinanleger: erstens jene, die nicht wissen, in welche Richtung sich der Markt bewegt, zweitens jene, die nicht wissen, dass sie es nicht wissen, und drittens jene, die wissen, dass sie es nicht wissen, deren Lebensunterhalt jedoch davon abhängt, dass es so scheint, als ob sie es wüssten (Quelle: William Bernstein, *The Intelligent Asset Allocator*).

Die Finanzindustrie wird überwiegend von der dritten Gruppe repräsentiert. Diese global agierende Industrie will uns täglich vermitteln, dass Geldanlegen ein hochkomplexes Metier ist. Sie wird nicht müde, uns zu suggerieren, dass sie weit mehr weiß und kann als wir Normalsterblichen (Quelle: Dr. Paul B. Farrell, *Bequem reich werden*). Das ist nicht so.

Wir hoffen, dass Sie sich nach der Lektüre dieses Buches in der ersten Gruppe wiederfinden. Christoph Kanzler nennt sie die Gruppe der »cleveren Investoren«. Die Erkenntnis, dass Märkte nicht berechenbar sind, ist wichtigste Voraussetzung, um den richtigen Weg zu gehen, so banal das klingt. Es sei hier schon einmal gesagt, dass die »cleveren Investoren« auf sicherere Art und Weise die besseren Anlageergebnisse erzielen und ein entspanntes Leben führen. Und es sei auch gesagt, dass das folgende Depot nur eine von vielen Möglichkeiten darstellt. Einen Königsweg gibt es nicht, nur bessere und schlechtere Wege.

Zu Letzteren zählen laut Christoph Kanzler aktiv gemanagte Fonds, strukturierte Produkte, geschlossene Beteiligungen oder das Investieren in Einzeltitel. Wir wissen ja: Investiere niemals in etwas, das du nicht verstehst – und wenn Sie die Konstruktion hinter all diesen Wundertüten verstünden, dann würden Sie von ganz alleine dankend abwinken.

Investieren, nicht spekulieren!

Beim Investieren geht es darum, langfristiges Eigentum an Unternehmen zu erwerben. Unternehmen konzentrieren sich auf die allmähliche Bildung von Substanzwert, der aus der Fähigkeit und dem Willen abgeleitet wird, Güter und Dienstleistungen zu produzieren, die von der Gesellschaft benötigt werden. Unternehmen schaffen wachsenden Wert für unsere Gesellschaft und mehren dadurch ihren Wert und somit das Vermögen des Investors. Spekulieren ist das Gegenteil. Dabei geht es ausschließlich um einen kurzfristigen Handel mit Aktien dieser Unternehmen, die für diesen Zweck missbraucht werden. Das Hoffen beziehungsweise Spekulieren darauf, dass diese Aktien in kürzester Zeit mit einem Aufschlag an den Nächsten weiterverkauft werden können, steht hier im Vordergrund. Dieses Spiel wird durch Gier getrieben. Entscheidungen, die auf dieser Basis getroffen werden, enden selten glücklich.

Investieren	Spekulieren
Clevere Anleger, die wissen auf was es ankommt	Anleger, die den falschen Dingen glauben schenken
Entscheidungen auf Basis von Fakten und Wissen	Entscheidungen auf Nichtwissen und Glauben
Ernsthaftigkeit	Unthaltung - Cocktailparty

Quelle: Christoph R. Kanzler/Dimensional

Verwenden Sie für die Umsetzung Ihrer Anlagestrategien überwiegend Aktien und Renten. Als Einsteiger und Nicht-Profi sagen Sie konsequent Nein zu anderen Anlageklassen wie Private Equity, Hedgefonds, geschlossenen Beteiligungen etc. All das ist pure Spekulation und hat nichts mit seriösem Investieren zu tun. Außer Sie gründen Ihr eigenes Unternehmen. In der Experten-Community haben Sie lesen können, dass das für viele das beste Investment war.

Setzen Sie auf mehrere Pferde

Es gibt kein Patentrezept dafür, die künftige Entwicklung Ihrer Anlagen vorherzusagen. Daher ist die einzig sinnvolle Vorgehensweise, Ihr Geld möglichst breit am Markt zu streuen. Auf diesem Weg können eventuelle Verluste durch Gewinne ausgeglichen werden. Erfolgreiche Anleger sind sich darüber im Klaren, dass sie vorab nicht wissen können, welches Pferd am schnellsten rennen wird. Daher setzt ein cleverer Anleger auf mehrere Pferde – darum geht es bei der Diversifikation.

Das ETF-Depot von Christoph R. Kanzler ist bestens geeignet, wenn man nicht mehr als 15 Minuten in der Woche investieren, aber dennoch an der Börse Chancen nutzen will. Es gilt jedoch, ein paar wichtige Dinge zu beachten, wenn man die Chancen der Börse für sich erschließen will.

Wie Zeit und Risiko zusammenhängen

Mal abgesehen davon, dass Sie bekanntlich ein Ziel für Ihr Geld haben sollten, geht es auch um den Zeitraum, in dem dieses Ziel erreicht werden soll – in zwei, drei oder zehn Jahren? Das ist deshalb notwendig, um den Aktienanteil und somit das Risiko festzulegen. Je weiter Ihr Anlagehorizont gefasst ist, desto mehr Aktienanteil (hohe Rendite/hohe Kursschwankungen) kann das Depot haben. Kürzere Anlagehorizonte brauchen einen höheren Anteil von Rentenpapieren (niedrige Rendite/niedrige Kursschwankungen). Die folgende Tabelle bietet dafür einen groben Anhaltspunkt.

Dein Anlagehorizont in Jahren	Maximale Aktienquote in %	Maximale Rentenquote in Prozent
0-3	0	100
4	30	70
5	40	60
6	50	50
7	60	40
8	70	30
9	80	20
10	90	10
11 bis 14	100	0
15 bis 19	100	0
20 Jahre und länger	100	0

Quelle: Larry E. Swedroe, The Successful Investor Today

Möchten Sie zum Beispiel Ihr Ziel in fünf Jahren erreichen, sollte die Aktienquote bei ca. 40 Prozent und die Rentenquote bei ca. 60 Prozent liegen. Dabei müssen Sie darauf achten, dass mit jedem Jahr die Aktienquote zugunsten der Rentenquote sinkt.

Jahr	Aktienquote	Rentenquote
1	40 Prozent	60 Prozent
2	30 Prozent	70 Prozent
3	20 Prozent	80 Prozent
4	10 Prozent	90 Prozent
5	0 Prozent	100 Prozent

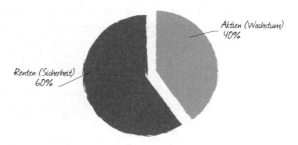

Abbildung 13: Das Schaubild für Jahr 1 Ihrer Anlage

Alles, was wir realistisch tun können, ist, die Chance auf einen Gewinn und die Gefahr eines Verlusts zu beeinflussen. Und genau hier unterscheidet sich Glücksspiel vom Anlegen.

Klar ist: Je höher der Aktienanteil, desto höher die Rendite, immer auf die Dauer der Anlage bezogen. Erhöhen Sie den Aktienanteil bei kürzerer geplanter Anlagedauer, steigt zwar die zu erwartende jährliche Rendite, aber Sie erhöhen auch das Risiko. Es kann sein, dass es an der Börse zu Turbulenzen kommt, wenn Sie das Geld brauchen. Dann bleibt nur, den Anlagehorizont zu erweitern.

Anmerkung der Autoren

Unbedingt erwähnt werden muss, dass die gegenwärtige Finanzkrise die bekannten Spielregeln ein wenig modifiziert. Die durch die Zentralbanken ausgelöste Geldschwemme lässt die Aktienindizes in ungeahnte Höhen schnellen. Wer nicht schon investiert war, schreckt möglicherweise bei den gegenwärtigen Indexständen zurück.

Auf der anderen Seite sind festverzinsliche Wertpapiere und darunter vor allen Dingen die Staatsanleihen mit einem sehr guten Rating gegenwärtig (Stand 1. Quartal 2013) ein sehr uninteressantes Investment, teilweise mit negativer Rendite.

In diesem Szenario ist es unabdingbar notwendig, ständig am Ball zu bleiben. Eine Korrektur kann schnell kommen und schmerzhaft sein und historische Erkenntnisse über den Haufen werfen. Die Volatilität – so nennt man die Schwankungsbreite und Schwankungsaktivität an der Börse – wird hoch bleiben.

Die folgende Übersicht zeigt, mit welchen zeitweiligen Kursrückgängen Sie bei welcher Aktienquote mindestens rechnen sollten:

Zu erwartende zeitweilige Verluste in % (Turbulenzen)	Maximale Aktienquote
0-3	0
10	30
15	40
20	50
25	60
30	70
35	80
40	90
50	100
50	100
50	100

Quelle: Larry E. Swedroe, The Successful Investor Today

Bei einem Anlagehorizont von fünf Jahren (Aktien 40 Prozent, Renten 60 Prozent) müssen Sie es ertragen können, dass zeitweise 15 Prozent Ihrer Anlage weg sind. Im Zeitverlauf werden Sie einen solchen Verlust wieder kompensieren können. Bitte nicht aufgeben und in einen Bausparer wechseln – das wäre der finanzielle Super-GAU.

Wenn Sie in turbulenten Zeiten ruhiger schlafen wollen, reduzieren Sie den Aktienanteil zugunsten von Renten. Bei der Aktienquote hört der Spaß aber auf! Es passiert immer wieder, dass Anleger zum Ende ihres Anlagehorizonts bei vermeintlich gut laufenden Märkten die Aktienquote noch mal ordentlich nach oben drehen. Das kann in wenigen Tagen ruinieren, was über Jahre aufgebaut wurde.

Es gibt kein richtiges oder falsches Depot – es gibt nur Ihr Depot. Falsch und unklug ist es nur dann, wenn Sie sich verleiten lassen, sinnlose Mode- und Trendprodukte zu verwenden.

Drei Anlageklassen reichen

Nun geht es darum, das Depot zu diversifizieren. Im ersten Schritt wird es in drei Anlageklassen unterteilt, sodass Ihr Aktieninvestment ausreichend breit gestreut und ein Rentenfonds vorhanden ist:

europäische Aktien

 globale Aktien

 globale Staatsanleihen (Rentenfonds)

Im zweiten Schritt bilden Sie anhand unseres Beispiels mit 40 Prozent Aktien und 60 Prozent Renten ein Depot, das noch feiner aufteilt:

Europäische Aktien	
Europa Large (große Unternehmen)	10 Prozent
Europa Value (günstig bewertete Unternehmen)	4 Prozent
Europa Small (kleine Unternehmen)	4 Prozent
Globale Aktien	
Aktien weltweit	18 Prozent
Emerging Markets (Unternehmen in Entwicklungsländern)	4 Prozent
Anleihen	
Renten global	60 Prozent
Aktienanteil	**40 Prozent**
Anleihenanteil	**60 Prozent**
Gesamt	**100 Prozent**

Aus Gründen der Risikostreuung achten Sie im Aktienanteil darauf, dass die weltweiten Aktien leicht übergewichtet sind.

Anlagehorizont in Jahren	Aktienanteil	Europa	Weltweit
3 Jahre	20 Prozent	9 Prozent	11 Prozent
5 Jahre	40 Prozent	18 Prozent	22 Prozent
7 Jahre	60 Prozent	27 Prozent	33 Prozent
9 Jahre	80 Prozent	36 Prozent	44 Prozent
ab 11 Jahren	100 Prozent	45 Prozent	55 Prozent

Je nach Ihrem Anlagehorizont und Ihrer Risikoentscheidung gewichten Sie den Aktienanteil.

Auswahl der Wertpapiere

Um die einzelnen Positionen abbilden zu können, gehen Sie auf die Seite eines Discount-Brokers oder eines Finanzportals und suchen Sie sich die entsprechenden ETFs aus. Eine Seite, die sich auf das Finden von Exchange Traded Funds spezialisiert hat, ist die Plattform extra-funds.de unseres früheren gemeinsamen Kollegen Markus Jordan, der in der DAB im Produktmanagement gearbeitet hat.

Auf dieser Seite geben Sie unter Tools > ETF Suche Folgendes ein:

 Anlageklasse = Aktien

 Region = Europa

 Anlagestrategie = Large Cap, dann Value-Strategie, später Small Cap

Und schon haben Sie Ihre Auswahl. Ähnlich gehen Sie bei den globalen ETFs vor.

Bei der Anleihe:

 Anlageklasse = Renten

 Region = Welt

WICHTIG: Bei der Anleihe achten Sie darauf, dass Sie einen ETF auf Staatsanleihen auswählen und nicht Unternehmensanleihen!

Abbildung 14: ETF-Suche auf extra-funds.de

Bleiben Sie auch weg von Aktienanleihen. Diese Produkte sind überaus komplex gestaltet und für den einfachen Mann nicht wirklich nachvollziehbar. Seien Sie da bitte maximal misstrauisch. Abgesehen davon: Was soll eine Aktienanleihe sein? Es handelt sich hierbei um eine ähnlich sinnfreie Wortschöpfung wie bei der Doppelhaushälfte ...

Nun müssen Sie noch den Betrag, den Sie investieren wollen, entsprechend den Prozentsätzen (Gewichtungen) aufteilen. Das war's – Ihr Depot ist fertig. Ein Depot mit 40 Prozent Aktien und 60 Prozent Rentenanteil schaut dann zum Beispiel so aus.

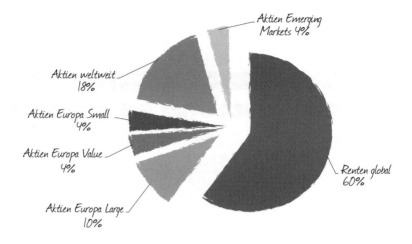

Aktien Emerging Markets 4%

Aktien weltweit 18%

Aktien Europa Small 4%

Aktien Europa Value 4%

Aktien Europa Large 10%

Renten global 60%

Ein Depot anlegen

Um das Depot zum Leben zu erwecken, nutzen Sie aus Kosten-
gründen am besten eine Direktbank. Leser, die es nicht selbst in
die Hand nehmen wollen, können mit der Information aus diesem
Kapitel einen Honorarberater aufsuchen, den sie auf Stundenbasis
bezahlen und der sie auf dem Weg zu einem solchen Depot begleitet. Das ist ohnehin all jenen zu empfehlen, die zum Beispiel nach
einer Erbschaft eine größere Summe anlegen möchten. Hier sollte
das Depot nur eine Säule sein.

Das Depot in Balance halten

Schauen Sie sich einmal im Jahr Ihr Depot an und reduzieren Sie mit
abnehmendem Anlagehorizont den Aktienanteil. Es gibt Jahre, in denen Aktien extrem gut laufen und Renten eher verhalten. Das Ergebnis kann sein, dass aus 60/40 (60 Prozent Renten/40 Prozent Aktien)
plötzlich 50/50 (50 Prozent Renten/50 Prozent Aktien) geworden ist.
Das entspricht nicht mehr der Entscheidung, die der Depotstruktur
zugrunde liegt. Um Ihr »altes« Depot zu bekommen, müssen Sie also
den Aktienanteil reduzieren und im Gegenzug den Rentenanteil wieder aufstocken. Dies nennt man in der Fachsprache »Rebalancing«.

Disziplin – eine wichtige Größe

Was, glauben Sie, ist der schwierigere Teil – das Depot entstehen oder es laufen zu lassen? Die schwierige Phase beginnt, wenn das Depot steht. Was auch immer passiert – seien Sie diszipliniert, und lassen Sie die Märkte für sich arbeiten. Der wichtigste Faktor, der an den Kapitalmärkten zum Erfolg führt, ist Disziplin!

Kapitalmärkte halten für Anleger wunderbar positive Renditen bereit. Sie entwickeln sich nicht linear, steigen und fallen, aber die Aufschwünge sind stärker und häufiger ausgeprägt als die Abschwünge. Der Anleger kann also die Vermehrung seines investierten Kapitals erwarten.

Das folgende Bild zeigt, wie sich unser Beispielportfolio bei globalen Krisen entwickelt hat:

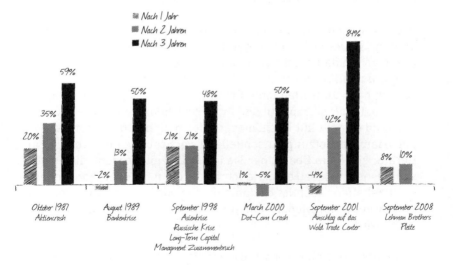

Quelle: Dimensional

Disziplin bedeutet, auch in turbulenten Marktphasen investiert zu bleiben. Das ist eine schwere Aufgabe. Die Augen auf das Ziel gerichtet zu halten, ohne bei Kursschwankungen aktionistisch zu handeln, erfordert enorme emotionale Disziplin.

Ein wirklich guter Berater könnte Ihnen gerade in schweren Zeiten helfen, die Hände fest am Steuer zu lassen.

Wo Berater unterstützen können

Wie eingangs gesagt: Nichts und niemand kann den Verlauf der Börsen vorhersehen, also müssen – oder besser gesagt: können – Sie hierfür auch niemanden bezahlen. Nicht der Berater vermehrt oder verringert Ihr Geld, sondern es sind der Markt und das Risiko. Ein guter Berater ist also eher ein Begleiter oder Coach, der Ihnen hilft, auf dem besten Weg Ihre finanziellen Ziele zu erreichen.

Wie ein Arzt oder Anwalt hat ein guter Berater einen Wissensvorsprung, weil er sich täglich mit der Materie auseinandersetzt. Sie bezahlen ihn dafür, dass er hilft, zu verstehen, wie Märkte funktionieren und auf welcher Basis die richtigen und wesentlichen Entscheidungen zu treffen sind. Er hilft, Ziele zu identifizieren, Ihren individuellen Risikoappetit und Ihre Frustrationstoleranz einzuordnen, und erstellt auf Basis dieser Informationen die optimale Depotzusammensetzung. Anschließend wechselt die Rolle von einem Berater zu einem Coach, der Sie in der Disziplin coacht, die eingeschlagene Anlagestrategie auch in unruhigen Zeiten konsequent beizubehalten. Auch ist er dafür da, Sie vor Investmentfehlern zu bewahren, wenn wieder einmal ein schön farbiges Produkt angeboten wird.

Wann und in welcher Form Sie einen Berater oder Geldcoach brauchen, hängt stark von individuellen Bedürfnissen ab. Ein Bedürfnis kann zum Beispiel sein, das in diesem Buch Gelernte bestätigt zu bekommen oder das Wissen zu vertiefen. Der Bedarf nach einer Beratermeinung kann sich entwickeln, wenn Sie erkennen, dass die bisherigen Geldanlagen nicht optimal waren, und nun die Sünden der Vergangenheit aus dem Depot beseitigen wollen.

Schon ab einer unregelmäßigen Anlagesumme von 5000 bis 10 000 Euro ist ein Honorarberater geeignet. Man sollte sich für einen Berater entscheiden, der konsequent Indexfonds und ETFs verwendet sowie eine langfristige »Buy and hold«-Strategie verfolgt. Eine laufende Begleitung müssen Sie sich leisten, wenn Sie regelmäßig höhere Beträge anlegen wollen und sich beispielsweise aufgrund Ihres zeitraubenden Jobs hierüber keine Gedanken machen können. Sie hat auch dann Sinn, wenn Sie zum Beispiel noch Immobilien oder andere Vermögensbestände haben, die der Berater in das Gesamtvermögensbild einbeziehen soll. Wir kommen so zu der zuvor besprochenen »ganzheitlichen« Beratung.

Aber Vorsicht: Zu gerne wollen Berater, die ihren Job falsch verstehen, der Welt beweisen, was für tolle Börsengurus sie sind. Und mit Honorarberatung wird im Markt bereits viel geworben, um Kunden zu gewinnen. In vielen Fällen hat sich aber nur die Verpackung geändert. Der toxische Inhalt ist der gleiche geblieben.

Für eine laufende Betreuung verlangt ein echter und qualifizierter Honorarberater zwischen 0,5 und 1 Prozent vom betreuten Anlagevolumen, auf Stundenbasis kann man mit 150 bis 250 Euro rechnen.

Berater hin, Berater her – es bleibt Ihre Verantwortung

Sie werden sich fragen, warum hier überhaupt Berater erwähnt werden, wenn es doch in diesem Buch darum geht, sich selbst zu kümmern. Die Antwort lautet: weil der Berater daran nichts ändert. Das ist vielen nicht bewusst. Know-how zum Thema Geldanlage ist gerade dann wichtig, wenn Sie zu einem Berater gehen, denn am Ende sind und bleiben Sie für die Ergebnisse verantwortlich. Der Berater übernimmt die Verantwortung für den Prozess des verantwortungsvollen Investierens im Sinne der bestmöglichen Strategie für das Erreichen Ihrer Ziele, aber nicht für das Ergebnis. Denn auch er kann die Entwicklung der Märkte nicht vorhersagen. Er gibt Ihnen Orientierung und achtet darauf, dass Sie in einem schwachen Moment keinen »Investment-Nonsens« begehen. Das ist alles, was Sie erwarten können – und wofür Sie zahlen.

Sie sind nicht alleine

Egal, was Sie nun in Sachen Kapitalmarkt vorhaben, validieren Sie Ihr Vorhaben in einer der genannten Communitys. Holen Sie sich Aktientipps auf Sharewise.com, diskutieren Sie Ihre Depotgestaltung bei finanzfrage.net oder auch mit der Fidor-Bank-Community. Stellen Sie provokante Fragen, hinterfragen Sie die Antworten anderer und lernen Sie durch den Dialog.

Auch den richtigen Berater können Sie so finden. Sie können online mit ihm in Kontakt kommen und sich seine Dialog- und Antwortqualität anschauen. Darüber hinaus analysieren Sie seine Bewertungen im Internet.

Größte Gefahr in Sachen Anlage ist übrigens der sogenannte »Herdentrieb«. Er lässt Sie von Ihrer ursprünglichen Strategie abweichen und womöglich Lösungen erwerben, die Sie nicht verstehen.

Abschließend wollen wir auch dieses Kapitel mit kritischen und hilfreichen Hinweisen und Tipps unserer Experten-Community beenden:

Realistisch, diszipliniert und strategisch anlegen.

Die festgelegten Ziele verfolgen und nicht den Schlagzeilen nachlaufen. Vermögensanlagen auf möglichst viele Vermögensklassen streuen.

Stefan Mayerhofer, Vermögensverwalter

Gier frisst Hirn! Man muss auch mal nichts machen können. Aktives Abwarten kann auch mal gut sein.

Uwe Zimmer, Vermögensverwalter

Falscher Ein- und Ausstieg (z.B. Aktien), sprich Herdentrieb, statt eigenes Know-how aufzubauen. Viele Verlierer zahlen an wenige Gewinner.

Lothar Lochmaier, Blogger

Die Börse ist ein Markt für Illusionen. Das Angebot, in einmalige Firmen mit magischen Produkten zu investieren, führt oftmals in die Irre. Gier, Überschätzung der eigenen Risikofähigkeit und der Lemming-Effekt – all dies sind keine guten Ratgeber bei der Geldanlage!

Karl Matthäus Schmidt, quirin bank

Häufiges Umschichten Ihres Portfolios mit entsprechend hohen Kosten.

Prof. Harald Meisner, Rheinische Fachhochschule Köln

Gier und der Glaube, man bekomme eine risikolose Überrendite im Vergleich zur Rendite einer deutschen Staatsanleihe. Leider verstehen viele Menschen den Zusammenhang zwischen Risiko und Rendite nicht.

Prof. Dr. Matthias Fischer, TH-Nürnberg

Kaufe dir keine Anlageprodukte, die du nicht verstehst.

Kaufe keine Anlageprodukte, die dein Banker nicht versteht.

Thomas Vogl, Vermögensverwalter

VOLKER MEINEL, WERTPAPIEREXPERTE BEI DER BNP

Wenn Sie sich bitte vorstellen ...
Marketingmitarbeiter.

Bitte stellen Sie Ihr Unternehmen vor.
Große europäische Bank.

Wie beraten beziehungsweise betreuen Sie Ihre Kunden?
Service vor Ort, Service online, Service-Hotline, 14 Stunden am Tag erreichbar, 14 Stunden Handel.

Wie lautet Ihre Lieblingsregel für den Umgang mit Geld?
Seien Sie Ihr eigener Herr.

Was müssen die Menschen tun, damit sie ihre Finanzen – zumindest annähernd – im Griff haben?
Sich selbst vertrauen; Spaß daran gewinnen; vergleichen.

Worauf müssen sich die Menschen fokussieren, damit sie geordnete Finanzen haben?
Geringe Gebühren. Transparenz. Zielorientierung.

Wovon raten Sie Ihren Kunden unbedingt ab?
Von zu viel Gier. Aber auch von zu viel Vorsicht. Das Investment muss zum Menschentyp passen. Alles andere ist aufgedrängt und führt nur zu Ärger.

Was sind aus Ihrer Sicht die größten Fehler im Umgang mit Geld?
Siehe oben. Zu viel Gier. Zu häufig Herdentrieb. Zu viel »Nachbardenken«.

**Hätten Sie nur nur 15 Minuten pro Woche Zeit für Ihre Geld-
themen, was würden Sie tun?**
Übersicht über Ausgaben behalten und immer wieder vergleichen.

Was wollen Sie ansonsten noch loswerden?
Erst wenn es gelingt, zu vermitteln, dass Themen rund ums
Geld Spaß bereiten können, werden die Menschen sich damit
beschäftigen.

www.kuemmerdichumdeingeld.de/clip15

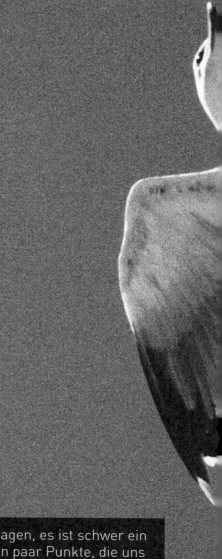

Zum Thema Geld gibt es viel zu sagen, es ist schwer ein Ende zu finden. Hier nochmals ein paar Punkte, die uns und underer Experten Community besonders wichtig sind. Und: Während wir unser Buchprojekt zu Ende bringen, tun sich die verrücktesten Dinge.

KAPITEL 16

ZUSAMMEN-FASSUNG – UND WAS WIR SONST NOCH SAGEN WOLLTEN

»Bei Geld wird zu viel über Geld gesprochen, anstatt über die Wirkung die es hat – für Menschen und unsere Natur. Wenn wir mehr über Wirkung sprechen und wie es uns wirklich berührt, dann treffen wir andere, liebevollere Entscheidungen – auch mit Geld. Wenn wir Geld wieder mit Verstand & Herzen bewegen, gewinnen wir an Menschlichkeit, Nächstenliebe und den Reichtum, den wir uns dadurch selbst erschaffen.«

Nicole Rupp, Geldcoach mit eigener Marke geldbeziehung®, Referentin und Autorin, auf die abschließende Frage: »Und was Sie sonst noch loswerden wollten ......«

Geld ist ein spannendes Thema. Doch in Zeiten wie diesen ein Buch über das Thema Geld zu schreiben ist ein nervenaufreibendes und kein leichtes Unterfangen. Wir befinden uns inmitten einer durchaus dramatischen Reise, deren Entwicklungsgeschwindigkeit eher zu- als abnimmt.

Werfen wir gemeinsam einen kurzen Blick in den Rückspiegel:

Für einen »Geldeinsteiger« haben Sie sehr wahrscheinlich eine Menge an neuen Themen kennengelernt. Vor allen Dingen die Bedeutung des Internets im Rahmen dieser Entwicklung dürfte Ihnen womöglich nicht in dieser Gewichtung bewusst gewesen sein. Das Internet ist ein »Game-Changer«, ein Medium und eine Technologie, welche die Bankenwelt insgesamt verändern wird. Dementsprechend haben wir uns sehr intensiv mit den Entwicklungen und Möglichkeiten rund um das Internet beschäftigt. Diese Entwicklungen sind es auch, die Ihnen als Kunde eines Finanzdienstleisters vollkommen neue Möglichkeiten und ungeahnte Freiheiten geben.

Gemeinsam mit unserer Experten-Community haben wir eine Menge von Punkten angesprochen, erläutert und diskutiert. Nicht alle davon wollten und konnten wir in ganzer Tiefe behandeln. Dennoch ist es uns wichtig, sie erwähnt zu haben, denn wir hoffen sehr, dass Sie sich darin einarbeiten, wenn sie Ihr Interesse geweckt haben.

Sie haben sich bisher womöglich nicht so sehr um Ihr Geld gekümmert. Wir hoffen, dass sich das nun ändert und Sie ab sofort erkennen, wie wichtig die Beschäftigung damit ist. Um dafür die optimalen Grundlagen zu schaffen, haben wir die notwendigen persönlichen Kompetenzen beschrieben. An diesen Kompetenzen müssen Sie arbeiten. Aber wir alle müssen laufend an uns und auch an diesen Kompetenzen arbeiten.

Da man am Beispiel anderer besser lernt, haben wir uns die größten Fehler und Erfolge im Umgang mit Geld von unserer Experten-Community beschreiben lassen. Wie Sie sicher bemerkt haben, ist das ein wesentlicher konzeptioneller Bestandteil dieses Buches. Denn dadurch können auch Sie den Diskurs mit interessierten

Menschen zu einem unterstützenden Grundprinzip Ihrer Problem-lösungen machen.

Damit uns nur möglichst wenige Punkte entgehen und wir einen maximalen Meinungsreichtum und Erfahrungsschatz bieten können, wurde die Community über das gesamte Buch hinweg einbezogen. Diese Vorgehensweise entspricht unserer Web-Philosophie: Seit der Einführung von Web 2.0 und Social Media sind Communitys der unterschiedlichsten Art anerkannte digitale Treffpunkte. Man redet dort über alle möglichen Themen, zunehmend auch über Geldfragen.

Bei unserer Community handelt es sich nicht um irgendeine. Durch die Befragung von Experten haben wir die Erfahrungen und Meinungen von Top-Beratern, Bankvorständen, Hochschulprofessoren, Vermögensverwaltern, Bloggern, Journalisten, Business-Coachs und auch Unternehmern eingeholt. Nicht jeder von uns hat die Möglichkeit, sich mit den eigenen Fragen an diese Experten zu wenden. Deswegen haben wir es für Sie getan.

Wir haben versucht, maximale Aktualität zu gewährleisten. Trotz eines sehr breiten konzeptionellen Ansatzes unseres Buches und einer hohen Ausrichtung an Online- und Tagesmedien konnten wir nicht jede aktuelle Entwicklung und nicht jeden Gedanken unserer Community-Experten aufgreifen. Das letzte Kapitel bietet uns unter dem Motto »Was wir sonst noch sagen wollten« die Chance, dies nun zu tun.

Noch während wir an diesem Schlusskapitel arbeiten, kommt der *Spiegel* mit der Titelstory (Heft 19/2013) »ALTERSVORSORGE: Sparen für später: Was übrig bleibt!« heraus. Das wenig überraschende Fazit dieses Artikels: »Die Deutschen stecken in der Vorsorgefalle: Wie viel Geld sie im Alter noch zur Verfügung haben werden, ist kaum zu kalkulieren. Sicher ist nur: Es wird viel weniger sein, als sie einmal dachten. Vielen droht die Armut, aus der Altersvorsorge wird die Altersorge.«

Sei's drum. Wichtig ist, dass Leitmedien dieses Thema immer und immer wieder in das Bewusstsein ihrer Leser rücken. Ansonsten wird das Gejammer groß sein. In den Berichten der Zukunft werden wir von Betroffenen lesen, die uns mitteilen werden, dass sie sich mehr gekümmert hätten, wenn sie um die prekäre Lage gewusst hätten.

All dies kann vermieden werden, wenn Sie sich heute aktiv der Dinge annehmen. Schreibt auch der *Spiegel:* »Wer auf einen bestimmten Lebensstandard nicht verzichten will, der muss sich gleich doppelt anstrengen, er muss, wenn er es sich leisten kann, noch mehr zurücklegen als geplant. Er darf auch sein Erspartes nicht länger unkritisch den Banken und Versicherungen überlassen, die vor allem nur an der eigenen Rendite interessiert sind. Und wahrscheinlich wird er im Alter länger arbeiten müssen.« Das könnte aus unserem Manuskript stammen.

Natürlich freuen wir uns über diese inhaltliche Bestätigung. »Viele Verbraucher haben ohnehin schon resigniert. Fast 40 Prozent fürchten die Altersarmut – aber im Schnitt legt jeder trotzdem nur noch 185 Euro im Monat zurück. (...) Es war der niedrigste Wert, seit die Erhebung 2005 begonnen hat.« So spricht uns der *Spiegel* aus dem Herzen: »Wer künftig für sein Alter vorsorgen will, muss jedenfalls nicht nur mehr Geld einsetzen als in der Vergangenheit. Sondern auch mehr Zeit und Energie.« Bedeutet in unserer Ausdrucksweise: *Kümmere dich um dein Geld, sonst tun es andere.*

Ganz andere Fronten macht das *Handelsblatt* auf. »Die neuen Feinde der Marktwirtschaft« lautet die Titelzeile der Wochenendausgabe vom 26. April 2013. Unter einem bröselnden Denkmal von Ludwig Erhard liest man: »Wie Banken und Regierung das Erbe von Ludwig Erhard verspielen«. Gemäß dem Autor Gabor Steingart sind die neuen Feinde der Marktwirtschaft die Politiker, Banker und Notenbanker. Sie seien »eine unheilvolle Allianz eingegangen, die unseren Wohlstand aufs Spiel setzt. Sie haben in einem Zentralbereich unserer Volkswirtschaft die Prinzipien der sozialen Marktwirtschaft außer Kraft gesetzt. Eine Bastardökonomie entstand.«

Steingart bringt es erschreckend auf den Punkt, wenn er die fünf aus seiner Sicht wesentlichen Unterschiede zwischen der Gründungsidee einer sozialen Marktwirtschaft und den heutigen Verhältnissen beschreibt: »Die Marktwirtschaft ist, das kann man ohne Übertreibung sagen, nicht mehr die alte. Ein wirtschaftlicher Hybrid erblickte das Licht der Welt, der die Artengrenze von Staat und Privatwirtschaft übersprungen hat. Eine Bastardökonomie bildete sich heraus, die in der klassischen Volkswirtschaftslehre so nicht vorgesehen war. Dieser staatlich-finanzielle Komplex führt heute ein Leben außerhalb des Bisherigen. Gewissheiten, die wir für ewig hielten, wurden suspendiert.«

Seine Thesen in Kurzform:

 Der Staat ist für die Schwachen da, hieß es einmal – heute findet eine Umverteilung von der Mitte der Gesellschaft zu ihrer Spitze statt.

 Das Wesen der Marktwirtschaft ist, dass Risiko und Verantwortung untrennbar miteinander verbunden sind: »Heute gibt es von Beamten geführte Listen, auf denen steht, welches Geldhaus als systemrelevant gelten darf und damit freien Zugang zu den Schatzkammern der Steuerzahler besitzt.«

 Lohn und Leistung gehören zusammen, so war das vorgesehen – nun werden auch Fehlleistungen belohnt, wie die von Händlern der Banken.

 Die unabhängige Notenbank garantiert die Stabilität des Geldes – doch die hält sich nicht mehr daran. »Die Finanzierung von Staaten durch Aufkäufe sonst unverkäuflicher Staatsanleihen und die Bereitstellung unbegrenzter Liquidität an Geldhäuser mit Bilanzproblemen zählen zu den neuen Selbstverständlichkeiten.«

 Das Budgetrecht, also das Recht, über Einnahmen und Ausgaben des Staates zu befinden, liegt seit Bismarcks Zeiten beim Parlament – heute teilt es sich dieses Königsrecht mit dem Rettungsschirm ESM und anderen Rettungsfazilitäten.

Diese Thesen sind einzeln und gebündelt schon länger Themen in diversen Blogs und alternativen Medien. Die sogenannten Mainstream-Medien wiederum hatten sie lange in das Reich der Verschwörungstheorien abgeschoben und liefen brav und unkritisch der Regierungsmeinung hinterher. Die sogenannte vierte Gewalt in einer Demokratie lebte dementsprechend unter einer freiwilligen und proaktiven Gleichschaltung. Nun ist festzustellen, dass mehr und mehr dieser sogenannten Mainstream-Medien eine zunehmend kritische Haltung einnehmen. Die Angst, instrumentalisiert zu werden, wächst. Einer der Höhepunkte ist der hier zitierte Beitrag des *Handelsblatts,* der in seiner Schonungslosigkeit bemerkenswert ist.

Was sind die Folgen eines solchen Artikels? Gibt es einen Aufschrei der Empörung? Sind Menschenmassen auf die Straße gestürmt? Wurde im Internet ein Shitstorm ausgelöst, der über die Europäische Zentralbank hinwegfegte? Nichts geschah. Das Leben geht scheinbar weiter wie bisher. Werden diese Erkenntnisse Regierungen von ihren Stühlen hebeln und die politische Landschaft nachhaltig verändern? Die Angst, dass dem so sein könnte, spürt man immer nur, wenn in einem der Krisenländer Wahlen anstehen. Dann schlägt die Stunde der Vereinfacher und Volksverhetzer.

Dennoch tut sich in Deutschland etwas. Ebenfalls parallel zur Schlussredaktion dieses Buches entsteht eine neue Partei, die sich »Alternative für Deutschland« (AfD) nennt. Die »alternativlose« Europolitik der Bundesregierung unter Angela Merkel war wohl Motiv zu ihrer Gründung. Diese Partei fordert die geordnete Auflösung des Euro-Währungsgebietes und die Rückkehr zu nationalen Währungen.

Egal, wie man derartige Vereinigungen und deren Motivation bewerten mag, eine solche Entwicklung war antizipierbar und ist auch grundsätzlich positiv. Denn jede demokratisch ausgerichtete Protestinitiative fördert die Diskussion, verbessert die zukünftige Entscheidungsqualität und ist allemal besser als eine Radikalisierung von Teilen der Bevölkerung. Um unsere Demokratie am Leben zu erhalten, müssen wir alle uns aktiv zeigen. Wir müssen die Probleme rund um den Euro im Sinne unseres Grundgesetzes lösen (Budgethoheit bei der gewählten Volksvertretung) und dürfen die Meinung Andersdenkender nicht kategorisch ausschließen.

Diese Beispiele zeigen aber vor allem, dass sich eine Menge Menschen bereits um Ihr Geld kümmern. Es sollte Ihnen nach Lektüre dieses Buches klar sein, dass es IHR Geld ist, um das sich diese Herrschaften in welcher Form auch immer kümmern. Drehen Sie den Spieß um und kümmern Sie sich nun endlich selbst darum! Seien Sie nicht passiv. Lassen Sie sich nicht alles gefallen!

Im Gegensatz zu früher können Sie Ihr Schicksal aktiv in die Hand nehmen. Früher, da gab es die Deutsche Mark und die Deutsche Bundesbank. Alles war fein. Doch dann kam die deutsche Einheit und eine erste wirklich politische »Top-down«-Währungsmaßnahme: das Umtauschverhältnis von Ostmark zu D-Mark. Damals wie heute war der willkürlich und ausschließlich politisch entschiedene Umtausch nebst Kurs von 2:1 höchst umstritten.

Hatten die Menschen in der DDR oder in der BRD eine Chance, sich dieser Maßnahme einfach und schnell zu entziehen? Nein. Haben Sie heute die Möglichkeiten, sich dem Euro zumindest ein wenig zu entziehen und Ihre eigene Währungspolitik zu betreiben? Unbedingt! Sie haben ganz andere Möglichkeiten der Information, Sie können in Sekundenschnelle Währungen wechseln, auf ein Konto in egal welchem Teil der Welt mit egal welcher Währung zugreifen – sollten Sie dies als sinnvoll erachten. Auch an diesem Beispiel erkennt man die Wirkungskraft des Internets und seine wesentliche Rolle.

Mit diesem Ausflug ins Politische wollen wir es bewenden lassen, denn für viele Menschen wirkt Politik ebenso abschreckend wie Banken. Dies kann auf beiden Seiten durchaus mit dem leitenden Personal in Verbindung gebracht werden. Aber wenn nun die Politik auf die Banken schimpft, dann ist dies auch in weiten Teilen die Freude über die Tatsache, jemanden gefunden zu haben, der gerade noch unbeliebter als man selbst ist.

Natürlich hat auch unsere Experten-Community zum Abschluss noch einiges parat. Unter der Fragestellung *Was wollen Sie sonst noch loswerden?* haben wir einen bunten Strauß an sehr unterschiedlichen und teilweise sehr leidenschaftlichen Anmerkungen einfangen können, die wir Ihnen als »Rausschmeißer« noch mitgeben wollen.

Die frühzeitige Ausbildung in Sachen Geld ist so ein Punkt, der einer Reihe unserer Experten sehr wichtig ist.

Der Umgang mit Geld müsste bereits im Kindergarten und in der Schule bis zum Abitur ein Pflichtfach sein!

Die Kinder sollten die wichtigsten Grundbegriffe (Girokonto, Darlehen, Aktien, Inflation etc.) genauso kennen wie das kleine Einmaleins.

Günter Flory, Immobilienexperte

Loswerden wollte ich schon immer, dass sich in der Schulbildung zwingend der Umgang mit Geld und die Funktionsweise von Kapitalmärkten wiederfinden sollten! Dadurch würde frühzeitig die Basis geschaffen, die Altersvorsorgeproblematik zu verstehen und die Bevölkerung für die direkte Beteiligung am Produktivkapital zu begeistern.

Rainer Tahedl, Fondsexperte

Bilden Sie sich weiter. Die meisten Menschen sind uninformiert, wenn es um Geldanlagen geht. Werden Sie zu einem mündigen und informierten Anleger. Wenn Sie das geworden sind, werden Sie verstehen, dass das, was Sie täglich in der Zeitung oder im Fernsehen über Geldanlagen sehen, einzig und alleine Unterhaltung ist.

Christoph Kanzler, Kapitalmarktexperte

Erst wenn es gelingt, zu vermitteln, dass Themen rund ums Geld Spaß bereiten können, werden die Menschen sich damit beschäftigen.

Volker Meinel, Kapitalmarktexperte

Manchmal ist es besser, eine Stunde über sein Geld nachzudenken, als eine Woche dafür zu arbeiten (André Kostolany).

Michael Thaler, Gründer INVESTTOR Mitmach Fonds

Dieser sinnlose Glaubenssatz »Über Geld spricht man nicht« muss raus aus den Köpfen. Der Paradigmenwechsel im Umgang mit Geld hat begonnen.

Tino Kreßner, Starnext

Nicht nur die Banken müssen sich ändern, sondern auch die Kunden. Wer sich nicht mit der Materie beschäftigt, muss sich nicht wundern, wenn er über den Tisch gezogen wird.

Stefanie Burgmaier, Finanzjournalistin

Lasst euch nicht mit den Krümeln abspeisen, sondern verlangt die Torte. Es ist euer Geld und eure Rendite!

Andreas Raschdorf, Wetpapierexperte

Ich finde es gut, dass in Zeiten von Social Media endlich die verkrusteten Strukturen der Banken aufweichen, und hoffe auf mehr Transparenz durch die Verschiebung der Machtverhältnisse vom Anbieter zum Nachfrager. Aber statt schöner Social-Media-Marketingauftritte sollten die Banken eher bereit sein, in die Kommunikation zu gehen und sich den Bedürfnissen der Kunden anzupassen.

Margarete Arlamowski, Journalistin

Ich wünsche mir, dass die Finanzbranche die eigenen Versprechungen zu einem Neustart nicht nur in Werbeanzeigen und Kongressreden verspricht, sondern auch inhaltlich angeht. Davon ist aber leider sehr wenig zu spüren. Ich hoffe daher weiter, dass innovative Anbieter helfen, den Finanzsektor zu erneuern, und auch viel mehr Kunden die Chancen der neuen Dienste aufgreifen.

Dirk Elsner, Bankenberater

Die Banken müssen sich ihrer Finanzkompetenz wieder bewusster werden – und dieses Wissen mit den Kunden teilen. Sie müssen helfen, die Kunden mündig zu machen und mit dem individuellen Wissen zu versehen, das jeder einzelne Kunde in unterschiedlichster Art und Weise benötigt. Der Kunde will verstehen und vertrauen können – und die größten Show-Stopper liegen in der Vergangenheit der letzten fünf Jahre. Die vorhandene Themenkompetenz zu Finanzen sollte jedem Finanzinstitut die Möglichkeit geben, durch Wissenstransfer eine Brücke zu seinen Kunden zu schlagen.

Walther Schönzart, DZ Bank AG

Banken müssen alles tun, um das Vertrauen ihrer Kunden zurückzugewinnen. Dazu müssen sie ehrlich mit ihren Kunden umgehen, sie offen und gut informieren sowie faire Konditionen für Produkte und Services anbieten.

Dr. Johannes Bussmann, Bankenberater

Jenseits einer gesunden Kreditwirtschaft kann Geld kein Geld produzieren, können reale Gegenwerte nicht als Balance existieren oder damit geschaffen werden. Dazu zählt, nicht nur in Deutschland, schöpferisches Unternehmertum mehr beziehungsweise überhaupt zu würdigen. Überzogen hohe, sichere Managerbezüge und risikobehafteter Unternehmerlohn lassen sich bei der Diskussion nicht über einen Kamm scheren. Das Paradigma des ehrbaren Kaufmanns sollte gelebt werden. »Maß halten« von Ludwig Ehrhard trifft es dabei in jeder Hinsicht: bei Bezügen genauso wie bei nicht enden wollender Kritik und Jammern auf hohem Niveau, der Forderung nach immer mehr, egal was, oder dem Umgang mit unserem Lebensraum Natur und ihren einzigartigen Ressourcen und Lebewesen.

Markus Stiefel, Web-Unternehmer

Unseriöse Verhaltensweisen einiger weniger Banker bringen die Mitarbeiter einer ganzen Branche in Verruf und zerstören damit dauerhaft das Vertrauen in die gesamte Branche!

Jörg Birkelbach, Finanzplaner TV GmbH

Loswerden möchte ich: satte und unehrliche Bankberater, verkrustete Strukturen und falsche Erwartungen.

Claudia Neubauer, Vermögensplanerin

www.kuemmerdichumdeingeld.de/clip16

Ein Buch geht zu Ende ...

... die Diskussion über die darin angesprochenen Theman aber nie. Gerade weil so viel von Kommunikation, Communitys und »miteinander reden« die Rede ist, soll es auch bei uns weitergehen:

Auf der Seite
www.facebook.com/kuemmerdich
oder
www.kuemmerdichumdeingeld.de

oder natürlich auch mit den Autoren direkt:

Matthias Kröner
www.matthias-kroener.de
https://www.facebook.com/matthias.kroener.3
Twitter: @kroener_M

Stephan Czajkowski
czajkowski@dein-werk.net

Mach doch mal was Verrücktes

Renzo Rosso

Konventionen brechen, anders sein, mal etwas riskieren, gegen den Strom schwimmen, selber Trends setzen:

Nur so kommt man wirklich weiter! Jeder weiß es, keiner tut es. Es sei denn, er heißt Renzo Rosso. Es sei denn, er ist Gründer eines Modeimperiums. Und es sei denn, er folgt seinem Instinkt, seiner Leidenschaft, seinem Lebensmotto. »Mach doch mal was Verrücktes – be stupid« ist mehr als ein Slogan, es ist ein Manifest. In Zeiten blankpolierter Musterlebensläufe und optimierter Karriereplanung ist das Credo »Herz statt Hirn« mehr als erfrischend cool, es ist Kult.

208 Seiten I Broschur I 14,99 € (D) I ISBN 978-3-89879-698-9

Die Wachstumslüge

Graeme Maxton

Die gängige Ökonomie verlangt beständiges Wachstum, immer und überall und ohne Ausnahme. Ohne Rücksicht auf Verluste. Dass das auf Dauer nicht gut geht und gehen kann, ist mittlerweile nicht nur intellektuellen Kreisen klar. Rohstoffknappheit, Überbevölkerung und Schuldenkrise sind präsenter denn je. Weniger gängig und präsent sind profunde Analysen der Ursachen und aktuellen Entwicklungen, geschweige denn Lösungen.

Für Maxton ist klar: Wir alle dürfen die Welt nicht länger Politikern und Ökonomen überlassen.

336 Seiten | Hardcover | 24,99 € (D) | ISBN 978-3-89879-687-3

Weltkrieg der Währungen

Daniel D. Eckert

Die Explosion der Schulden im Westen und der Aufstieg Chinas im Osten schaffen eine hochbrisante Konstellation: Schleichend verliert der Dollar seinen Status als Leitwährung. Der Euro kämpft, von Interessenkonflikten zerrieben, ums nackte Überleben. Zugleich setzt Peking seine »Volkswährung« Yuan als Waffe ein, um zur alles beherrschenden ökonomischen Supermacht aufzusteigen. Von Finanzkrise und Rezession verunsichert, erinnern sich die Sparer an die traditionelle Währung Gold, und auch viele Notenbanken stocken ihre Edelmetallbestände systematisch auf. Doch echte Sicherheit ist schwer zu finden: Längst manipulieren die Regierungen die Märkte in nie gekanntem Ausmaß. Um das Geld der Welt tobt ein Kampf der Giganten.

304 Seiten | Hardcover | 19,99 € (D) | ISBN 978-3-89879-684-2
Mehr Informationen zu Investmentthemen finden Sie unter www.portfoliojournal.de